D1734153

DIESES BUCH GEHÖRT

_____

_____

Schulentwicklung im Spannungsfeld von Bildungssystem und Unterricht

Herausgegeben von

Stefanie Schnebel

Schneider Verlag Hohengehren GmbH

Gedruckt auf umweltfreundlichem Papier (chlor- und säurefrei hergestellt).

Bibliografische Information Der Deutschen Bibliothek

Die Deutsche Bibliothek verzeichnet diese Publikation in der Deutschen Natio-
nalbibliografie; detaillierte bibliografische Daten sind im Internet über
›http://dnb.ddb.de› abrufbar.

ISBN 3-89676-920-0

Schneider Verlag Hohengehren, D-73666 Baltmannsweiler

Vorwort

An der Pädagogischen Hochschule Weingarten fand im Jahr 2004 eine Veranstaltungsreihe zu Themen der Schulentwicklung statt. Damit griff die Hochschule ein wichtiges Diskussions- und Forschungsfeld der Schulpädagogik und der Fachdidaktiken auf und stellte es in einen interdisziplinären Diskurs. Wissenschaftlerinnen und Wissenschaftler verschiedener Fachbereiche erläuterten ihre Erkenntnisse und Forschungsergebnisse im Bereich der Schulentwicklung. In den anschließenden Diskussionen wurden vielfältige Fragen erörtert. Es ging unter anderem um bildungspolitische Trends, um Begründungen und Gegenstände von Entwicklungen, um die Einbeziehung des Kollegiums in Schulentwicklungsbemühungen, um die Rolle der Schulleitung, um Möglichkeiten externer Begleitung u.v.m..

Das rege Interesse von Lehrkräften, Schulleitungen und Personen der Bildungsbehörden der Region führte zu der Anregung, die vielgestaltigen Beiträge einer breiteren Öffentlichkeit zugänglich zu machen.

Der vorliegende Band möchte auf unterschiedlichen Ebenen zur Diskussion eines zentralen Themas des Schulbereichs beitragen.

Allen, die zum Gelingen der Veranstaltungsreihe und des Sammelbandes beigetragen haben, sei an dieser Stelle herzlich gedankt.

Weingarten   Stefanie Schnebel

Inhalt

Stefanie Schnebel

Schulentwicklung im Spannungsfeld von Bildungssystem und Unterricht – eine Annäherung

Schulentwicklung ist seit den 1990er Jahren zum Inbegriff schulischer Innovationen geworden. Die zahlreichen und vielgestaltigen Veröffentlichungen zu diesem Thema zeigen, dass sich Erziehungswissenschaftler/innen wie Praktiker/innen derzeit intensiv mit der Frage befassen, wie Schule verändert werden kann. Dabei spielen schul- und bildungstheoretische Fragen ebenso eine Rolle wie Ergebnisse der Schulentwicklungsforschung.

Pädagogische, lernpsychologische, allgemein- und fachdidaktische Erkenntnisse greifen ineinander, wenn es darum geht, Schulentwicklung zu planen, zu gestalten und konkret wie wissenschaftlich auszuwerten.

Sowohl die Inhalte als auch die Prozesse von Schulentwicklungsvorhaben gestalten sich vielfältig. Beinahe jede Schule befindet sich in einem selbst initiierten oder von oben verordneten Entwicklungsvorhaben. Dabei geht es um so unterschiedliche Themen wie die Erarbeitung eines gemeinsamen Schulethos, die Einführung von Fächerverbünden, eine veränderte Zeugnisgestaltung, jahrgangsgemischte Klassen, die Ausgestaltung eines musischen Profils oder die Umstellung auf Ganztagsbetrieb.

Um grundsätzlichere Aussagen über Entwicklungsprozesse treffen zu können, ist es sinnvoll zu fragen, welche Ebene des schulischen Bildungsbereichs die Veränderung schwerpunktmäßig anspricht. Im Wesentlichen bewegen sich Schulentwicklungsprozesse derzeit auf drei Ebenen: der Ebene des Bildungssystems, der Ebene der Einzelschule und der Ebene des konkreten Unterrichts.

Auf der Ebene des Bildungssystems sind vor allem zwei Bereiche zu nennen, die Entwicklungsprozesse in Gang setzen. Zum einen können bildungspolitische Diskussionen wie etwa die Debatte, welche Folgerungen aus PISA zu ziehen sind, Veränderungen in Gang setzen oder deren Richtung beeinflussen. Zum anderen erzeugen bildungspolitische Entscheidungen und die damit verbundenen administrativen Anweisungen Veränderungen im Schulsystem. Als Beispiele für Schulentwicklung auf dieser Ebene sind etwa die neuen Modelle zum Schulanfang zu nennen. Diese auf der Ebene des Bildungssystems entwickelten Überlegungen führen zu starken Veränderungen in den beteiligten Grundschulen.

Im Hinblick auf die Einzelschule kann dann von Schulentwicklung gesprochen werden, wenn bewusst an einer Schule Veränderungen initiiert und vorangebracht werden. Dabei ist meist ein größerer Teil des Kollegiums und die

Schulleitung involviert. In vielen deutschen Bundesländern[1] wird Schulentwicklung der Einzelschulen gefordert und durch Maßnahmen wie ‚teilautonome' oder ‚operativ eigenständige' Schule gefördert. Beispiele hierfür sind die Schulprogramme oder -profile, welche viele Schulen derzeit erarbeiten bzw. implementieren. Einzelne Schulen setzen Schwerpunkte im pädagogischen Bereich, etwa im Umgang miteinander, was sich u.a. in Streitschlichterprogrammen und Curricula in sozialem Lernen niederschlägt, andere verändern ihre Leistungsmessung und -rückmeldung.

Die Ebene des konkreten Unterrichts ist vor allem dann angesprochen, wenn sich Lehrkräfte daran machen, neue Lernformen zu etablieren. Diese Form von Unterrichtsentwicklung wird in der Literatur häufig diskutiert. Nicht zu vergessen sind aber auch Umstellungen auf der curricularen bzw. inhaltlichen Ebene, etwa durch themenorientierten Unterricht oder Fächerverbünde.

Veränderungen auf der Unterrichtsebene werden häufig mit Unterrichtsentwicklung bezeichnet. Es macht Sinn, Unterrichtsentwicklung als Teil der Schulentwicklung zu diskutieren[2], da nachhaltige Veränderungen im Unterricht Schulentwicklung auf der Ebene der Einzelschule und / oder des Bildungssystems nach sich ziehen bzw. dadurch angestoßen werden. Ein deutliches Beispiel dafür, wie bildungspolitische Entscheidungen direkt auf den Unterricht wirken, stellt etwa der neue Bildungsplan dar, der zum Schuljahr 2004/05 an den Schulen in Baden-Württemberg eingeführt wird. Der Bildungsplan legt nur noch ca. zwei Drittel der Inhalte verbindlich fest, das übrige Drittel soll durch die Schulen in eigenen Schulcurricula gefüllt werden (Bildungsplan 2004). Diese durch das Bildungssystem vorgesehenen Freiräume können direkte Auswirkungen auf die Gestaltung des Unterrichts haben. Umgekehrt lassen sich auch Beispiele aufzeigen, wie Unterrichtsentwicklung Auswirkungen auf das Bildungssystem haben kann.

Noch deutlicher zeigt sich die Verbindung von Entwicklungen auf der Ebene des Unterrichts und der Schule. Etwa das Bestreben einer Kollegengruppe, Projektarbeit nachhaltig in den Unterricht zu integrieren kann nur gelingen, wenn die Schule zum einen entsprechende Rahmenbedingungen schafft und zum anderen diese Arbeitsform und die damit verbundenen Ziele Teil des Schulprofils werden. Ansonsten stehen Bemühungen einzelner Lehrkräfte in der Gefahr, bald wieder fallen gelassen zu werden, da die Unterstützung als gering und die Widerstände als übermächtig erlebt werden.

Die Wechselwirkungen zwischen Entwicklungsprozessen auf den genannten drei Ebenen sind also vielfältig und teilweise schwer voneinander abzugrenzen. Als mögliches Abgrenzungskriterium kann dienen, auf welcher Ebene der

---

[1] u.a. Niedersachsen, Bremen, Hamburg, Nordrhein-Westfalen, Baden-Württemberg
[2] vgl. u.a. Horster/Rolff 2001, 9; Bastian 1998, 31; Meyer 1999, 182

Prozess vorwiegend abläuft, wer sich schwerpunktmäßig aktiv beteiligt oder wer verantwortlich für die Prozessgestaltung ist.

Der vorliegende Band liefert Beiträge zu allen drei Bereichen. Neben der unterschiedlichen Schwerpunktsetzung und Prozessdynamik der einzelnen Beispiele lassen sich eine Reihe gemeinsamer Elemente aufzeigen. Diese bilden ein Grundgerüst der verschiedenen diskutierten Projekte. Dabei handelt es sich um eine formale Systematik der vorgestellten Beispiele von Schulentwicklung. Die meisten Beiträge weisen folgende Elemente auf:
1. Initiative
2. Gegenstand des Entwicklungsprozesses
3. Ablauf
4. Prozessbegleitung
5. evt. unterstützende Maßnahmen
6. Evaluation
7. weiterführende Perspektiven

Jeder Schulentwicklungsprozess nimmt seinen Ausgang, indem durch Personen oder Situationen Anstöße für Veränderungen gegeben werden. Ein Forschungs-vorhaben kann hier ebenso als Auslöser wirken wie eine Fortbildung, an der eine Gruppe des Kollegiums teilgenommen hat, das Beispiel anderer Schulen in der Umgebung oder Anfragen von Eltern. Bisher ist noch nicht empirisch auf breiter Basis untersucht, welche Zusammenhänge die Art der Initiative und die daran Beteiligten für den weiteren Prozess aufweisen. Verschiedene Fall-studien[3], darunter einige Beiträge in diesem Band, zeigen jedoch dass die Initiativphase als besonders sensible Phase im Hinblick auf ein erfolgreiches Schulentwicklungsvorhaben gewertet werden muss.

Bisher in der Literatur ebenfalls wenig diskutiert wird die Frage, ob unterschiedliche Gegenstände bzw. Inhalte von Schulentwicklung grundsätzlich unterschiedliche Prozesse bedingen. Die Beiträge in diesem Band können hierzu teilweise erste Hinweise liefern. Wichtig wären darüber hinaus breit angelegte Metastudien zu dieser Frage.

Zur Prozessgestaltung existieren eine Reihe an Modellen, die teilweise aus dem Bereich der Organisationsentwicklung stammen[4], sich teilweise als genuin pädagogische Konzepte präsentieren[5]. Eine Reihe der hier diskutierten Bei-spiele setzen gezielt Schwerpunkte, die teilweise mit bestimmten Forschungs-

---

[3] vgl. etwa Buhren,C./Rolff, H. (Hg.)(1996): Fallstudien zur Schulentwicklung. München
[4] etwa das Modell Institutioneller Schulentwicklungsprozess von Dalin, Rolff und Buchen (1995)
[5] wie etwa die Konzepte Pädagogische Schulentwicklung von Bastian (1998) und Klippert (2000)

fragen bzw. -traditionen verbunden sind. So stellen etwa Anne Huber und Stefanie Schnebel mit je unterschiedlichen Akzenten schulpädagogisch-didaktische Begründungen und die Lernprozesse der Lehrkräfte ins Zentrum ihrer Konzepte. Thorsten Bohl berichtet von einem hermeneutisch orientierten Schulentwicklungsprozess. Neben dem intendierten Prozessverlauf lässt sich in Fallstudien besonders nachvollziehen, wie, an welchen Stellen und wodurch tatsächliche Prozesse von den ursprünglichen Vorhaben abweichen.

In enger Beziehung zum Ablauf steht die Frage ob und wie Schulentwicklung begleitet werden soll. Dabei reicht die Palette von forschender Begleitung über moderierende und rückmeldende Funktionen bis zu inhaltlichem Input und Fortbildungsmaßnahmen. Eine große Zahl an Veröffentlichungen zeigt, dass diesem Bereich wissenschaftlich einige Beachtung geschenkt wird[6]. Dennoch sind noch viele Fragen bezüglich Umfang und Ausgestaltung externer Beratung offen. Wie vielfach belegt zeigen auch einige Beispiele in diesem Band, welch kritische Rolle im Entwicklungsprozess externe Beratung spielen kann. Immer wieder müssen die von den Beteiligten gewünschten Funktionen mit denen von Forschungs- bzw. Beratungsseite her sinnvollen in Einklang gebracht werden. Daneben werden Konflikte unter den Beteiligten teilweise über die externe Begleitung ausgetragen. Dass hier eine Reihe an beraterischen Kompetenzen gefragt ist, zeigen einige Beispiele dieses Bandes (etwa die Beiträge von Diemut Kucharz oder Rolf Prim) eindrucksvoll. Hinzu kommt der teilweise anspruchsvolle Balanceakt zwischen Begleitung und Forschungsvorhaben.

Externe Prozessbegleitung kann bereits als unterstützende Maßnahme aufgefasst werden. Daneben werden in der Schulentwicklungsliteratur weitere Unterstützungssysteme genannt. Hierzu zählen u.a. Lehrerfortbildung, Teambildung und Konferenzkultur (Horster/Rolff 2001, 206ff; Klippert 1999, 12).

Ein weiterer, derzeit viel diskutierter Teil von Schulentwicklung stellt die Evaluation dar. Inzwischen liegen zahlreiche Vorschläge zum Einsatz und zur Gestaltung von Evaluation in der Schulentwicklung vor. Gleichzeitig gibt es zahlreiche Veröffentlichungen, die sich kritisch mit der Rolle der Evaluation auseinandersetzen[7]. Im Prozess der Evaluation zeigt sich besonders deutlich, inwieweit die Beteiligten bereit sind, sich schulischen Situationen zu stellen und Veränderungsbemühungen unter Qualitätsaspekten zu betrachten. Dabei sind

---

[6] z.B. Schönig, W. (2000): Schulentwicklung beraten. München; Schreyögg, A. (Hg.)(2000): Supervision und Coaching in der Schulentwicklung. Bonn; Klein, G. (1997): Schulen brauchen Beratung. Marquartstein; auch Rohlheiser/Stevahn (1998), Buhren/Rolff a.a.O.

[7] exemplarisch sei hier auf Barbara Koch-Priewe (2001) verwiesen. Sie analysiert, warum viele Schulentwicklungsprozesse gerade in der Evaluationsphase abbrechen.
Vgl. auch Altrichter (1999), Altrichter/Messner (1998), Burkhard/Eikenbusch (2000), Buhren./Killus/ Müller (1998)

Überlegungen zur Evaluation immer damit verbunden begründete Ziele ins Auge zu fassen und diese überprüfbar zu konkretisieren.

Aus der teilweise eher theoretischen, teilweise am Fallbeispiel entwickelten Analyse von Schulentwicklung entwerfen alle Beiträge vor dem Hintergrund ihrer jeweiligen Fragestellung weiterführende Perspektiven, die vielfältige Ideen zur Gestaltung von Schulentwicklungsprozessen auf den unterschiedlichen Ebenen liefern können.

Die in diesem Band zusammengestellten Beiträge nähern sich Schulentwicklung unter verschiedenen Blickwinkeln. Schul- und bildungstheoretische Fragen werden bewusst neben fachdidaktische gestellt. Eher theoretische und am Einzelbeispiel orientierte Analysen ergänzen sich. Außerdem kommen unterschiedliche Forschungsansätze zum Tragen, die allerdings vor allem in ihren Fragestellungen und Ergebnissen, weniger in ihrer Methodologie ausgeführt werden.

Am Beginn der Beiträge steht eine querschnitthafte Darstellung schulischer Reformbemühungen der letzten 30 Jahre. Erich Müller-Gaebele führt darin aus, welche Momente der Schulentwicklungsdiskussion heute bereits auf eine längere Tradition blicken und welche Schlüsse für heutige Bemühungen aus den Erfahrungen der vergangenen Jahrzehnte gezogen werden können. Auf der Ebene des Bildungssystems werden derzeit verstärkt bildungstheoretische Themen diskutiert. Der Kompetenzbegriff und Bildungsstandards sind dabei zentrale Stichworte.

Heinz Muckenfuß setzt sich in seinem Beitrag mit der Ausgestaltung von Bildungsstandards durch themenorientierten Unterricht in den Naturwissenschaften auseinander. Er analysiert dabei kritische bildungstheoretische wie fachdidaktische Grundannahmen und zeigt Konsequenzen für die naturwissenschaftliche Bildung von Schülerinnen und Schülern auf.

Der Artikel von Frank Meier wendet sich exemplarisch einem der Kompetenzbereiche des neuen Bildungsplans von Baden-Württemberg, der moralischen Kompetenz, zu und diskutiert dessen grundlegende Bildungsidee.

Zur Ebene der Einzelschule finden sich in diesem Band vier Fallbeispiele. Katharina Liebsch führt am Beispiel einer Hamburger Schule Möglichkeiten aus, Schulprogramme zur Mädchen- und Jungenförderung zu entwickeln. Dabei geht sie auch der für die Schulentwicklungsforschung grundsätzlichen Frage nach, welche Bedeutung möglicherweise Geschlechterdifferenzen in der Planung und Gestaltung von Schulentwicklung einnehmen.

Einen besonderen Ansatz von Schulentwicklung stellt Thorsten Bohl dar. Er begleitete einen Schulentwicklungsprozess auf der Grundlage eines hermeneutischen Ansatzes. Wie Bohl ausführt spielen dabei die Begriffe ,hermeneutischer Dialog' und ‚gelingende Praxis' eine zentrale Rolle. Von seiner Konzeption her ist dieser Ansatz primär ein Forschungs- und Beratungsansatz.

Die Beratungstätigkeit bildet auch ein zentrales Moment der Ausführungen Rolf Prims. Sein Beitrag geht vorwiegend vom Ansatz schulischer Organisationsentwicklung aus und stellt damit ein interessantes Pendant zum vorangegangenen Artikel dar. Außerdem werden verschiedene Möglichkeiten zur Analyse einer Schule, ihrer Kommunikations- und Arbeitsformen vorgestellt.

Diemut Kucharz berichtet über Erfahrungen und Forschungsergebnisse aus einem Schulentwicklungsprozess einer Berliner Grundschule, die sich entschloss, ihre Veränderung systematisch zu betreiben und extern begleiten zu lassen. Neben der Dynamik des Prozesses geht die Autorin des Beitrags auf den Umgang mit Widerständen und Schwierigkeiten und auf die Rolle der Schulleitung ein.

Auf der Ebene des Unterrichts finden sich sowohl schulpädagogische und pädagogisch-psychologische Überlegungen als auch fachdidaktische Fragestellungen.

Stefanie Schnebel wendet sich in ihrem Beitrag der zentralen Frage zu, wie die Professionalität der Lehrkräfte in Unterrichtsentwicklungsprozessen nachhaltig gefördert werden kann. Sie stellt ein Konzept vor, das auf die Qualität von Unterricht und die Veränderung subjektiver Theorien der Lehrkräfte als wesentliche Professionalisierungsinstanz gleichermaßen zielt.

Im Beitrag von Anne Huber wird die Veränderung von Unterricht mit Hilfe kooperativer Lernformen des ‚Wechselseitigen Lehrens und Lernens' untersucht. Anne Huber stellt die grundsätzliche Frage, unter welchen Bedingungen kooperatives Lernen gelingt. Dabei diskutiert sie den wesentlichen Aspekt des effektiven Einsatzes von Methoden wechselseitigen Lehrens und Lernens für eine Qualitätsverbesserung von Unterricht.

Fachdidaktische wie bildungstheoretische Momente werden im Artikel von Marieluise Kliegel im Hinblick auf die Entwicklung des Textilunterrichts aufeinander bezogen. Die (Neu-)Gestaltung des Textilunterrichts wird dabei vor dem Hintergrund einer sich wandelnden Lernkultur reflektiert.

Unterrichtskultur ist auch die zentrale Kategorie der Ausführungen von Peter Baireuther, der sich mit der Frage befasst, welchen Stellenwert Eigenverantwortlichkeit der Schüler für die Entwicklung der Lernkultur im Mathematikunterricht besitzt.

Monika Schoy bearbeitet schließlich einen weiteren wesentlichen Aspekt des Mathematikunterrichts – die Fehlerkultur. Durch die Verbreitung konstruktivistischer Lernmodelle wird in der Fach- wie in der allgemeinen Didaktik ein positiver Umgang mit Fehlern propagiert. Dieser Forderung nähert sich Schoy mit konzeptionellen Überlegungen und einem forschenden Zugang.

Die Beiträge schließen mit einem Ausblick in das westafrikanische Schulsystem. Simone Fuoss-Bühler führt aus, wie dort über das Netzwerk ‚Schule und Entwicklung' Schulentwicklung verstanden und betrieben wird. Durch diesen abschließenden ‚Blick über den Zaun' sollen Vergleiche und kritische Distanzierung zum eigenen Verständnishorizont angeregt werden.

Literatur

Altrichter, H. (1998): Reflexion und Evaluation in Schulentwicklungs-prozessen. In: Altrichter, H./Schley, W./Schratz, M. (Hg.) (1998): Handbuch der Schulentwicklung. Innsbruck, Wien, 263-335)

Altrichter, H./Messner, E. (1999): Sich mit fremdem Blick sehen. Feedback in der Schulentwicklung. In: Pädagogik 2/1999, 20-23

Altrichter, H./Schley, W./Schratz, M. (Hg.) (1998): Handbuch der Schul-entwicklung. Innsbruck, Wien

Bastian, J. (1998): Pädagogische Schulentwicklung. Von der Unterrichtsreform zur Entwicklung der Einzelschule. In: Bastian, J. (Hg.) (1998): Pädago-gische Schulentwicklung. Schulprogramm und Evaluation. Hamburg, 29-43

Bildungsplan Baden-Württemberg (2004): Heft 2

Buhren, C.G./Killus, D./Müller, S. (1998): Selbstevaluation von Schule – und wie Lehrerinnen und Lehrer sie sehen. In: Rolff, H.-G./Bauer, K.-O./Klemm, K./Pfeiffer, H. (Hg.) (1998): Jahrbuch der Schulentwicklung, Bd. 10, Daten, Beispiele und Perspektiven. Weinheim, München, 235-269

Buhren,C./Rolff, H. (Hg.)(1996): Fallstudien zur Schulentwicklung. Weinheim und München

Burkard, Ch./Eikenbusch, G. (2000): Praxishandbuch Evaluation in der Schule. Berlin

Dalin, P./Rolff, H.-G./Buchen, H. (1995): Institutioneller Schulentwicklungs-prozess. Bönen

Horster, L./Rolff, H.-G. (2001): Unterrichtsentwicklung. Grundlagen, Praxis, Steuerungsprozesse. Weinheim, Basel

Klein, G. (1997): Schulen brauchen Beratung. Kollegiumsorientierte Innova-tionsberatung als Beitrag zur Schulentwicklung. Marquartstein

Klippert, H.-G. (1999): Unterrichtsentwicklung konkret. Hilfen zur Entwicklung einer schülerzentrierten Lernkultur. In: Pädagogik 2/1999, 12-14

Klippert, H.-G. (2000)[2]: Pädagogische Schulentwicklung. Planungs- und Arbeitshilfen zur Förderung einer neuen Lernkultur. Weinheim, Basel

Koch-Priewe, B. (2000): Schulpädagogisch-didaktische Schulentwicklung. Professionalisierung von LehrerInnen durch interne Evaluation als erziehungswissenschaftliche Theorie-Praxis-Reflexion am Beispiel des Oberstufen-Kollegs Bielefeld. Baltmannsweiler

Meyer, H. (1999): Unterrichtsentwicklung als Kern der Schulentwicklung. In: Meyer, H. (2001): Türklinkendidaktik. Berlin, 182-198

Rolheiser, C./Stevahn, L. (1998): The Role of Staff Developers in Promoting Effective Teacher Decision-Making. In: Brody, C. M./Davidson, N. (Eds.) (1998): Professional Development for Cooperative Learning. Issues and Approaches. Albany, 63-78

Schönig, W. (2000): Schulentwicklung beraten. Weinheim und München

Schreyögg, A. (Hg.)(2000): Supervision und Coaching in der Schulentwicklung. Bonn

I Die Ebene des Bildungssystems

.

Erich Müller-Gaebele

Zwischen gesellschaftlichen Herausforderungen und pädagogischen Ansprüchen
50 Jahre Schulentwicklung in Baden-Württemberg

Ein halbes Jahrhundert Schulentwicklungsgeschichte, dies bedeutet eine kaum überschaubare Zahl an bildungspolitischen Entscheidungen, schulischen Neuerungen, unterrichtlichen Veränderungen. Im Rahmen eines knapp zu haltenden Aufsatzes kann Schulentwicklung historisch-systematisch daher nur skizzenhaft rekonstruiert und mit Blick auf die aktuelle Diskussion interpretiert werden.[1]

Die Einschränkung geschieht in folgender Weise:
1. Es werden ausgewählte Phasen der baden-württembergischen Schulentwicklung knapp charakterisiert, um zu verdeutlichen, welche Prozesse und Einflussfaktoren das Geschehen bestimmt haben.
2. Es folgt eine Analyse des Gesamtgeschehens, um zu erkennen, welche Entwicklungstendenzen auszumachen sind.
3. Mit einigen Thesen soll in pointierter Kürze angedeutet werden, mit welchen Problemen und Herausforderungen zu rechnen sein wird. Die erste große Bildungsreform der Nachkriegszeit zwischen 1965 und 1975 hat bis heute nachgewirkt. Nun ist die Rede von einer zweiten großen Reform, die es in Gang zu bringen gilt.

1. Von der „Bildungskatastrophe" zur Bildungsreform (1969-1975)

Bekanntlich brachten 1964/65 Ralf Dahrendorf und Georg Picht die Reformdiskussion durch ihre Publikationen in Gang. So stellte beispielsweise Dahrendorf fest, dass nur fünf Prozent der Studierenden aus Arbeiterfamilien stammten, denen 50 Prozent der Bevölkerung angehörten. Picht zeigte an Hand internationaler Vergleiche, wie gering in der Bundesrepublik der Anteil der Abiturientinnen war:

---

[1] Eine Gesamtbeschreibung und -analyse der baden-württembergischen Schulentwicklung der vergangenen Jahrzehnte liegt noch nicht vor. Ein erster Versuch hiezu stellt ein vom Institut für Schulgeschichte der Pädagogischen Hochschule Weingarten herausgegebener Bild- und Dokumentenband dar, der unter folgendem Titel erschienen ist: Institut für Schulgeschichte der Pädagogischen Hochschule Weingarten (Hrsg.) (2003): Schule gestalten – verändern – erleben. 50 Jahre Schulreform in Baden-Württemberg. Bergatreute

Land	1970
Norwegen	22%
Schweden	22%
Frankreich	19%
Österreich	14%
Italien	12,5%
Dänemark	11,5%
Niederland	9%
Bundesrepublik	6,8%

Anteil der Abiturienten am entsprechenden Jahrgang im Jahre 1970
(Picht 1964, S. 25)

Um den im internationalen Vergleich nicht zu übersehenden Rückstand aufzuholen, unternahm die Landesregierung vielerlei Anstrengungen. Durch Untersuchungen sollten Bildungsbarrieren ausfindig gemacht werden. „Begabungsreserven" galt es besser zu erfassen und auszuschöpfen. Um die Übergangsquoten zu den höheren Schulen zu steigern, wurde die Zahl der Realschulen und Gymnasien erheblich vermehrt.

In der zweiten Hälfte der 60er Jahre kam die Bildungsreform in Schwung. In wenigen Jahren veränderte sich die Schullandschaft Baden-Württembergs in geradezu revolutionärer Weise. Etwa 1973/74 war die Reform abgeschlossen.
Wodurch erhielt diese durchgreifende Bildungsreform ihre Dynamik? Wie gelang es grundsätzliche Übereinstimmung in den Reformzielen zu erreichen?
Es bestand Einigkeit darin, dass Bildungspolitik einen wesentlichen Beitrag zur Verringerung der bestehenden Ungleichheit der Bildungschancen zu leisten habe. Um dieses weit gesteckte Ziel zu realisieren, musste vor allem das starke regionale und soziale Bildungsgefälle abgebaut werden. Untersuchungen hatten ergeben, dass in Baden-Württemberg Regionen geringer Bildungsdichte anzutreffen sind. Hierzu zählten Gebiete, in denen die Schulbesuchsquote der Sechzehn bis Neunzehnjährigen weit unter dem Landesdurchschnitt lag. Dieser betrug 1965 vierzehn Prozent. In etlichen Regionen mit geringer Wirtschaftskraft besuchten hingegen lediglich drei Prozent der Jugendlichen der entsprechenden Altersgruppe eine Vollzeitschule.
Um das regional bedingte Bildungsgefälle zu vermindern, musste vor allem das gymnasiale Bildungsangebot erweitert werden. Nach dem damals vorherrschenden Verständnis von Chancengleichheit (Dahrendorf 1965) zielten Maßnahmen vor allem darauf ab, die Bildungsbereitschaft der Eltern in diesen Gebieten zu wecken und zu fördern. Dies geschah nicht zuletzt durch vielfältige Informationen über das Spektrum an Bildungsmöglichkeiten, Bildungswerbung gehörte zum Reformprogramm. Vor allem sollten dadurch auch die Eltern von

18

Mädchen in ländlichen Regionen beeinflusst werden. Das katholische Mädchen vom Lande verkörperte damals als Kunstfigur alle schwerwiegenden Hemmnisse des Bildungsaufstiegs.

betrifft: erziehung, Juli/August 1981, S. 69

KATHOLISCHES MÄDCHEN VOM LAND

Es ist jedoch nicht außer Acht zu lassen, dass die damalige Bildungsreform nicht ausschließlich durch das Postulat der Gleichheit der Bildungschancen bestimmt war. Die Bundesrepublik befand sich damals in einer Phase starken Wirtschaftswachstums. Daraus resultierte ein steigender Bedarf an Absolventinnen und Absolventen mit Hochschulabschluss. Nach Berechnungen für die Zeit von 1961 bis 1981 entstand ein Mehrbedarf von über 56 Prozent. Entsprechend der zu erwartenden hohen Nachfrage und in Anbetracht des drohenden Mangels an akademisch gebildeten und schulisch hoch qualifizierten jungen Menschen legte die Landesregierung Planziele für die Zeit von 1964 bis 1980 fest:

Anteil der Abiturientinnen/Abiturienten am Altersjahrgang in Prozent:

1964	1980
8,3	15

Mittlere Abschlüsse

1964	1980
16,4	40

Die Zielvorgaben sind in den nachfolgenden Jahren nicht nur erreicht, sondern weit übertroffen worden. Die 1965 ausdrücklich als weiterführende Schulart geschaffene Hauptschule geriet dadurch in eine schwierige Lage. Ihre Weiterentwicklung kam nicht voran. So fehlten Fachlehrkräfte, weder die geplanten Arbeitsgemeinschaften noch die vorgesehenen Formen innerer Leistungsdifferenzierung und die Erweiterung des Fächerspektrums durch Arbeitslehre konnten damals eingeführt werden. Daher hatte es die Hauptschule schwer, sich im Wettbewerb mit anderen weiterführenden Schularten zu behaupten und rückte an den Rand des bildungspolitischen Interesses.

Im Rückblick ist festzuhalten, dass sich die baden-württembergische Schullandschaft in der Zeit zwischen 1965 und 1975 grundlegend veränderte. Wenige Daten hierzu mögen verdeutlichen, was in diesem Jahrzehnt erreicht oder in Gang gebracht worden ist.

Bereits 1965 ließ die Landesregierung in einigen Landkreisen Untersuchungen durchführen, um Begabungsreserven aufzuspüren. Die Begabungs- und Schuleignungsuntersuchungen in einer Region Nordwürttembergs erfassten insgesamt 1511 Schülerinnen und Schüler vor allem der vierten Schuljahre. Nach den festgelegten Testkriterien hätte die Zahl der für ein Gymnasium geeigneten Mädchen und Jungen verdoppelt werden können. Wäre die gemessene Begabung ausschlaggebend gewesen, hätten viermal mehr Schülerinnen und Schüler eine Realschule (damals noch Mittelschule) besuchen können.[2] Diese Daten bestätigen eindrucksvoll, wie sehr vor allem in ländlichen Gebieten das Begabungspotential unausgeschöpft blieb.

Zügig voran kamen Planung und Verwirklichung eines Schulmodellprogramms, denn bereits im Schuljahr 1970/71 begannen sieben Modellschulen mit dem regulären Unterricht, wobei durch eine Planungsgruppe für jede Schule die wissenschaftliche Begleitung gesichert war.

Die Übergangsquoten aus dem vierten und fünften Schuljahr erhöhten sich durch die vielen Maßnahmen seit 1964 kontinuierlich.

Beachtlich ist vor allem die Steigerung bei der Realschule. Sie hatte für die Bildungsreform also besonderes Gewicht, war sie doch in erster Linie die Schule des beruflichen und sozialen Aufstiegs für Kinder der bildungsfernen Elternhäuser. Entsprechend ihrer Bedeutung für die Bildungsexpansion erhöhte sich die Zahl der Realschulen zwischen 1964 und 1971 von 209 auf 351, die Zahl der Gymnasien steigerte sich von 263 auf 329. Erschwert wurden die Reformanstrengungen durch eine Reihe hemmender Faktoren. Nur in begrenztem Maße gelang es beispielsweise die Zahl der (zu) großen Klassen vor allem an Grund- und Hauptschulen zu reduzieren.

---

[2] Zur Untersuchung liegt ein ausführlicher Bericht vor: Aurin, K. (1966): Ermittlung und Erschließung von Begabungen im ländlichen Raum. Villingen

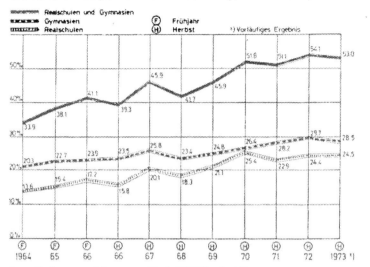

Entwicklung der Übergangsquoten aus der 4. und 5. Klasse der Grund-
und Hauptschulen auf Realschulen und Gymnasien im Landesdurchschnitt vom Schuljahr 1964/65 bis zum Schuljahr 1973/74

Aus: Lehren und Lernen, H. 2 (1975), S. 18

Dies hing mit der Entwicklung der Schülerzahlen zusammen. Die Gesamtzahl
der Schülerinnen und Schüler an öffentlichen allgemein bildenden Schulen stieg
von 777 000 1965 auf 984 000 im Jahre 1975. Entsprechend stark stieg die
Nachfrage nach Lehrerinnen und Lehrern, ein eklatanter Lehrermangel wirkte
sich hemmend auf den Reformprozess aus.

Im Unterschied zu den vorangegangenen Reforminitiativen wurden die
Veränderungen systematisch geplant. Basis für die Strukturreform bildeten
umfangreiche Schulentwicklungspläne. Sie enthielten alle für die
durchgreifende Veränderung der Schullandschaft notwendigen Daten. In
Gesprächen vor Ort wurden die Planungsvorhaben besprochen, die Bevölkerung sollte von der Notwendigkeit der vorgesehenen Veränderungen überzeugt werden.
Allerdings: Die damit verbundene Auflösung kleiner Landschulen verlief nicht
ohne Widerstand. Viele Gemeinden wehrten sich gegen den Verlust ihrer
Schule, die das Gemeindeleben bereicherte und den Kindern weite Schulwege
ersparte.
1964 erklärte der damalige Ministerpräsident Kurt Georg Kiesinger, dass die
Ausschöpfung der Begabungsreserven eine „Lebensfrage der Gesellschaft" sei.
Noch im gleichen Jahr wird im Kultusministerium eine Planungsabteilung
eingerichtet. Sie erhält die Aufgabe, ein Gesamtkonzept von der Vorschule bis
zur Erwachsenenbildung zu erstellen.

21

Die damalige Bildungsreform war vom Ziel bestimmt, eine Verbesserung der Bildungsbeteiligung „bildungsferner" Schichten zu bewirken. Der Abbau des sozialen und regionalen Bildungsgefälles galt als zentrale bildungspolitische Aufgabe, denn nur dadurch konnte die Reform zur Verwirklichung des Prinzips der Gleichheit der Bildungschancen beitragen. Zugleich zielten die Reformmaßnahmen darauf hin, den langfristig steigenden Bedarf der Gesellschaft an hoch qualifizierten Fachkräften zu berücksichtigen. Der damalige Kultusminister Wilhelm Hahn hat dies so formuliert:
„Beide Aspekte, die Aktivierung der Begabungsreserven und die Nachfrage der Wirtschaft fließen in den quantitativen Zielen der Schulplanung zusammen..."
(W.Hahn in Kultusministerium Baden-Württemberg (Hg) 1968, XII).

2. Gebremste Bildungsexpansion – Schulentwicklung zwischen 1975 und 1990

Um 1975 veränderten sich Ziele und Inhalte der Bildungsreform. Die Gründe für den Wandel liegen im ökonomischen Bereich. Zwischen 1963 und 1973 war die Zahl der offenen Stellen sehr viel höher als die Zahl der Arbeitslosen. Zwischen 1973 und 1975 wuchs jedoch ihre Zahl von 250 000 auf über eine Million. Eine Weltwirtschaftskrise führte dazu, dass Betriebe in verstärktem Maße qualifizierte Arbeitskräfte freisetzten. Die öffentlichen Haushalte waren zum Sparen gezwungen und kürzten die Bildungsausgaben. Nun weckte die Landesregierung Zweifel an den Zielen und Erfolgen der Bildungsreform. Sie vertrat die Auffassung, dass zu viele Akademikerinnen und Akademiker die Hochschulen verließen, keineswegs könnten alle einen Platz im Beschäftigungssystem finden. Die Ausweitung der schulischen Bildungsmöglichkeiten ging einher mit einer Verknappung der Berufschancen. Die Zahl der Schülerinnen und Schüler mit einem gehobenen Abschluss wuchs zunächst wie gewünscht, aber durchaus galt dies nicht für die Berufschancen. Daher erfüllte sich für viele Schülerinnen und Schüler der berufliche Aufstiegstraum nicht. Mehr Bildung, das war vor allem auch verstanden worden als „Vehikel des sozialen Aufstiegs". In den 50er Jahren hatte der Soziologe Helmut Schelsky die Schule bereits als „Zuteilungsapparatur" für „Sozialchancen" bezeichnet.
Der Wettbewerb um berufliche Chancen verstärkte sich also. Aber dadurch sank der Wert der Abschlüsse keineswegs. Im Gegenteil – ein gehobener Abschluss wurde immer unverzichtbarer. Daher verschärfte sich der Wettbewerb um gute Noten in den Schulen. Dies führte zu Protesten der Eltern, deren Kinder unter dem Leistungsdruck litten. Erschwerend kam bis Mitte der 70er Jahre ein beträchtlicher Lehrermangel hinzu. Dadurch verschlechterten sich die Lernbedingungen. Enttäuschung, Resignation und Angst breiteten sich im Schulbereich und in den Familien aus. Die Verschärfung des Leistungsdrucks in den Schulen musste vor allem diejenigen Eltern enttäuschen, die zum ersten Mal beruflichen und sozialen Aufstieg für ihre

Kinder anstrebten. Aber auch Eltern, für die gehobene Abschlüsse selbstverständlich waren, sahen die Chancen für ihre Kinder bedroht.

So konnte es nicht ausbleiben, dass die Schulreform der vorangegangenen Jahre in die Kritik geriet. Sie wurde nunmehr als überzogen und teilweise fehlgeleitet eingeschätzt. Entsprechend richtete sich die Kritik auf vielerlei Punkte, kritisiert wurde

- die massive Bildungswerbung
- die starke Erweiterung des höheren Schulwesens
- die Verbindung von Bildung und gesellschaftlichem Aufstieg
- die „Fehllenkung" von Begabungen
- die Verwissenschaftlichung der Bildung
- die Technokratisierung des schulischen Lernens.

Wer auf Bildung gesetzt hatte, wurde enttäuscht, die Hoffnung, durch qualifizierte Bildung den gesellschaftlichen Aufstieg zu schaffen, sank in Anbetracht der geringen Chancen auf dem Arbeitsmarkt. In dieser krisenhaft zugespitzten Lage reagierte die Landesregierung mit neuen bildungspolitischen Leitgedanken.

Allgemeinbildung wurde zum Wert an sich erklärt, nicht vorrangig als Mittel des sozialen Aufstiegs. Entsprechend kam eine Reform der gymnasialen Oberstufe in Gang mit dem Ziel, eine breite Allgemeinbildung zu sichern. Damit verknüpft war die Abkoppelung vom Beschäftigungssystem. Nur diejenigen sollten in die Oberstufe des Gymnasiums gelangen, die eine derart abgehobene Bildung durchstehen konnten. Zugleich wurde betont: Nicht nur der akademisch Gebildete ist Mensch im eigentlichen Sinne.

Um den wachsenden Trend zur Realschule und zum Gymnasium zu bremsen, beschloss die Landesregierung vielfältige Maßnahmen zur weiteren Stärkung der Hauptschule. Zusammengefasst wurden sie im „Aktionsprogramm zur Weiterentwicklung der Hauptschule" (1975), dem in den 80er Jahren weitere Initiativen folgten, um die Attraktivität dieser Schulart zu erhöhen.

Wieder belebt wurde die Diskussion zum Begabungsbegriff. Im Gegensatz zu den vorangegangenen Jahren der Bildungsexpansion, in denen ein stark umweltabhängiges Begabungsverständnis dominierte, erhielt nunmehr die genetische Komponente der Begabung wieder mehr Gewicht. Die Bildungspolitiker folgerten daraus, dass den Anlagen erhöhte Bedeutung zukomme. Zugleich ergab sich daraus wiederum eine erneute Begründung des gegliederten Schulsystems. Aus den dargelegten Grundsätzen entstanden Leitlinien für die Weiterentwicklung des Schulwesens, die im Folgenden kurz zusammengefasst sind:

1. Stärkung des erzieherischen Moments
Im Vordergrund steht das pädagogische Bemühen um das Kind, das vor
Überforderung zu schützen ist. Zwischen Eltern, Schülern und
Lehrerinnen/Lehrern ist ein vertrauensvolles, partnerschaftliches Verhältnis zu
pflegen.

2. Lehrplanarbeit steht im Vordergrund
Nicht Detailwissen und isolierte Fertigkeiten sind wichtig, vielmehr sind
Grundhaltungen anzustreben, die selbstständiges Lernen ermöglichen, zu
betonen sind die Erziehung zur Eigenverantwortung und zum Leistungswillen,
Chancen zur Selbstfindung und Selbstverwirklichung sollten sich eröffnen.

3. Abbau von Angst und Leistungsdruck
Eine Kommission „Anwalt des Kindes" arbeitet hierzu Empfehlungen zur
verstärkten Humanisierung der Schule und des Schulalltags aus.

4. Verstärkte Förderung und Beratung
Gefordert werden diagnostische Verfahren zum Erfassen von Lernstörungen
und Konzepte zur Behebung solcher Störungen.

5. Weiterentwicklung des Schulwesens
mit Hilfe von Modellversuchen

6. Bessere Vorbereitung der Lehrkräfte auf ihre neuen Aufgaben

7. Erhalt der Leistungsfähigkeit der Hochschulen

8. Stärkere Orientierung des Bildungswesens am Bedarf des Beschäftigungs-
systems.[3]

In Orientierung an diesen Leitlinien verwirklichte die Landesregierung in den
nachfolgenden Jahren eine Reihe von Reformvorhaben, die hier nicht im
Einzelnen dargestellt werden können. Beispielsweise wurde die Zahl der
Bildungsberatungsstellen erhöht, für Kinder ausländischer Arbeitnehmer
entstanden Vorbereitungsklassen, die Klassenstufen 4 – 6 nahmen verstärkt
Orientierungsfunktion wahr und die Kooperation zwischen Kindergarten und
Grundschule wurde in einem Versuchsprogramm erprobt. Im Rückblick ist
nicht zu übersehen, dass die Schulentwicklung in den 80er Jahren wenig
Dynamik entfaltete. Markante Veränderungen im Schulbereich blieben aus.
Während die Zahl der Schülerinnen und Schüler in der Grundschule anstieg,

---

[3] Vgl. hierzu: P.H. Piazolo (1975): Die bildungspolitische Gesamtkonzeption des Landes
Baden-Württemberg und ihre neue Stufe der Verwirklichung im Herbst 1975. In Lehren und
Lernen 1 Jg.; H. 1, 2-56. Paul Harro Piazolo hatte damals als Ministerialdirektor im Kultus-
ministerium die Bildungsplanung des Landes maßgeblich mitbestimmt.

sank sie in der Hauptschule um 40.000. Dadurch wuchs die Zahl der kleinen Hauptschulen mit teilweise sehr niedrigen Klassenfrequenzen. Etwa 300 Hauptschulen erreichten weniger als 100 Schülerinnen und Schüler. Ihr Bestand war dennoch vor allem in ländlichen Regionen, in denen Realschule oder Gymnasium nur schwer zu erreichen waren, gesichert.

Immer deutlicher zeigte sich der Mangel an Ganztagsschulen; Um 1990 verfügte Baden-Württemberg über 56 Ganztagsschulen, die knapp 4 Prozent der Schülerinnen und Schüler des Sekundarbereichs versorgten. Der Ausbau im Rahmen eines Gesamtplans war nicht vorgesehen.

Die schulische Förderung der ausländischen Kinder und Jugendlichen gelang nur unzureichend. In den Realschulen und Gymnasien waren sie stark unterrepräsentiert. Lediglich 3,6 Prozent erreichten damals einen Hochschulabschluss.

Keine Fortschritte erzielten die Versuche, den Anteil der Schulabgängerinnen und Schulabgänger ohne Hauptschulabschluss zu verringern, im Gegenteil: Zwischen 1985 und 1990 stieg der Anteil von 6,5 auf 8,1 Prozent. Das Bildungsgefälle zwischen Stadt und Land konnte nicht aufgehoben werden, denn wie in den Jahren zuvor setzten sich die regional bedingten Ungleichheiten fort. Dies konnte an den Abiturientenquoten abgelesen werden, die nicht unerheblich schwankten. Daran gemessen gibt es auch heute noch bildungsrückständige Gebiete.

Die um 1990 wahrzunehmenden Schwierigkeiten und Unzulänglichkeiten bzw. Mängel führen Bildungsforscher darauf zurück, dass eine aktive Schulentwicklungsplanung, die spätestens um 1980 hätte einsetzen müssen, versäumt worden ist (Bargel/Kuthe 1992). Schon damals zeichneten sich die dargestellten Schwierigkeiten ab. Die Bildungspolitik wandte sich jedoch vor allem Fragen der inneren Schulreform (z.B. Lehrplanrevisionen) zu, nachdem die Strukturreformen für beendet erklärt wurden. Somit veränderte sich das Schulangebot insgesamt nur wenig, obwohl die Nachfrage nach dem Bildungsangebot der Realschule und des Gymnasiums ständig anstieg. Dadurch entstand ein Ungleichgewicht zwischen Schulangebot und Bildungsnachfrage.

3. Schule unter Modernisierungsdruck (1990 – 2000)

Wie lässt sich dieses Jahrzehnt charakterisieren? Offenkundig ist, dass sich die gesellschaftlichen und ökonomischen Veränderungen beschleunigt haben. Im Schulsektor entstand dadurch ein hoher Modernisierungsbedarf. Die Kritik am Schulsystem verschärfte sich zusehends. Kritisiert wurden u. a.

-       die überlangen Schul- und Studienzeiten
-       die verspätete Einschulung
-       die Rückständigkeit der Medienausstattung
-       das Ignorieren der gesellschaftlichen und beruflichen Anforderungen

(z. B. Schlüsselqualifikationen)
- die zu geringen Leistungen der Absolventinnen und Absolventen beim
  Übergang in die Berufswelt.

Bemängelt wurde, dass die Schule zu wenig die veränderten Bedingungen des
Aufwachsens von Kindern und Jugendlichen beachte. Die Exekutive war
jedoch kaum mehr in der Lage, all den Reformanforderungen zu entsprechen, es
bildete sich ein Reformstau (vgl. Zedler 2000). Unter dem anhaltenden
Reformdruck blieb keine Zeit, ein schlüssiges Gesamtkonzept für eine
umfassende Schulreform auszuarbeiten. Stattdessen initiierte die Landesregierung eine Vielzahl von Reformmaßnahmen mit teilweise weit reichenden
Folgen:

- Revision der Bildungspläne (1994/95)
- Kernzeiten an Grundschulen (ab 1.8.1995)
- Aggression und Gewalt wird zum Thema, Befragungen an Schulen
  (1994)
- Modellversuch Computer in der Grundschule (ab 1995/96)
- Flexibilisierung der Einschulung
- Schulversuch an Grundschulen mit integrationspädagogischem Kon-
  zept (1993-1996)
- Schulversuch „achtjähriger Bildungsgang" am Gymnasium (Beginn
  1991/92).

4. Fünfzig Jahre Schulentwicklung – welche Trends?

4.1 Die Erwartungen an das Schulsystem sind in den letzten Jahren
kontinuierlich gestiegen und sie werden weiter steigen. Schulen stehen, nicht
zuletzt im Gefolge der PISA-Diskussion, unter einem permanenten
Erwartungsdruck außerschulischer gesellschaftlicher Gruppen und Institutionen. Die Erwartungen beziehen sich auf den Leistungsbereich, aber auch auf
die Erziehungsaufgabe. Die vielfältigen, mitunter divergierenden Erwartungen
können sicher nur teilweise erfüllt werden. Dies führt zwangsläufig zu
Enttäuschungen, die wiederum in Schulkritik übergehen. Allgemeine
Zufriedenheit mit der Leistungsfähigkeit des Schulwesens ist in den nächsten
Jahren nicht zu erreichen.

4.2 Zu beobachten ist, dass sich Heranwachsende mehr und mehr eigene
Lebenswelten schaffen. Die Peergroup gewinnt an Bedeutung und an Einfluss
auf Einstellungen, Interessen und Verhalten.
Gleichzeit jedoch vollzieht sich die „Verschulung" der Lebenszeit. Immer mehr
Heranwachsende verweilen immer länger in Schulen verschiedenster Art. Die
zehnjährige Schulbesuchszeit ist für die große Mehrheit der Jugendlichen längst

Realität. Dies bedeutet aber auch, dass sich die Begegnung mit der Arbeit und Berufswelt immer weiter hinausschiebt. Verknüpft damit ist das grundlegende Problem der Trennung von Schule und Leben. Betriebspraktika aller Art während der Schulbesuchszeit sollen dazu beitragen, die Kluft zu verringern.

Schule dient nach wie vor der Vorbereitung auf das Leben, ist also nicht identisch mit dem Leben, sie ist ein Teil der Lebenswelt der Heranwachsenden. Sie bietet viel, was mit den Bedürfnissen und Interessen der Schülerinnen und Schüler übereinstimmt. Aber dessen ungeachtet verengt sich schulisches Lernen doch immer wieder auf Wissensvermittlung.

4.3 Die Bedeutung der durch die Schule vergebenen Abschlüsse hat in den letzten Jahren ständig zugenommen. Immer stärker wurde der Wunsch der Eltern, ihren Kindern einen „höheren" Bildungsabschluss zu ermöglichen.

Beispielsweise lässt sich dies an den Schulabschlusserwartungen ablesen, die in den vergangenen Jahren in regelmäßigen Abständen erfasst wurden. Die entsprechende Frage des Instituts für Schulentwicklungsforschung lautet: „Welchen endgültigen Schulabschluss sollte ihr Kind nach ihren Wünschen erreichen?"[4]

Für fast 90 Prozent der Eltern ist die „Mittlere Reife" die Mindestnorm. Erstaunlich ist, dass sich dieser Wert seit 1980 nur wenig verändert hat. Allerdings sind dabei Differenzen, die mit der Berufszugehörigkeit zusammenhängen, nicht zu übersehen.

Außerdem ist zu konstatieren: Für Mädchen wird häufiger als für Jungen das Abitur als Abschluss gewünscht, beim Hauptschulabschluss ist es umgekehrt.

Die Daten weisen aber auch auf eine generelle Problematik hin: Für einen Teil der Eltern und ihren Kindern sind Enttäuschungen unausweichlich, da sich Abschlusserwartungen nicht erfüllen. Die Diskrepanz zwischen Erwartungen und tatsächlichem Schulerfolg gilt es zu verkraften.

Es ist daher verständlich, dass in Baden-Württemberg der Übergang zu den weiterführenden Schulen nach dem vierten bzw. fünften Schuljahr ein herausragendes Ereignis darstellt. Die Übergangsbestimmungen sind im Laufe der vergangenen Jahrzehnte immer wieder geändert worden, aber die Kritik an den Bedingungen und an den Entscheidungskriterien ist nie verstummt.

4.4 Zunehmende Ausdifferenzierung des Bildungssystems

In den letzten Jahrzehnten ist die Schullandschaft immer vielfältiger geworden. Einheitlich und strukturell gleich geblieben ist lediglich die Grundschule mit ihrem vierjährigen Bildungsgang. Jedoch bietet sich im Sekundarbereich eine Vielzahl unterschiedlicher Schullaufbahnen an. Hauptschulen verfügen über mehrere Schulabschlüsse und Möglichkeiten, darauf aufbauend im beruflichen

---

[4] Zu den Ergebnissen im Einzelnen vgl. H.-G. Rolff u.a. (Hg.) (2002): Jahrbuch der Schulentwicklung, Bd. 12, Weinheim und München, 16-23

Schulwesen voran zu kommen. Vor allem die beruflichen Gymnasien setzen immer wieder neue Schwerpunkte.

Breit gefächert ist das Sonderschulwesen, das in den zurückliegenden Jahren stark ausgebaut und vor allem auch nach Behinderungsarten ausdifferenziert wurde.

Durch die Einführung von Ganztagsschulen mit oder ohne Schulsozialarbeit, durch Reformschulen mit eigenem Profil und durch die steigende Zahl an Privatschulen mit einem besonderen pädagogischen Konzept hat die Schullandschaft an Vielfalt und Vielgestaltigkeit erheblich gewonnen.

4.5 Ungleichheit der Bildungschancen – besteht sie weiterhin? Wie hat sich die Problematik in den letzten Jahren entwickelt?

Sicher ist, dies bestätigen ja auch die PISA-Studien, dass Chancenungleichheit nicht beseitigt ist. Dennoch lassen sich Veränderungen konstatieren, die positiv einzuschätzen sind. Sie sind das Resultat der bereits vor Jahrzehnten in Gang gekommenen Bildungsexpansion. Wohl, um kurz auf den Begriff einzugehen, ist Expansion ein zentrales Merkmal moderner Bildungssysteme, denn gemeint ist damit zunächst der Ausbau des Schulsystems mit dem Ziel einer flächendeckenden Versorgung mit Schulen. Diese Art der Expansion war charakteristisch für die Zeit von 1960 – 1980.

Expansion meint aber auch die Erhöhung der Bildungsbeteiligung vor allem durch die Ausdehnung der Schulbesuchszeit. In diesem Verständnis ist die Bildungsexpansion durchaus wirksam geworden, denn immer mehr Heranwachsende verweilen immer länger in Schulen.

Erziehungswissenschaft 1979, H. 4

Schließlich bezieht sich Expansion auf die Beteiligung der Jugendlichen aus eher bildungsfernen Elternhäusern an Schulkarrieren, die zu höher qualifizierten Abschlüssen (Realschulabschluss, Abitur) führen. Die Studien hierzu lassen sich wie folgt zusammenfassen:

„Ende der 90er Jahre bleibt eine Ungleichverteilung der Bildungsabschlüsse nach Sozialschicht statistisch feststellbar und nachweisbar"(Hansen/Pfeiffer 1998, 67). Es bestätigt sich also bis zur Gegenwart, dass die Schule derzeit nicht ausreichend kompensatorisch zu wirken vermag. Kinder und Jugendliche, die zu Hause wenig oder keine Unterstützung erhalten können, werden zu wenig durch die Schule gefördert.

In diesem Zusammenhang ist das Resultat einer Hamburger empirischen Studie aufschlussreich, die alle Fünftklässler Hamburgs einbezog. Es zeigte sich, dass im Durchschnitt Kinder aus benachteiligten Milieus bessere Leistungen erbringen müssen, um eine Gymnasialempfehlung zu erhalten. Kindern von Vätern mit Abitur hingegen müssen für diese Empfehlung weit weniger Leistungspunkte nachweisen (Hansen/Pfeiffer 1998, 79 ff.).
Daraus lässt sich schließen: Die soziale Selektivität des Schulsystems wirkt weiter. Keineswegs entscheidet ausschließlich die Leistung darüber, welche Schullaufbahn ein Kind durchschreitet.
Aber auch die ehemals bildungsfernen Schichten haben den Wert einer qualifizierten Schulbildung für die beruflichen Chancen und für den gesellschaftlichen Aufstieg erkannt, zumal sich auch die materiellen Schranken verringert haben (z.B. durch Bafög).

Positiv entwickelt hat sich die Bildungsbeteiligung der Mädchen. Ihr Anteil an höheren Bildungsabschlüssen ist kontinuierlich gestiegen. Das katholische Mädchen vom Lande als Symbolfigur kann somit eingemottet werden.

5. Anmerkungen zur Zukunft der Schule

Aus den bisherigen historischen Abläufen lassen sich nicht unmittelbar Folgerungen für die Weiterentwicklung der Schule ableiten. Dennoch ist es möglich, Wandlungsprozesse wahrzunehmen, die längst begonnen haben und sich vermutlich verstärkt fortsetzen werden. Diese sich abzeichnenden Trends sind durch abschließende Thesen näher bestimmt.

5.1 Bildungsreformen sind nicht selten deswegen gescheitert, weil das Durchhaltevermögen fehlte.
Viele der gegenwärtig so heftig diskutierten Reformvorhaben sind bereits um 1970 intensiv beraten und ansatzweise verwirklicht worden. Die Verringerung der durch die soziale Herkunft verursachten Ungleichheit der Bildungschancen war bekanntlich das Leitmotiv der großen Bildungsreform unter Wilhelm Hahn

(Kultusminister in Baden-Württemberg 1964-1978). Diesem Ziel diente beispielsweise die zweijährige Orientierungsstufe. Zur ausgleichenden Erziehung im Vorschulalter, um ein weiteres Beispiel zu nennen, boten damals viele Kindergärten Sprachförderungsprogramme an und intensivierten die Zusammenarbeit mit den Grundschulen. Bereits ab 1964, um ein letztes Beispiel zu erwähnen, liefen in Baden-Württemberg Versuche mit Englisch und Französisch in Grundschulkassen. Die Versuche verliefen so erfolgreich, dass bereits 1969 angekündigt wurde, Grundschulenglisch als neues Unterrichtsfach in den amtlichen Lehrplan einzubeziehen; dies geschah tatsächlich, allerdings erst zum Schuljahr 2003/04.

Was die Hauptschule angeht, so ist es in den vergangenen mehr als dreißig Jahren nicht gelungen, die Attraktivität dieser Schulart wirksam zu erhöhen. Der Anteil der Schülerinnen und Schüler des Sekundarbereichs, die eine Hauptschule besuchen, ist kontinuierlich gesunken, obwohl gerade in Baden-Württemberg viel unternommen worden ist, um das Ansehen und die Leistungsfähigkeit dieser Schulart zu verbessern.

5.2 Die Kritik an der Leistungsfähigkeit des allgemein bildenden Schulwesens setzt sich ungebrochen fort.

Seit dem Beginn der Reformdiskussion durch den Deutschen Ausschuss für das Erziehungs- und Bildungswesen im Jahre 1959 ist die Kritik am Bildungssystem nicht mehr verstummt.[5] Schulkritik durchzieht die Jahre der Bildungsreformen, sie gehört also untrennbar zur Schulentwicklung.

Sowohl die Kritik an der mangelnden Studierfähigkeit wie auch die Klagen der Wirtschaft über die zu geringen Leistungen der Schulabgängerinnen und Schulabgänger sind notorisch, sie gehören unverzichtbar und traditionell zum Repertoire der öffentlichen Schulkritik.

5.3 Ungeachtet dessen wird verstärkt gefordert, das Leistungsniveau zu erhöhen und neuerdings durch Standardarbeiten abzusichern.

Die vor allem durch die Resultate der internationalen Vergleichsstudien ausgelöste Bildungsdebatte enthält im Kern die Forderung, das Leistungsniveau vor allem in den Kernfächern zu erhöhen. Als ein wichtiger Beitrag dazu werden nationale Bildungsstandards angesehen, die verbindlich das für unverzichtbar gehaltene Wissen sowie fachliche wie überfachliche Kompetenzen definieren.

Auch diese Forderung ist nicht neu, denn in den vergangenen Jahrzehnten ist immer wieder versucht worden, das Leistungsniveau der Schulen mit Hilfe von

---

[5] Der „Deutsche Ausschuß für das Erziehungs- und Bildungswesen" wurde 1953 berufen und 1966 durch den „Deutschen Bildungsrat" ersetzt. 1959 veröffentlichte er den „Rahmenplan zur Umgestaltung und Vereinheitlichung des allgemeinbildenden öffentlichen Schulwesens". Er löste eine intensiv geführte schulpolitische Debatte aus. Vgl. hierzu Schorb, A.O. (Hg.) 1960: Für und wider den Rahmenplan. Eine Dokumentation. Stuttgart

Orientierungsarbeiten, Vergleichsarbeiten und Abschlussarbeiten landeseinheitlich zu ermitteln.

5.4 Erwartungen und Anforderungen sind uneinheitlich, ja widersprüchlich, Lehrkräfte fühlen sich dadurch überfordert.

Es ist nicht zu übersehen, dass Schulen „fit gemacht" werden sollen, um im internen wie internationalen Wettbewerb bestehen zu können. Ihre Leistungsfähigkeit wird teilweise mit Hilfe von Kriterien beschrieben, die ökonomischer Herkunft sind. Zugleich jedoch sieht sich die Schule mit wachsenden erzieherischen Aufgaben konfrontiert. Die Bedingungen des Aufwachsens haben sich in den letzen Jahren für Kinder und Jugendliche rasch und durchgreifend verändert. Vor allem haben sich ursprünglich in den Familien verankerte Erziehungsaufgaben auf außerfamiliäre Einrichtungen hin verlagert. Aus der Schulgeschichte der letzten Jahrzehnte ist bekannt, welche Probleme daraus entstehen können: Lehrkräfte fühlen sich überfordert, sollen sie doch hohe Leistungsstandards erreichen, sich aber zugleich vielfältigen pädagogischen Herausforderungen stellen, und zwar Tag für Tag. Diese erzieherischen Aufgaben lassen sich allerdings nicht mit Hilfe von Kategorien ökonomischer Effizienz erfassen.

Kommen noch zusätzliche Belastungen etwa durch Verschlechterung der Arbeitsbedingungen hinzu, dann lähmt dies die Reformbereitschaft.

5.5 Der sich beschleunigende gesellschaftliche Modernisierungsprozess bewirkt massiven Reformbedarf.

Das Bildungswesen ist gegenwärtig einem hohen Reformdruck ausgesetzt. Dieser Druck wird sich noch verstärken, da sich die gesellschaftlichen Modernisierungsprozesse mit erhöhtem Tempo vollziehen, als Beispiel sei hier der Medienbereich genannt. Somit bleibt immer weniger Zeit, Reformen gelassen, überlegt und einvernehmlich in Gang zu setzen. Charakteristisch dafür ist die zeitweilig hitzig geführte Debatte über die internationalen Vergleichsstudien. Einigkeit scheint darin zu bestehen, dass eine zweite große Bildungsreform notwendig ist, aber es ist unklar, was ihre Ziele sind. Hierzu liegen allenfalls umfangreiche Forderungskataloge vor, die präzisiert werden müssten, so dass klare Zielvorstellungen daraus entstehen können.

5.6 Zum ersten Mal konzentriert sich Schulentwicklung auf die Einzelschule, ihr wird damit in erster Linie die Reformlast aufgebürdet.

Die für Baden-Württemberg bis heute entscheidende Schulreform zwischen 1964 und 1974 wurde von einer Planungsgruppe des damaligen Kultusministeriums zentral gesteuert. Auf die Mitarbeit von Wissenschaftlerinnen und Wissenschaftlern legte es damals großen Wert. Die Kooperation von Bildungsverwaltung, Bildungsforschung und Schulpraxis erwies sich als produktiv und effektiv.

Das Konzept einer zentral gesteuerten Bildungsplanung lässt sich jedoch heute nicht mehr wirkungsvoll praktizieren. Somit ruhen die Hoffnungen auf der Reformkraft und Innovationsfreude der Einzelschule.

Zum ersten Mal in der Geschichte der Schulentwicklung konzentriert sich der Veränderungsprozess auf jede einzelne Schule vor Ort. Ihr wird dadurch ein erhöhtes Maß an Autonomie zugestanden, aber sie muss auch in verstärktem Maße die Verantwortung für den Reformprozess übernehmen. Die einzelnen Schulen müssen sich damit auch den widersprüchlichen Erwartungen stellen und flexibel auf die immer wieder wechselnden Ansprüche pädagogisch angemessen reagieren. Wohl niemand kann zur Stunde sagen, wieweit Schulen dieser Herausforderung gewachsen sein werden.

Literatur

Aurin, K. (1966): Ermittlung und Erschließung von Begabungen im ländlichen Raum. Villingen

Bargel, T., Kuthe, M. (1992): Schullandschaft in der Unordnung. Gutachten der Johannes-Löchner-Stiftung zum Schulangebot in Baden-Württemberg. Bd. 1 + 2, Mössingen; Talheim

Dahrendorf, R. (1965): Bildung ist Bürgerrecht. Plädoyer für eine aktive Bildungspolitik. Nannen-Verlag

Flitner, A. (1977): Mißratener Fortschritt. Pädagogische Anmerkungen zur Bildungspolitik. München

Hahn, W. (1972): Mehr Bildung – mehr Leistung – mehr Freiheit. Bildungspolitik zwischen Wunsch und Wirklichkeit, Stuttgart

Hansen, R., Pfeiffer, H. (1998): Bildungschancen und soziale Ungleichheit. In: Rolff, A.-G., Bauer, K.-O., Klemm, K., Pfeiffer, H. (Hg.): Jahrbuch der Schulentwicklung, Bd. 10. Weinheim und München

Institut für Schulgeschichte der Pädagogischen Hochschule Weingarten (Hg.) 2003: Schule gestalten – verändern – erleben. 50 Jahre Schulreform in Baden-Württemberg. Bergatreute

Kultusministerium Baden-Württemberg (Hg.) 1968: Schulentwicklungsplan Baden-Württemberg. Verwirklichung des ersten Abschnitts. Villingen

Lundgreen, P. (2000): Schule im 20. Jahrhundert. Institutionelle Differenzierung und expansive Bildungsbeteiligung. In: Z. f. Päd. 42. Beih. Weinheim/Basel, 140-165

Lundgreen, P. (2003): ‚Bildungspolitik‘ und ‚Eigendynamik‘ in den Wachstumsschüben des deutschen Bildungssystems seit dem 19. Jahrhundert. In: Z. f. Päd. 49. Jg.; H1, 34-41

Nath, A. (2002): Annäherung der sozialen Schichten im Bildungswachstum der letzten 200 Jahre. In: Mägdefrau J., Schumacher, E. (Hg.): Pädagogik und soziale Ungleichheit. Bad Heilbrunn, 185 – 215

Nath, A. (2003): Bildungswachstum und äußere Schulreform im 19. und 20. Jahrhundert. Individualisierung der Bildungsentscheidung und Integration der Schulstruktur. In: Z. f. Päd. 49. Jg.; H.1, 8-25

Piazolo, P.H. (1975): Aspekte einer neuen bildungspolitischen Gesamtkonzeption des Landes Baden-Württemberg. In: Lehren und Lernen 1. Jg.; H. 2, 1-36

Piazolo, P.H. (1975): Die bildungspolitische Gesamtkonzeption des Landes Baden-Württemberg und ihre neue Stufe der Verwirklichung im Herbst 1975. In: Lehren und Lernen 1. Jg.; H.8, 1-56

Picht, G. (1964): Die deutsche Bildungskatastrophe. Olten und Freiburg

Pitsch, H. (1989): Thesen zur Geschichte der Schulreform in Baden-Württemberg. In: Lehren und Lernen 15. Jg.; H. 3, 51-80

Rolff, H.-G., Holtappels, H. G., Klemm, K., Pfeiffer, H., Schulz-Zander, R. (Hg.) (2002): Jahrbuch der Schulentwicklung, Bd. 12. Weinheim und München

Schnaitmann, G. (2002): Schulreform in Baden-Württemberg – ein chronologischer Abriss. In: Lehren und Lernen 28. Jg.; H.7/8, 7-13

Tenorth, H.-E. (2003): Wachstumsschübe des Bildungssystems und Konjunkturen seiner Thematisierung. Über Kontinuität und Variation pädagogischer Reflexion. In: Z. f. Päd. 49. Jg.; H. 1, 69-85

Zedler, P. (2000): Wandlungen des Reformdiskurses. Konfliktlinien leitender Orientierungs- und Bewertungsmaßstäbe in der deutschen Schulentwicklung. In: Krüger, H., Wenzel, H. (Hg.) (2000): Schule zwischen Effektivität und sozialer Verantwortung. Opladen

Heinz Muckenfuß

Themen und Kontexte als Strukturelemente des naturwissenschaftlichen Unterrichts

Zu den Schwierigkeiten, systematisches Physiklernen zu organisieren

Zusammenfassung

In dem Artikel wird die Frage behandelt, welche Schwierigkeiten für systematisches Lernen im Rahmen eines themenorientierten Unterrichts auftreten, der sich als Alternative oder Gegenentwurf zum fachsystematischen Unterricht versteht
Wissenschaftstheoretische Defizite werden durch die kritische Bewertung von Argumenten deutlich, die für themenorientierten Unterricht häufig ins Feld geführt werden. Die für den Lernprozess als notwendig anerkannte Verknüpfung von Lebenswelt und Wissenschaft wird nicht gelingen, solange zwischen systematischem und themenorientiertem Lernen ein Gegensatz statt einer komplementären Beziehung gesehen wird. Zur Auflösung der scheinbaren Dichotomie werden die Anforderungen für Kontexte als Strukturelemente einer speziellen Form der Themenorientierung vorgeschlagen.

1. Themenorientierung – eine gut begründete Forderung an den naturwissenschaftlichen Unterricht?

Gegenwärtig entstehen in Deutschland viele Lehrpläne, die in einer Abkehr vom differenzierten Fachunterricht in Physik, Chemie und Biologie zugunsten eines integrierten Faches „Naturwissenschaften" den Schlüssel für die Lösung akuter Bildungsprobleme im Bereich der Naturwissenschaften sehen. Dabei geht es nicht nur um eine organisatorische Zusammenführung der bisherigen Einzelfächer, sondern um eine inhaltliche Neugestaltung. Sie wird in einem aktuellen Lehrplanentwurf des Landes Nordrhein-Westfalen für das Fach Naturwissenschaften global so beschrieben (Naturwissenschaft-Lehrplan Nordrhein-Westfalen 2004):
„Hierzu werden die naturwissenschaftlichen Phänomene und Fragestellungen nach Rahmenthemen strukturiert, welche fachübergreifende Erfahrungszusam-

menhänge aus Schülersicht repräsentieren"1. Dieser Lehrplan nennt für die Klassenstufe 5/6 die nebenstehend wiedergegebenen Rahmenthemen.

Mein Körper – Meine Gesundheit
Wahrnehmung mit allen Sinnen
Pflanzen – Tiere – Lebensräume
Wege in die Welt des Kleinen
Geräte und Stoffe im Alltag
Sonne – Wetter – Jahreszeiten

Andere Lehrpläne formulieren andere Themen: prinzipiell ist der Themenschatz, den uns das Leben anbietet, unerschöpflich. Weniger klar ist, in welchem Maß und welchem Umfang die Themenkompositionen wirklich „die naturwissenschaftlichen Phänomene und Fragestellungen strukturieren". Die Darstellung der Kriterien, die jeweils zu der spezifischen Auswahl und Formulierung eines Themensatzes geführt haben, ist bisher noch sehr lückenhaft. Neben der lebenspraktischen Relevanz eines Themas ist zumeist auch das Bemühen zu erkennen, Inhalte und Verfahren der traditionellen naturwissenschaftlichen Fächer abzudecken. Darüber hinaus wird in den Bildungsplänen i. d. R. ein Katalog angestrebter „Kompetenzen" formuliert, die nicht Themen gebunden und daher auch für Verfechter des Fachunterrichts akzeptierbar sind. In den mir bekannten Bildungsplänen und Entwürfen bleibt die Frage jedoch überwiegend unbeantwortet, welchen spezifischen Beitrag bestimmte Themen dafür leisten, dass ein Themen unabhängiges naturwissenschaftliches Kompetenzgefüge konstituiert wird. Deshalb ist nicht immer klar, ob und inwieweit die Themen als Mittel fungieren, übergeordnete fachliche Kompetenzen aufzubauen oder ob ihre Bearbeitung selbst schon das Unterrichtsziel ist.

Der unbestreitbare Misserfolg des traditionellen Fachunterrichts einerseits und Legitimations- und Theoriedefizite neuerer Ansätze andererseits polarisieren gegenwärtig die didaktische Diskussion.

Die Protagonisten der geschilderten Art von Themenorientierung sehen in ihr einen programmatischen Gegensatz zum fachsystematischen Unterricht, d. h., sie betrachten Themenorientierung als Grundlage und Spezifikum eines nicht mehr nach den traditionellen Fächern geordneten Unterrichts. Dabei wird explizit oder implizit unterstellt, Fachunterricht sei unabänderlich „nur"

---

[1] Die Beschränkung auf die unteren Klassenstufen der Sekundarstufe I wird derzeit noch in einigen Bundesländern vorgenommen, aber nicht theoretisch begründet. Es ist unschwer zu erkennen, dass die Begründungen für diese Veränderungen nicht auf diese Jahrgangsstufen spezifiziert sind. In einigen Lehrplänen und Lehrplanentwürfen anderer Bundesländer ist der Schritt zur Auflösung der Einzelfächer in der gesamten Sekundarstufe I bereits vollzogen.

systematisch ausgerichtet und somit unausweichlich lebensfern.[2] Besonders in den Fächern Physik und Chemie[3] werde durch die fachsystematische Curriculumsstruktur verhindert, dass Lernen als sinnvolle Aktivität erlebt wird. Themenorientierter Unterricht – so wird argumentiert – greife dagegen nahezu zwangsläufig die Interessen der Schülerschaft auf, knüpfe an deren Vorerfahrung und ihren Präkonzepten an und sei per Definition lebensnah und sinnstiftend.

Auf der anderen Seite befürchten viele Fachlehrkräfte, dass mit dem Verschwinden der naturwissenschaftlichen Einzelfächer auch wichtige Ordnungsstrukturen für eine angemessene Sichtweise und Durchdringung unserer wissenschaftsgeprägten Welt verloren gehen. Weil sich allein aus der Fülle möglicher Themen keine Kriterien für das Ziel und den Aufbau eines naturwissenschaftlichen Gesamtfaches ergeben, besteht die Befürchtung, dass die inhaltliche Gestaltung des Unterrichts der Beliebigkeit anheim fällt.

Um einen Weg aus diesem unfruchtbaren Schwarz-Weiß-Schematismus zu finden, werde ich zunächst das Konstruktionsprinzip und die Begründungen für die geschilderten themenorientierten Curricula kritisch betrachten und anschließend aufzeigen, wie mit einer besonderen Form der Themenorientierung – nämlich mit Hilfe „sinnstiftender Kontexte" – systematisches Lernen realisiert werden kann (Muckenfuß 1995).

2. Kritische Betrachtung der Konstruktionsweise aktueller themenorientierter Curricula

Die Bildungsplaner legen dem naturwissenschaftlichen Einheitsfach Themen mit dem Anspruch der „Ganzheitlichkeit" zugrunde. Ihre Komplexität ist gewünscht, denn sie ermöglicht Zugänge aus vielen verschiedenen fachlichen Perspektiven (Labudde 2003, 48f).

Dem „ganzheitlichen Ansatz" liegt u. A. die Auffassung zugrunde, dass die Gliederung des Unterrichts in Fächer eine Zergliederung der Erfahrungswelt bewirkt, die der Komplexität der Welt nicht gerecht wird und auch nicht den Lernbedürfnissen und Lernvoraussetzungen der Schülerinnen und Schüler entspricht.

---

[2] Eine differenziertere Darstellung findet sich in dem Beitrag von Labudde [1]

[3] Die Unterschiede in den Lernerfolgen, in den Interessen und in der Beliebtheit zwischen den Fächern Physik, Chemie und Biologie wären es wert, hinsichtlich ihrer Ursachen noch weiter erforscht zu werden. Zumindest für die Einschätzung, dass Biologie nicht zu den „harten" Naturwissenschaften gehört, sehe ich interessante wissenschaftstheoretische Gründe, die in Abschnitt 3 angesprochen werden. Eine differenziertere Betrachtung würde aber den Rahmen dieses Beitrags sprengen.

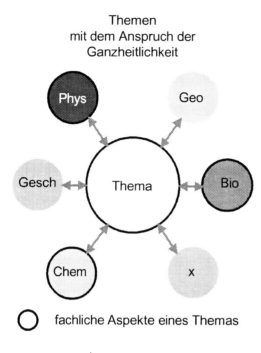

Themen
mit dem Anspruch der
Ganzheitlichkeit

Phys

Geo

Gesch

Thema

Bio

Chem

x

○ fachliche Aspekte eines Themas

Viele Aspekte an dieser Argumentation leuchten spontan ein. Zumindest wirken sie auf Nicht-Naturwissenschaftler so überzeugend, dass sie auch den Rückhalt vieler Bildungspolitiker finden. Prüft man aber die Argumente genauer, dann zeigen sich doch gravierende Probleme:

Das Zergliedern ganzheitlicher Erfahrungszusammenhänge soll vermieden werden. Jedoch gehört das Zerlegen komplexer Sachverhalte in überschaubare Teilprobleme seit Descartes zu den Fundamenten der naturwissenschaftlichen Methode[4]. Die Entwicklung der Wissenschaften verdankt ihren erfolgreichen Verlauf nicht zuletzt dieser Strategie.

Auf die pädagogischen Gefahren, die mit der beschränkenden Perspektive des physikalischen Zugriffs auf die Weltgehalte verknüpft sind, haben zum Beispiel Litt und Wagenschein nachdrücklich hingewiesen (vgl. Litt 1952; Wagenschein 1962). Man kann diesen Gefahren begegnen, in dem der Vorgang des Ausgliederns des Lerngegenstandes aus einem Gesamtzusammenhang bewusst gemacht wird (Musik ist mehr als Luftdruckschwankungen). Ebenso gilt es, die Rückwirkung gewonnener wissenschaftlicher Einsichten auf unsere Weltsicht und Lebensform, auf unser Natur- und Menschenbild – kurz: auf die Wechselwirkung zwischen naturwissenschaftlicher Erkenntnis und Kultur als unverzichtbaren Teil des Lernens von Naturwissenschaften zu betrachten. Dass hier im bisherigen Fachunterricht viel versäumt wurde, ist kaum zu bestreiten. Wie sonst hätte die Auffassung so populär werden können, die Naturwissenschaften seien für das Verständnis unserer Kultur entbehrlich (siehe z. B. Schwanitz 1999, 482). Werden Ausgliederung und Reintegration nicht als zweckmäßige Erkenntnisschritte ins Bewusstsein gehoben, kann der falsche

---

[4] Die zweite „cartesische Regel" lautet: „Jede der Schwierigkeiten, die ich untersuchen würde, in so viele Teile zu zerlegen als möglich und zur besseren Lösung wünschenswert wäre." (Litt 1952)

Eindruck entstehen, ein Fach, wie z. B. die Physik, beschreibe die Welt so wie sie wirklich sei. Derart überzogene Wahrheitsansprüche erzeugen aber nur Skepsis und Ablehnung.

Für die Konstruktion von Curricula bedeutet dies: Nicht der Verzicht auf eine wichtige Strategie naturwissenschaftlichen Erkennens löst das didaktische Problem, sondern das Bewusstmachen der damit verknüpften Grenzen der Erkenntnis und des Gewinns für die Sichtweise des Ganzen.

Das Argument, das Lernen der Kinder sei ganzheitlich orientiert und folge natürlicherweise nicht der Logik der Fächer, ist eine empirische Feststellung, die nicht selten unter der Hand zu der Norm mutiert, für den Lernprozess sei die Sachlogik den „natürlichen" Erkenntniswegen unterzuordnen. Weiter unten werde ich noch näher begründen, warum es gerade wegen der Diskrepanz zwischen „natürlicher" und wissenschaftlicher Erkenntnisweise notwendig ist, dass wir den Kindern dabei helfen, ihre ganzheitliche Sicht der Welt zu einem möglichst differenzierten Weltbild weiter zu entwickeln. Ganzheitlichkeit und die Fähigkeit, Probleme in einzelne fachliche Aspekte zu differenzieren, dürfen sich nicht ausschließen. Ein an den Systematiken der Fächer orientierter Unterricht eröffnet durchaus die Chance, eine undifferenziert-ganzheitliche Sicht der Welt durch die Integration differenzierender Aspekte der fachlichen Disziplinen zu erweitern. Ich behaupte nicht, dass das im traditionellen Fachunterricht bisher gelungen ist, bin aber davon überzeugt, dass es gelingen kann. Dass der ganzheitliche Zugriff einem spontanen Bedürfnis entspricht, ist keine ausreichende Begründung für die Ausklammerung anderer Erkenntniswege.

Als weiteres wichtiges Argument für den ganzheitlichen Ansatz wird angeführt, dass in einer zunehmend komplexeren Welt die Probleme immer weniger durch einzelfachliche Zugriffsweisen gelöst werden können. Dass alles mit allem zusammenhängt, fällt in einer globalisierten Welt natürlich deutlicher ins Auge und ist uns heute deshalb bewusster als früher. Der Forderung, die Auswirkungen bestimmter Maßnahmen zur Veränderung der Welt umfassender in den Blick zu nehmen als in der Vergangenheit, wird niemand widersprechen. Das spricht aber für eine möglichst differenzierte Betrachtung aller erkennbaren Aspekte und nicht gegen eine Spezialisierung unserer Wissensbestände über diese Welt. Je umfassender diese werden, desto stärker sind wir auf Spezialisierung angewiesen. Deshalb differenzieren sich Berufsbilder und Studiengänge immer stärker aus. Nicht die Abschaffung des Spezialwissens oder der Spezialisten löst das Problem zunehmender Komplexität, sondern die Fähigkeit, viele spezielle Kenntnisse zu integrieren – was u. A. die Fähigkeit von Spezialisten voraussetzt, miteinander zu kooperieren. Dass diese Fähigkeit durch die Schule angebahnt werden muss, steht außer Zweifel. Das betrifft aber nicht vorrangig die Fächerstruktur, sondern die Unterrichtsmethoden.

„Lernfelder" oder „Lernbereiche" stellen in den konkret vorgeschlagenen Ausprägungen – z. B. in Form des integrierten naturwissenschaftlichen Unterrichts – einen pragmatischen Kompromiss in Bezug auf die geforderte „Ganzheitlichkeit" dar, mit recht willkürlich anmutenden Grenzziehungen. Die Grenzen der Lernbereiche schaffen ja nur ein neues Innen und Außen, wobei keineswegs feststeht, dass die Probleme, die von den neuen Grenzen hervorgerufen werden, geringer sind als die bisherigen. In meiner 20-jährigen Erfahrung mit der Konstruktion kontextorientierter Curricula für den Physikunterricht haben sich z. B. viele Kooperationsbedürfnisse mit Fächern außerhalb der Naturwissenschaften ergeben. Die Kultur- und Wissenschaftsgeschichte ist fast immer tangiert, in der Optik gab es die Zusammenarbeit mit den Fächern Kunst und Biologie, in der Thermodynamik (Wetterkunde) neben den Verbindungen zur Biologie und Chemie auch solche zur Geografie und zu sozialkundlichen Fächern (Lebensformen, Migrationsbewegungen). Ständig stimmen wir uns mit dem Fach Technik ab, immer wieder auch mit dem Fach Deutsch. Am größten ist der Kooperationsbedarf mit dem Fach Mathematik. Warum fordert eigentlich niemand die Integration der Fächer Mathematik und Physik? – Natürlich fallen uns dazu viele Gegenargumente ein. Man sollte sie einmal daraufhin prüfen, ob sie für die Fächer Biologie oder Chemie wirklich weniger überzeugend sind!

Die von Thema zu Thema wünschenswerte Kooperationen mit wechselnden Fächern außerhalb der Naturwissenschaften wird durch integrierten naturwissenschaftlichen Unterricht nicht erleichtert – im Gegenteil: Die Abstimmung der Inhalte verschiedener Naturwissenschaften kostet soviel Kraft, dass „Seitenblicke" über die Naturwissenschaften hinaus immer randständiger werden. „Die Kluft zwischen den zwei Kulturen" (Snow 1967), zwischen den Geistes- und Naturwissenschaften, die, seit C. P. Snow sie benannt hat, nur gewachsen ist, wird jedenfalls durch die Gettoisierung der Naturwissenschaften in einem Lernbereich nicht leichter zu überbrücken sein als bisher.

Den curricularen Vorgaben für Lernbereiche, in denen die drei Naturwissenschaften integriert sind, liegt meistens das Schema der unten stehenden Abbildung zugrunde. Tendenziell hat die thematische Besetzung der gemeinsamen Schnittmenge Priorität. Das gelingt aber nur bei wenigen Themen, z. B. bei der Struktur Boden, Wasser, Luft, Energie, die nicht nur zufällig an die antiken „Elemente" erinnert (s. u.). Deshalb wird nach Themen gesucht, die wenigstens in zweien der drei Fächer von Bedeutung sind – und nur im „Notfall" greift man auf fachspezifische Themen zurück.

Es ist klar, dass auf diese Weise die Gefahr entsteht, dass der systematische Kern der Fächer überhaupt nicht erreicht wird, weil wesentliche Teile der Systematiken außerhalb der Schnittmengen liegen.

Dieses Problem verschärft sich dadurch, dass das Verhältnis der drei naturwissenschaftlichen Fächer untereinander überhaupt nicht so symmetrisch ist, wie es dieses Bild suggeriert. Die elementare Physik der Sekundarstufe I lässt sich nämlich prinzipiell ohne Rücksicht auf die Biologie oder Chemie lehren und lernen, womit ich natürlich nicht sagen will, dass das wünschenswert wäre. Die Chemie ist auf Begriffe und Gesetze angewiesen, die im System der Physik definiert sind (Masse, Energie, Kraft, Ladung usw.), kommt aber ohne die Biologie aus. Diese wiederum muss auf Grundlagen der beiden anderen Naturwissenschaften zurückgreifen. Diese Asymmetrie beschert besonders der Physik eine Zulieferungsfunktion, auf die sie dann auch in vielen Teilen reduziert wird. Ein aus fachdidaktischer Sicht konsistenter bzw. systematischer Aufbau physikalischer Kompetenzen wird dadurch sehr erschwert, wenn nicht gar unmöglich. Für den physikalischen Fachunterricht entwickelte Curricula verlieren während des Prozesses der Integration das fachdidaktisch begründete „Tuning", was sich z. B. an entsprechenden Schulbuchentwicklungen nachweisen lässt. Ein systematischer Aufbau gelingt am ehesten noch im biologischen Bereich, weil dort das Bemühen nicht durch Zulieferungsforderungen der Fächer Physik und Chemie gestört wird. Weil die meisten Lehrkräfte, die in einem integrierten Lernbereich Naturwissenschaften unterrichten, eine Ausbildung im Fach Biologie haben und gegenüber dem Fach Physik oft eine eher distanzierte Beziehung pflegen, ist nicht mit einem massiven Protest gegen die Auflösung physikalischer Curricula zu rechnen.

Die angeführten Kritikpunkte am ganzheitlichen Ansatz des themenorientierten Unterrichts sind von mir keineswegs als Plädoyer für die Beibehaltung des traditionellen Fachunterrichts gemeint. Die pädagogischen Vorteile, die mit der Schaffung von Lernbereichen verbunden sein können, dürfen nicht unterschätzt werden. Dabei denke ich vor allem an die Gestaltungsspielräume, die ein

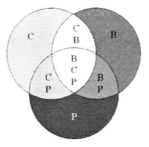

Schematische Struktur der curricularen Vorgaben für den Lernbereich Naturwissenschaften

größeres Budget an Wochenstunden mit sich bringt, wenn tatsächlich der ganze Lernbereich von einer Lehrkraft unterrichtet wird. Auch die offensichtlichen pädagogischen Vorteile der Einbeziehung alltagsrelevanter Themen in die Unterrichtsgestaltung lässt es ratsam erscheinen, nach Wegen zu suchen, systematisches Lernen und das Lernen an Themen zu verknüpfen. Die Schwierigkeiten, die sich dabei auftun, haben mit den unterschiedlichen Ordnungskriterien zu tun, die dem Erfahrungswissen – dem common sense – und der Wissenschaft zugrunde liegen. Dies wird im folgenden Abschnitt kurz erläutert. Ausführlicher habe ich mich damit an anderer Stelle befasst[5].

3. Ordnungsstrukturen in thematischer und systematischer Hinsicht

Erkennen heißt Ordnen. Für das Zurechtkommen in der Welt sind wir darauf angewiesen, Zusammenhänge herzustellen und Unterscheidungen vorzunehmen. Wir tun dies unablässig auf der Grundlage unserer Wahrnehmung und der Erfahrung, die im praktischen Lebensvollzug akkumuliert. Auf diese Weise entsteht der so genannte common sense, der „gesunde Menschenverstand", auf den wir im Alltag angewiesen sind. Ganzheitliche Themen im bisher genannten Sinn spiegeln daher eine durch Lebenserfahrung getragene Ordnungsstruktur wider, die auch für Laien – z. B. für Bildungspolitiker – unmittelbar einsichtig, also plausibel ist. Bis zur Renaissance waren die so gewonnenen Ordnungsstrukturen auch Grundlage des wissenschaftlichen Weltbildes. Die „Elemente" der antiken Wissenschaft, Erde, Wasser, Luft und Feuer sind in diesem Sinne plausible Ordnungsstrukturen. Deshalb sind sie als Themen auch in aktuellen Curriculumentwürfen vertreten.

Beginnend mit der neuzeitlichen Physik in der Renaissance hat die Wissenschaft die Welt nach dem Kriterium der Vernünftigkeit geordnet. Es ist ein Charakteristikum der Epoche der Aufklärung, dass dem Vernunftgemäßen der Vorrang gegenüber der Wahrnehmung und unmittelbaren Welterfahrung eingeräumt wurde. Leider hat sich dabei als Komplikation ergeben, dass das Vernunftgemäße nicht immer plausibel und das Plausible nicht immer vernunftgemäß ist. So sagte Galilei in Bezug auf die kopernikanische Deutung der Himmelsbewegungen:

„Ich kann nicht genug die Geisteshöhe derer bewundern, die sich ihr angeschlossen [der Ansicht, dass die Erde sich dreht; H.M.] und sie für wahr

---

[5] Siehe dazu den Vortrag „Retten uns die Phänomene? – Der Vortrag wurde in verschiedenen Zeitschriften und Tagungsbänden wiedergegeben, u. A. in: Unterricht Physik 12 (2001) Nr. 63/64, S. 74 (166) – 77 (169). Das Manuskript kann auch von der Homepage des Autors herunter geladen werden.

Eine der antiken Vorstellungen vom Sehvorgang: Nur wenn Sehstrahlen und Lichtstrahlen zusammentreffen kommt es zum Sehen.

gehalten, die durch die Lebendigkeit ihres Geistes den eigenen Sinnen Gewalt angetan derart, dass sie, was die Vernunft gebot, über den offenbarsten gegenteiligen Sinnenschein zu stellen vermochten" (Galileo Galilei 1891, 342).
Galilei kämpfte mit ganzer Kraft für die Ablösung des erfahrungsgebundenen aristotelischen Weltbildes. C. F. v. Weizsäcker charakterisiert dies so (v. Weizsäcker 1964):
„Galilei tat seinen großen Schritt, indem er wagte, die Welt so zu beschreiben, wie wir sie nicht erfahren".
Galilei steht hier natürlich nur als typischer Repräsentant einer neuen Weise der Weltbemächtigung, die keineswegs nur eine geistige war.
Descartes stellt den Zweifel am Plausiblen aller wahren Erkenntnis voran, so wie schließlich die gesamte neuzeitliche Wissenschaft die Prinzipien der Vernunft „über den offenbarsten Sinnenschein" stellte. Viele – wohl die meisten – grundlegenden Konzepte und Begriffe der Physik (und auch der Chemie) stehen zunächst scheinbar im Widerspruch zu unserer Erfahrung. Ich erwähne einige Beispiele:

Dass man die Augen als Lichtempfänger betrachten kann, lehrt uns nicht die Alltagserfahrung, sondern die Physik. Die Alltagssprache drückt aus, wie wir den Sehvorgang erfahren: „Man muss genau hinschauen"; man kann „einen Blick auf seinen Nachbarn werfen", der dann vielleicht auf dessen Nacken ruht; jemand hat „einen stechenden Blick", oder man „schaut zum Fenster hinaus". Unsere Alltagssprache orientiert sich an der Erfahrung und enthält deshalb keinen Hinweis auf das Auge als Lichtempfänger, auf Lichtstrahlen, die Punkt für Punkt ein Bild erzeugen usw. Die physikalische Weise, die Sichtbarkeit der Welt über „Strahlengänge" zu erklären, bei denen die Strahlen nicht vom Auge sondern von den Gegenständen ausgehen, wurde im Abendland erst durch die Arbeiten Keplers zum Allgemeingut der Wissenschaft.
Weil wir das Licht nicht als Ausbreitungsvorgang erleben, nehmen wir auch Schatten nicht einfach als „Fehlen von Licht" wahr. Vielmehr sind Schatten in unserer Wahrnehmung etwas positiv Vorhandenes, eine Art Gegenstand, der

„Warme Luft steigt auf" – immer? – und aus eigenem Vermögen?

geworfen wird; man kann sich hineinsetzen in den Schatten, er kann länger oder kürzer werden, oder man kann mit ihm Schattenfangen spielen. Auch hier widerspricht das Wahrnehmungsschema der physikalischen Erklärung der Schatten als Ort, an dem etwas fehlt.

Künstler und Literaten nutzen den Widerspruch, um unser Denken zu affizieren, z. B. in Comics, in denen Schatten mitternächtlich ihr Unwesen treiben, oder – um ein Beispiel aus der Weltliteratur anzuführen – in Adalbert v. Chamissos Märchen „Peter Schlemihls wundersame Geschichte", in der die Hauptfigur ihren Schatten an den „grauen Herrn" verkauft.

Was für den Schatten gilt, gilt auch für die Dunkelheit. Sie bricht herein oder breitet sich aus, der Scheinwerfer durchdringt die Dunkelheit – manchmal bleibt das Dunkel auch undurchdringlich. Goethe hat sich ein Leben lang geweigert, in der Dunkelheit nur das Fehlen von Licht – ein Negativum – zu sehen.

Ähnlich polar nehmen wir Wärme und Kälte wahr. Physikalisch führt die Erfahrung nur in die Irre, dass ein Pullover die Kälte abhält. Wem aber die Kälte gerade durch alle Knochen kriecht, der wird den Physiker nicht ernst nehmen, der ihm weismachen will, es gäbe keine Kälte, nur die Wärme würde entweichen. Es ist nicht einmal einfach, Kindern begreiflich zu machen, dass ein Pullover keine Wärmequelle ist.

Noch schwerer fällt es – so lehrt uns die Wissenschaftsgeschichte – zu akzeptieren, dass die Wärme und unsere Temperaturempfindungen etwas mit dem Gewusel von Teilchen zu tun haben, die unserer Wahrnehmung nicht zugänglich sind, aber vernunftgemäß als vorhanden gedacht werden müssen.

„Warme Luft steigt auf" sagen wir so dahin, weil es unserer Erfahrung entspricht. (Manchmal steckt auch die Vorstellung dahinter, „die Wärme" sei es, die bevorzugt nach oben steigt und anderes mit sich reißt.) Das „Leichte geht nach oben", hat auch schon Aristoteles gesagt, weil diese Beschreibung eines scheinbar „natürlichen Verhaltens" unsere Erfahrung wiedergibt. Dass warme Luft nicht aus eigenem Vermögen aufsteigt, sondern von schwererer Kaltluft angehoben wird, diese physikalische Erkenntnis ist nicht evident, geschweige denn die zusätzliche Einschränkung, dass der Vorgang nur zustande kommt, wenn sich an der Grenze zwischen Kalt- und Warmluft ein Druckgefälle zur Warmluft hin ausgebildet hat (was in der freien Natur nicht immer zutrifft).

Kräftefreie Bewegung wegen konstanter Geschwindigkeit?

Wer Physik unterrichtet, erlebt regelmäßig, wie skeptisch Schülerinnen und Schüler gegenüber dem Trägheitsgesetz sind, das behauptet, man brauche keine Kraft, um die Bewegung eines Körpers aufrecht zu erhalten. Die physikalische Erklärung steht auch hier der Erfahrung, dem Sinnenschein entgegen. Nach dieser braucht man eine umso größere Kraft um einen Körper zu bewegen, je höher dessen Geschwindigkeit ist. Physiker behaupten dagegen, Kräfte dienen nur der Geschwindigkeitsänderung – man kann ohne Kraft oder Energieumwandlung Jahrtausende lang durchs Weltall rasen, solange man darauf verzichtet, die Geschwindigkeit ändern zu wollen.

Was hier an physikalischen Beispielen angeführt ist, ließe sich problemlos auch mit solchen aus der Chemie durchführen. Wer z. B. glaubt von der Geschmackswahrnehmung her begreifen zu können, was Chemiker unter einer Säure verstehen, befindet sich in der Sackgasse.

Zum Widerspruch zwischen Schattenwahrnehmung und physikalischer Erklärung

In diesem Punkt unterscheidet sich die Biologie von den beiden anderen Naturwissenschaften: Ihre Ordnungsstruktur orientiert sich stärker an derjenigen der Erscheinungswelt.[6]

Die Reihe der Beispiele ließe sich beliebig verlängern. Das zeigt, dass es sich nicht um Ausnahmen, sondern um ein Prinzip handelt: Die Wissenschaft ordnet die Welt nach Ideen, die sich nicht ohne weiteres aus der Erfahrung ergeben. Dadurch entstehen Zusammenhänge und Unterscheidungen, die dem common sense verborgen bleiben; ein Beispiel: Auf der Erdoberfläche verdunstet Wasser. Dazu muss ihm Energie zugeführt werden. In den Wolken kondensiert dieses Wasser und die Energie wird wieder an die Umgebung abgegeben. Der atmosphärische Wasserkreislauf transportiert also Energie von der Erdoberfläche in die höhere Troposphäre. Derselbe Vorgang läuft in jedem Kühlschrank ab, in dem durch den Kreislauf eines Kühlmittels Energie aus dem Kühlschrank in die Küche hinaus transportiert wird. Der Zusammenhang zwischen Systemen und Prozessen aus ganz unterschiedlichen Erfahrungs- bereichen ist phänomenologisch nicht gegeben. Er erschließt sich nur über das Ordnungssystem der Wissenschaften.

Bei den die Alltagserfahrung transzendierenden Ordnungssystemen handelt es sich um die Systematiken der Fächer. Sie sind nicht ohne weiteres alltagsrelevant im Sinne der Brauchbarkeit oder Nützlichkeit im Rahmen alltäglicher Handlungsbedürfnisse. Letztere entspringen ja dem common sense. Die wissenschaftliche Art der Erkenntnis dient mehr der geistigen Orientierung in einer komplexen Welt und konstituiert das Welt-, Natur- und Menschenbild.

Die mit den ganzheitlichen Themen verknüpfte Handlungs- und Praxisorien- tierung ist in diesem Licht keineswegs über Zweifel daran erhaben, dass sie hilfreich bei dem Bemühen ist, aus der Erfahrungswelt die Ordnungsstrukturen der Wissenschaft zu rekonstruieren.

Um von der Ebene der Erfahrungswelt, respektive von den ganzheitlichen Themen her in die Höhen der wissenschaftlichen Ideenwelt zu gelangen, bedarf es der gleichen Anstrengung, die notwendig war, um die aristotelische Wissenschaft durch die neuzeitliche Naturwissenschaft zu ersetzen. Das heißt aber nichts anderes, als dass wir der Aufgabe, Schülerinnen und Schüler in die Gedankenwelt der Naturwissenschaft hineinzuführen, durch diese Art der Themenorientierung keinen Schritt näher kommen. Die höhere Motivation, die man von den Themen erwartet, gilt gegebenenfalls den alltagsrelevanten

---

[6] Dies könnte ein wesentlicher Grund dafür sein, dass Biologie von den Schülerinnen und Schülern als „leichteres" Fach wahrgenommen wird. (S. Fußnote 3)

Aspekten des Themas und erstreckt sich nicht notwendig auf deren naturwissenschaftliche Erklärung. Der common sense oder die Präkonzepte liefern in den meisten Fällen handliche und plausible Deutungen, mit denen man im Alltag sehr wohl zu Recht kommt. Warum also sollte man sich um die umständlichen, spontan nicht plausiblen und vielfach schwierigen Konzepte bemühen, die von den Naturwissenschaften angeboten werden? Die Klimaanlage produziert eben Kälte, Wärme steigt nach oben und der elektrische Strom wird im Bügeleisen verheizt – wozu bitte, braucht man Physik?

Wenn sich themenorientierter Unterricht als Gegensatz oder Alternative zu einem Unterricht versteht, der sich an den Systematiken der Wissenschaften orientiert, dann läuft er Gefahr, im Erfahrungs- und Handlungswissen stecken zu bleiben und das Potenzial der abstrakten Ideenwelt nicht erschließen zu können. Diese Gefahr wurzelt in der Tendenz, nur jeweils solche „Stücke" aus dem Ideengebäude heraus zu brechen, die gerade zum jeweiligen Thema oder Problem aus der Erfahrungswelt passen. Dann aber bleibt von der Ideenwelt statt eines wohlgeordneten Gebäudes nur ein Trümmerhaufen in den Köpfen unserer Schülerinnen und Schüler. Es würde in diesem Fall eine mehr oder weniger große Menge an Kenntnissen über singuläre Themen gelernt, die untereinander nicht durch die Ideen der Wissenschaft verknüpft sind. Die Zukunftsbedeutung solcher Singularitäten bleibt aber fragwürdig, selbst wenn man sich bei der Konstruktion von Curricula an den berühmt gewordenen Schlüsselproblemen orientiert, von denen angenommen wird, dass sie der Menschheit noch lange erhalten bleiben. Niemand vermag heute zu sagen, was die Menschen in 20 Jahren umtreiben wird.

Das beste was wir tun können, ist, Kompetenzen aufzubauen, die nicht an ein konkretes Thema gebunden bleiben, die also abstrakt und universell genug sind, um mit ihnen beliebig viele Probleme, Sachverhalte oder Themen zu erschließen. Das bedeutet aber, dass wir nicht darauf verzichten können, unsere Schülerinnen und Schüler mit der abstrakten Ideenwelt der Naturwissenschaften soweit vertraut zu machen, dass sie für die Deutung ihrer Lebenswelt flexibel nutzbar wird. Handlungs- und Praxisorientierung werden aus dieser Sicht dann problematisch, wenn sie nicht mehr als sinnvolle pädagogische Mittel verstanden werden, sondern unter der Hand zum Unterrichtsziel mutieren. Mir scheint diese Umkehr der Ziel-Mittel-Relation nicht sehr fern zu liegen, wenn z. B. das neue Integrationsfach an Baden-Württembergs Realschulen die Bezeichnung „Naturwissenschaftliches Arbeiten (NWA)" trägt. Wenn aber alles darauf ankommt, für unsere Schülerinnen und Schüler Wege aus der Erfahrungswelt in die Ideenwelt und aus dieser zurück in die Erfahrungswelt zu erschließen, dann muss auch die Erfahrungswelt unserer Schülerinnen und Schüler eine gewichtige Rolle im naturwissenschaftlichen Unterricht spielen. Für die Lösung dieser Aufgabe halte ich eine bestimmte Form der

Themenorientierung für ein geeignetes Mittel. Themenorientierter Unterricht ist aber dann keine Alternative zum systematisch orientierten Unterricht, sondern ein Mittel, um systematisches Lernen fruchtbar zu machen.

4. Kontextorientierung als Mittel für systematisches Lernen

Für das didaktische Modell, mit dem wir die Verknüpfung von Lebenswelt und Wissenschaft zu erreichen versuchen, habe ich vor längerer Zeit „sinnstiftende Kontexte" als charakteristische Strukturelemente vorgeschlagen (Muckenfuß 1995). Mit Kontexten sind Themen – oder thematische Aspektierungen eines fachlichen Teilgebietes – gemeint, mit deren Hilfe relevante Teile des Netzwerkes aus der wissenschaftlichen Ideenwelt erschließbar sind. Diese Kontexte greifen – wie andere Themen auch – Inhalte oder Probleme aus der Lebenswelt auf, die für die Adressaten unseres Unterrichts subjektiv möglichst bedeutungsvoll sind. Im Gegensatz zur oben geschilderten Themenorientierung

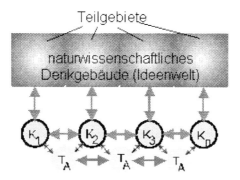

kommt es bei den Kontexten aber nicht in erster Linie auf die Möglichkeit des mehrperspektivischen Zugriffs an. Sie werden vielmehr so gewählt, dass mit ihrer Hilfe ein repräsentativer Teil der naturwissenschaftlichen Ideenwelt erschlossen werden kann.

Mit den Kontexten soll sich insgesamt der als bildungsbedeutsam erkannte Bereich der Naturwissenschaften im Sinne eines Kompetenzgefüges konstituieren lassen. Dieser von der Ideenwelt der Wissenschaft her definierte Bausteincharakter der sinnstiftenden Kontexte unterscheidet sie von den Themen im o. g. Sinn.

Für die Kontexte hat es sich – neben den bekannten pädagogischen Kriterien – als zweckmäßig erwiesen, sie so zu wählen, dass sie möglichst umfassend ein Teilgebiet der Fachsystematik abdecken. Dies fördert und fordert die Konzentration auf eine Sache, erleichtert es, auch auf der systematischen Ebene Zusammenhänge herzustellen und wirkt einer „Zerhäckselung" der Ideenwelt entgegen. Theoretisch ist es zwar von untergeordneter Bedeutung, ob man in dem Balken für die Ideenwelt ein einzelnes Fach oder die Summe aller Naturwissenschaften sieht. Die einzelnen Fachsystematiken müssen aber trotz der mehr oder weniger breiten Überlappungsbereiche als solche erkennbar bleiben, damit ihre je spezifische Ausprägung, ihre unterschiedlichen Methoden usw. erkennbar bleiben. Die Systematiken mehrerer Fächer lassen sich schwerlich durch die gleichen sinnstiftenden Kontexte abdecken. So kann man z. B. mit dem Kontext „Wetter und Klima" den größten Teil der im Physikunterricht behandelten Thermodynamik abdecken. In der Biologie oder Chemie sind jedoch allenfalls Einzelaspekte dieses Kontextes als interessante Anwendungen von Bedeutung. Die Systematiken dieser beiden Fächer lassen sich leichter über andere Kontexte erschließen. Wir haben dieses Modell deshalb bisher nur auf den Aufbau des Physikunterrichts in der Sekundarstufe I angewendet. Andere Gruppen arbeiten für die Chemie nach dem gleichen Prinzip, natürlich mit anderen „Kontextkombinationen". Wir haben es uns insofern einfach gemacht, als wir uns zunächst an den traditionellen Teilgebieten der Physik orientierten, also Optik, Mechanik, Elektrik, Thermodynamik usw. Die Teilgebiete verändern sich allerdings unter dem strukturierenden Einfluss der Kontexte nicht unerheblich.

Die Kontextkomposition muss nicht nur den bildungsrelevanten Teil der Systematik des jeweiligen Faches abdecken, sondern darüber hinaus auch kumulatives Lernen in dem Sinne ermöglichen, dass erworbene Kompetenzen in einem Bereich als Werkzeug für die Erschließung neuer Sachverhalte genutzt und dadurch sukzessive erweitert werden können. Dies geschieht auch durch die Anwendung des erworbenen systematischen Wissens auf Themen außerhalb des Kontextes, wie dies oben am Beispiel der Analogie des Energietransports im atmosphärischen Wasserkreislauf und im Kühlschrank gezeigt wurde. Auf diesem Weg wird dann die Flexibilität erworbener Kompetenzen zunehmend erhöht. Die Überschreitung der Fachgrenzen ist in den Kontexten angelegt, erfolgt aber mit anderer Zielsetzung als im üblichen themenorientierten

Unterricht. Dies wird an Beispielen der nachfolgenden Übersicht näher erläutert.

Einen Überblick zu relativ weit entwickelten und erprobten, teilweise auch bereits in Schulbücher transformierten Teilcurricula für den Physikunterricht, gibt die folgende Tabelle. Die Reihenfolge entspricht einem von mir favorisierten zeitlichen Aufbau des Physikunterrichts in den Jahrgangsstufen 7–10, zu dem es aber auch erprobte Alternativen gibt. Phänomenologisch orientierter Unterricht in der Klassenstufe 5/6 wird vorausgesetzt, ist aber nicht Gegenstand dieser Darstellung.

Wenn z. B. im Optikunterricht der Kontext „visuelle Wahrnehmung" eine wichtige Rolle spielt, so nicht, um eine Brücke zum Biologieunterricht zu schlagen – das ist eher ein wünschenswerter Nebeneffekt –, sondern um die Physik besser zu verstehen. Eine Reihe physikalischer Inhalte (z. B. virtuelle Bilder) und die Physik als Ganzes können nicht- oder nur missverstanden werden, wenn man die „Schnittstelle Mensch" nicht mit ins Kalkül einbezieht (Muckenfuß 1996, 9f).

Die Orientierung der Kontextauswahl an der Systematik eines Einzelfaches schließt Kooperationen mit anderen Fächern – nicht nur mit den Naturwissenschaften – nicht aus. Bei manchen Kontexten sind sie völlig

physikalische Teilgebiete	sinnstiftende Kontexte
Optik (ohne Farbenlehre)	Licht und Bild (Abbildungen) visuelle Wahrnehmung (Wechselwirkungen zwischen Objektwelt und Gehirn) (Kooperation mit Biologie)
Energie und Mechanik I	Die physischen Grenzen des Menschen und wie er sie überwindet (Kooperation mit Mathematik)
Elektrik	Energieübertragung durch elektrische Anlagen (Kooperation mit Geschichte und Gemeinschaftskunde, Technik, Chemie)
Optik: Farbenlehre	Warum und wie wir Farben sehen (Kooperation mit Kunst und Biologie)
Thermodynamik (Wärmelehre)	Wetterkunde (Kooperation mit Chemie, Geografie, Gemeinschaftskunde und Biologie)
Mechanik II (Dynamik)	Mobilität und Energie
...	...

unentbehrlich. Sie beeinflussen aber den physikdidaktisch begründeten Aufbau der Curricula nicht wesentlich. Es soll nochmals betont werden: Die Einbeziehung von Aspekten anderer Fächer geschieht, um die Physik besser zu verstehen, ist also physikdidaktisch begründet. Fächerübergreifendes Unterrichten dient in diesem curricularen Modell deshalb dem besseren Verständnis des Einzelfaches.

Die Auswahl der Kontexte ist das didaktisch schwierigste Problem. Wir haben bei den o. g. Kontexten und ihrer Anordnung im Curriculum auch die spezielle Motivationslage der Schülerinnen (und vieler Schüler) berücksichtigt, auf die der Physikunterricht bisher eher abschreckend wirkte. An vielen Befunden lässt sich z. B. zeigen, dass die abschreckende Wirkung des Physikunterrichts u. A. mit dem Potenzial zur Weltbemächtigung, also mit dem Machtaspekt zusammenhängt, der den Naturwissenschaften immanent ist. Das Wetter kann der Mensch nicht ändern, die Farben oder die visuelle Wahrnehmung haben viel mit Erkenntnis und wenig mit Macht zu tun. Diese Themen stoßen auch die bisher „Demotivierten", insbesondere die Mädchen, nicht ab.

Die obige Übersicht erstreckt sich nicht über alle Teilgebiete des traditionellen Physikunterrichts. Sie erhebt auch nicht den Anspruch auf Vollständigkeit, wenngleich die Erfahrung mit der Umsetzung der aufgeführten Themen zeigt, dass bereits mit diesen Kontexten der größte Teil der gegenwärtig in der Sekundarstufe I zur Verfügung stehenden Unterrichtszeit beansprucht wird. Die curriculare Arbeit an den Kontexten ist ständig im Fluss und wohl prinzipiell nicht abschließbar. Ich möchte aber noch anmerken, dass eine gewisse Unvollständigkeit auch ganz praktische Gründe hat: An den Teilcurricula arbeiten wir in verschieden Zusammenhängen meistens fünf bis zehn Jahre, denn jede Erprobung erstreckt sich i. d. R. über mehr als ein Schuljahr, führt zu Revisionen und neuen Erprobungen bis schließlich ein praktikabler Unterrichtsvorschlag daraus entsteht. Vor diesem Erfahrungshintergrund erscheinen manche Erwartungen bezüglich der raschen Reformierbarkeit des naturwissenschaftlichen Unterrichts illusorisch. Wer den Schulen die Freiheit einräumt, eigene Curricula zu entwickeln, die dem traditionellen Unterricht überlegen sind, der sollte auch eine gehörige Portion Geduld mitbringen. Die angestrebten regelmäßigen Evaluationen müssen so gestaltet sein, dass sie langfristige Entwicklungen befruchten und nicht behindern – eine Aufgabe, der die aktuell offenkundige Ungeduld unserer Bildungspolitiker entgegensteht.

Literatur

Descartes, René (1961): Abhandlung über die Methode des richtigen Vernunftgebrauchs. Stuttgart (Reclam 3767)

Galileo Galilei (1891): Dialog über die beiden hauptsächlichsten Weltsysteme, das Ptolemäische und das Kopernikanische. Leipzig

Labudde, Peter (2003): Fächer übergreifender Unterricht in und mit Physik: eine zu wenig genutzte Chance. In: PhyDid 1/2 (2003) S.48-66

Litt, Theodor (1952): Naturwissenschaft und Menschenbildung. Heidelberg,

Muckenfuß, Heinz (1995): Lernen im sinnstiftenden Kontext. Entwurf einer zeitgemäßen Didaktik des Physikunterrichts. Cornelsen: Berlin

Muckenfuß, Heinz (1996): Zur Didaktik virtueller Bilder. Phänomen und physikalisches Konstrukt. In: Praxis der Naturwissenschaften. Physik. 45/1996 Heft 8, S. 9–14

Naturwissenschaft - Lehrplan für die Jahrgangsstufen 5 und 6, Nordrhein-Westfalen. Arbeitsfassung: 29. März 2004. Download: http://www.learn-line.nrw.de/nav/sekundarstufen/naturwissenschaften

Schwanitz, Dietrich (1999): Bildung – Alles was man wissen muss. Frankfurt a. M.

Snow, Charles Peirce (1967): Die zwei Kulturen. Literarische und naturwissenschaftliche Intelligenz. Stuttgart

v. Weizsäcker, C. F. (1964): Die Tragweite der Wissenschaft. Erster Band. Schöpfung und Weltentstehung. Die Geschichte zweier Begriffe. Stuttgart: Klett

Wagenschein, Martin (1962): Die Pädagogische Dimension der Physik. Braunschweig

Frank Meier

Werte-Erziehung als Problem
für die Schul- und Unterrichtsentwicklung

Aristoteles über das Normenproblem des Guten (NE 3, 6 1113 a 15 - b 2)
„Gut ist das, was dem Guten als gut erscheint:
und: gut ist der, dem das an sich Gute als gut erscheint,
oder zusammengefasst:
der Gute ist Maß für das Gute."

1. Initiative und Gegenstand: Werte-Erziehung im Wertewandel

1.1 Aufgabe und Problemfeld

Die Gegenwart – wie im Übrigen auch die Geschichte – ist von tiefgehenden Veränderungen der Wertorientierungen geprägt, die sich auf viele Menschen und gesellschaftliche Institutionen auswirken. Nicht erst seit dem 11. September begegnen sich in der globalen Dimension offenkundig unterschiedliche Wertsysteme, die den Frieden in der Welt gefährden.
Die internationale Mobilität hat in vielen Staaten beachtliche ethnische Minderheiten entstehen lassen, die aus unterschiedlichen Kulturkreisen stammen. Die Begegnung und Auseinandersetzung mit Minderheiten ist ein altes und immer wieder neu zu lösendes Problem der Menschheitsgeschichte.
Der Unterricht in ethnisch gemischten Klassen multikultureller Gesellschaften bedarf besonderer pädagogischer und didaktischer Fähigkeiten und Kenntnisse. Es geht für die in der Schule Handelnden darum, sich der Werte zu vergewissern, an denen sich ihr erzieherisches und didaktisches Handeln orientieren muss. Im Spannungsfeld ratloser Resignation einerseits und unrealistischer Selbstüberschätzung andererseits sollten Grundlagen für sinnvolle erzieherische und didaktische Handlungsmöglichkeiten gewonnen werden. Im Folgenden Beitrag werden die Konsequenzen von Wertewandel und Wertepluralismus auf die Schule erörtert (vgl. Rosenbach 1998-2002).
Werte-Erziehung in der Schule ist eine heikle Angelegenheit. Erinnert sei an die Einführung des Faches Lebenskunde-Ethik-Religionskunde (LER) in Brandenburg und die dadurch ausgelöste Kontroverse um die Stellung des Religionsunterrichts. Werte-Erziehung in der Schule findet vor allem im historisch-politischen Unterricht, im Philosophie- und Ethik- sowie im Religionsunterricht statt. Während aber der konfessionell gebundene

Religionsunterricht, wie er vor allem in Bayern und Baden-Württemberg üblich ist, oft einseitig im Interesse der beiden großen Kirchen agiert und von seiner Anlage her Atheisten und Angehörige anderer großer Weltreligionen ausschließen muss, kann allein der historisch-politische Unterricht als in der Landesverfassung Baden-Württembergs verankertes Pflichtfach Fragen der Werte-Erziehung in der gesamten Klasse diskutieren und ist im Gegensatz zum Religionsunterricht keinen weltanschaulichen, sondern allein demokratischen Verfahrenswerten unterworfen. Dem historisch-politischen Unterricht kommt daher eine Pilotfunktion für die Bestandserhaltung und Weiterentwicklung unserer Gesellschaft zu.

Die Vermittlung von Werten ist Teil des Orientierungswissens und soll die Sozialisation der Schülerinnen und Schüler in unserer pluralistischen Gesellschaft gewährleisten. Der historisch-politische Unterricht muss einerseits Wertepluralismus gewährleisten, andererseits aber den Schülern zu einer sicheren und konfliktfreien Wertorientierung in unserer pluralistisch-demokratischen Gesellschaft verhelfen. Auf die unverzichtbare Verbindung von Multiperspektivität und Werte-Erziehung im Geschichtsunterricht hat bereits Siegfried Schiele 1986 hingewiesen (Schiele 1986).

Seit mehreren Jahren wird in demokratisch verfassten Staaten ein Verfall der Werte beklagt (Inglehart 1989). Unter dem Titel „Werte-Erziehung in einer wertunsicheren Gesellschaft" hat der Pädagoge Wolfgang Brezinka dazu einige Überlegungen vorgestellt (Brezinka 1994, 47 - 60).

Übersehen wird in diesen Ansätzen leicht, dass die Pluralität der Werte auch eine demokratische Errungenschaft ist, die zur Befreiung der Menschen aus den engen Fesseln traditioneller Wertvorstellungen der mittelalterlichen Standesgesellschaft geführt hat.

1.2 Was versteht man unter „Werte-Erziehung"?

Der Begriff „Werte" ist ein überaus komplexer Begriff. Auch der Begriff „Werte-Erziehung" bleibt ohne nähere Erläuterung unverständlich. Manfred Rosenbach prüfte, aus welcher Gedankenwelt der Begriff Werte-Erziehung stammt und was mit ihm gemeint ist. Seine Ergebnisse formulierte er in fünf, hier gekürzten Thesen (Rosenbach 1998-2002):

„These 1
Werte-Erziehung ist die erziehungspolitische Antwort auf die Kulturkrise der liberalen, aufgeklärten, säkularisierten Gesellschaften. Die moderne Kulturkrise ist eine Orientierungs- und Wertungskrise. Das gilt sowohl für die moralische Haltung einzelner Menschen als auch für gesellschaftliche Normen und

Institutionen. Die gegenwärtige Wertordnung ist gekennzeichnet durch Wertepluralismus und Unbeständigkeit und/oder Gegenläufigkeit von Normen; das Wertbewusstsein vieler Menschen ist gekennzeichnet durch Wertewandel und Wertungsunsicherheit. [...]

These 2
Werte-Erziehung ist lediglich ein neuer Name für seit langem bekannte Erziehungsaufgaben. Es sind dies die religiöse, weltanschauliche oder lebenskundliche Erziehung, die moralische oder sittliche Erziehung, die Rechtserziehung, die staatsbürgerliche, politische und soziale Erziehung, die ästhetische Erziehung. Wissen und Können genügen nicht dafür, das Leben selbständig und sozialverantwortlich zu führen. Werteinstellungen und Werthaltungen sind eine Sache des Charakters, der Persönlichkeit und ihrer Gesinnung. Werte-Erziehung befähigt die Menschen zu Bindungen, die für die eigene Existenz wie für das Gemeinwesen zentral wichtig sind. Sie ist ein Gegengewicht zur emanzipatorischen und zur einseitig wissenschaftsorientierten Erziehung. Werte-Erziehung richtet sich gegen rationalistische Irrtümer und bodenlose und/oder wirklichkeitsfremde Utopien. Sie zielt auf die gemeinschaftsfähige Persönlichkeit, die Lebenssinn und inneren Halt von der Liebe zu gemeinsamen Orientierungsgütern abhängig weiß.

These 3
Der Staat hat in den öffentlichen Schulen für die Werteinstellungen zu sorgen, die allen Bürgern gemeinsam sein sollen, weil von ihnen das geordnete Zusammenleben der Bürger und der Fortbestand der Nation abhängen. Staatliche Werte-Erziehung muss vor allem Grundwerte-Erziehung sein. Die Rücksicht auf die Glaubens- und Gewissensfreiheit der Bürger zwingt den Staat, das Schulwesen in weltanschaulich-religiösen Fragen wertneutral zu gestalten. Die Schule muss jedoch zu den unverzichtbaren Bürgertugenden und den Grundpflichten gegenüber dem Gemeinwesen erziehen. Dazu gehören Gemeinsinn, Gehorsam gegenüber den Gesetzen, Anerkennung des staatlichen Gewaltmonopols und Friedenspflicht, Leistungswille und Dienstbereitschaft, demokratische Einstellung und Toleranz und aufgeklärter Patriotismus.

These 4
Die Bindungen an gesellschaftliche Grundwerte sind notwendig, reichen aber nicht aus. Die weltanschauliche, m. a. W. die „spirituelle" Erziehung ist Aufgabe der Eltern und der Glaubensgemeinschaften. Deren Werte-Erziehung soll die Schule achten und fördern. Die Einflussmöglichkeiten der Schule genügen weder für die Wertorientierung der Person noch für die moralische Absicherung des Gemeinwesens. Der Staat kann die dazu notwendige sittliche Kultur nicht

hervorbringen, sondern muss sie voraussetzen. Niemand kann die Sinn und Halt gebenden Orientierungsgüter aus sich selbst gewinnen, jeder ist dazu auf Überlieferung, Tradition angewiesen.

Sie und die daraus resultierenden Gefühlsbindungen können am besten in der Familie vermittelt und zum seelischen Besitz werden. Im Kern geht es darum, Mut zu Wertbindungen und zu einer wertgebundenen Erziehung zu gewinnen.

These 5

Werte-Erziehung ist nur ein zusammenfassender Name für vielfältige erzieherische Teilaufgaben. Deshalb gibt es für sie auch keine geschlossene oder einfache Strategie. Es lassen sich jedoch konstitutive Elemente von Werte-Erziehung beschreiben: Die Methoden müssen auf den Rang der Erziehungsziele sowie auf Alter, seelische Verfassung und Lebenssituation der Lernenden abgestimmt sein. Indirekte Erziehung ist wirksamer als direkte. Besonders bedeutsam ist die Wirkung von guten Vorbildern, weil sie Lernen am Modell ermöglichen. Wichtig ist es auch, den gemeinsamen Lebensraum so zu ordnen, dass von ihm mehr günstige als schlechte Einflüsse ausgehen. Daneben muss es den Willen zu Idealen und den Mut zu – belohnenden oder auch strafenden - Sanktionen geben. Passives, gleichgültiges, diffus gewährendes Verhalten von Erziehern schadet der Wertungssicherheit und der moralischen Anstrengungsbereitschaft der zu Erziehenden. Sympathie und Antipathie zwischen Erzieher und Zu-Erziehendem tragen wesentlich zu Gelingen oder Misslingen bei. Gute Lebensordnungen und Halt gebende Ideale sind stets gefährdet. Nach innen müssen sie gegen Zweifel und Trägheit verteidigt werden, nach außen gegen Angriffe von Gegnern. Wer Bindungen bewahren will, muss für sie eintreten. Die hier skizzierten indirekten Methoden sind unentbehrlich, reichen aber nicht aus. Information und Aufklärung über Wertbewusstsein und Wertordnungen müssen hinzukommen, vor allem jedoch Anleitung zum vernünftigen Werten, Wählen und Entscheiden.

Schlussbemerkung: Bei aller Verschiedenheit der Ideale, die in einer pluralistischen Gesellschaft gelten, muss es einen Grundbestand an gemein-samen Orientierungsgütern geben. Ihn an die nächste Generation weiterzu-geben, bleibt die zentrale Berufsaufgabe der Lehrerschaft."

Vieler dieser sicherlich gut gemeinten Ratschläge bedürfen allerdings zu ihrer Realisierung einer grundsätzlichen Veränderung der inneren Organisations-struktur der Schulen im Hinblick auf eine stärkere Transparenz von Entscheidungen und den ihnen zu Grunde liegenden Absichten sowie eine an neueren pädagogischen und fachdidaktischen Grundsätzen ausgerichteten Lehr-und Lernkultur. Eine engere Verzahnung von Hochschulen und Unterrichtspraxis ist dafür unverzichtbar. Theorie, Empirie und Pragmatik als Eckpfeiler der didaktischen Forschung sollten sich des Themas Werte, Wertewandel und Werte-Erziehung in der Schule annehmen. Lohnenswerte Ansätze wie beispielsweise das „Demokratie lernen", die allerdings hier nicht weiter verfolgt werden können, gibt es durchaus.

1.3 Woher stammen die ethischen Maßstäbe für eine Werte-Erziehung?

Wer in dem gegenwärtigen Streit um das leidige „Kopftuchverbot" und die Auseinandersetzung um das Kreuz im Klassenzimmer, ja selbst in Fragen der „inneren Schulentwicklung" mitreden will, sollte die ethischen Positionen reflektieren, die die europäische Gesellschaft über Jahrhunderte formierten: Es sind dies vor allem die religiösen Überzeugungen des Christentums, der griechischen Philosophie und der Aufklärung (vgl. Rawls 2003).

a) Die christliche Position

Im Alten Testament kommt den Zehn Geboten Gottes (2. Moses 20, 1 – 17; 5. Moses 5, 6 - 21.) eine zentrale Bedeutung zu. Sie gelten unbedingt und sind menschlicher Kritik entzogen. Für das Neue Testament nimmt die Bergpredigt (Mt 5,1 – 7,29) eine zentrale Position ein.

b) Die griechische Philosophie: Platon und Aristoteles

Für Platon ist die „Idee des Guten" eine absolute Größe. Aristoteles vertritt in seiner Einleitung zur Nikomachischen Ethik (1,1 1094 b 15) die These, das sittlich Gute und das Gerechte seien in sich strittig und daher unbeständig. Er fragt nicht wie Platon nach dem Guten an sich, sondern nach dem Guten, welches sich verwirklichen lässt.
Aristoteles über das Normenproblem des Guten (NE 3, 6 1113 a 15 – b 2) (Wiedergabe nach Bien 1985, XXXII):
    „Gut ist das, was dem Guten als gut erscheint:
    und: gut ist der, dem das an sich Gute als gut erscheint,
    oder zusammengefasst:
    der Gute ist Maß für das Gute."
Nach Aristoteles ist das Gute nicht an und für sich gut, sondern erscheint als Gut immer nur in einem bestimmten Handlungszusammenhang.

c) Die Aufklärung

Die Philosophen der Aufklärung, wie Immanuel Kant, forderten die Geltung des Naturrechts (Wiedergabe nach Speck 1991):

„Der moralische Akt besteht darin, dass der Mensch als vernünftiges Wesen dazu berufen ist, keinem Gesetz zu gehorchen als dem, das er zugleich selbst gibt. Ein solches Gesetz muss jedoch so beschaffen sein, dass es zugleich als allgemeines Gesetz zu gelten hat."

1.1 „Der kategorische Imperativ" von Immanuel Kant verdient für die Werte-Erziehung ebenfalls Beachtung. Das Wort „kategorisch" stammt aus dem Griechischen und bezeichnet eine nicht an Bedingungen geknüpfte, bestimmte und darum keinen Widerspruch duldende Aussagen und Gebote.

Kant („Grundlegung zur Metaphysik der Sitten", Riga 1786, 2. Auflage, zitiert als GMS, hier: GMS 43):
„Alle Imperativen (sic) gebieten entweder hypothetisch, oder kategorisch.
Jene stellen die stellen die praktische Notwendigkeit einer möglichen Handlung als Mittel zu etwas anderem, was man will [...] zu gelangen, vor .
Der kategorische Imperativ würde der sein, welcher eine Handlung als für sich selbst, ohne Beziehung auf einen anderen Zweck, als objektiv-notwendig vorstellte. [...]
Wenn nun die Handlung [...] bloß als Mittel gut sein würde, so ist der Imperativ hypothetisch. Wird sie als an sich gut vorgestellt, mithin als notwendig in einem an sich der Vernunft gemäßen Willen, als Prinzip desselben, so ist er kategorisch."
Während der hypothetische Imperativ eine Handlung unter bestimmten Bedingungen gut heißt, verbietet der kategorische Imperativ diese ohne Bedingungen. Kant behandelt den „kategorischen Imperativ" in seinem Werk „Grundlegung zur Metaphysik dcr Sitten" (Riga 1786, 2. Auflage, zitiert als GMS) und unterscheidet folgende Formen:
Die Grundform: „Der kategorische Imperativ ist ... nur ein einzelner: Handle nur nach derjenigen Maxime, durch die du zugleich wollen kannst, dass sie ein allgemeines Gesetz werde." (GMS 51)
Die formale Vorstellungsart: „Der allgemeine Imperativ der Pflicht könnte auch so lauten: Handle so, als ob die Maxime deiner Handlung durch deinen Willen zum allgemeinen Naturgesetze werden sollte." (GMS 51)
Die allgemeine Vorstellungsart: „Handle so, dass du die Menschheit, sowohl in deiner Person als in der Person eines jeden anderen, jederzeit zugleich als Zweck, niemals bloß als Mittel brauchst." (GMS 61))
Vorstellungsart der vollständigen Bestimmung der Maximen: „Handle nach der Maxime, die sich selbst zugleich zum allgemeinen Gesetze machen kann." (GMS 70) „Handle nach Maximen, die sich selbst

zugleich als allgemeine Naturgesetze zum Gegenstand haben können."
(GMS 71)
Kant hat seine Überlegungen zum kategorischen Imperativ im „Grundgesetz der reinen praktischen Vernunft" zusammengefasst:

> „Handle so, dass die Maxime deines Willens jederzeit zugleich als Prinzip einer allgemeinen Gesetzgebung gelten könne." (KPV I, 1, § 7, S. 140)

Der Kategorische Imperativ verbietet also jedes Handeln, von dem man nicht wollen kann, dass nach diesem Prinzip alle handeln.

1.4 Der Wertebegriff und seine unklare Bestimmung

Was „Werte" sind oder sein sollen war und ist umstritten. Die Bedeutungsvielfalt des Wortes gewinnt vor allem in Zeiten von großen Kontroversen und Konflikten an Bedeutung. Wie kommen wir im modernen Wertepluralismus noch zu einem Grundkonsens, der zugleich offen ist für unterschiedliche Bedeutungen?
Der Begriff „Werte" umfasst eine „objektive" und eine „subjektive" Bedeutungskomponente. Werte sind einerseits Normen, d. h. von den Menschen unabhängig vorhandene Gebote und Pflichten für eine sittliche Orientierung, Haltung und Lebensführung, andererseits die Vorstellung jedes Einzelnen von dem, was ihm für die eigene Lebensführung wichtig ist.
Der Begriff Werte wurde von Hans Reiner (Reiner 1964, 1974) im Anschluss an Max Scheler und Nicolai Hartmann in die Terminologie der zeitgenössischen Ethik eingeführt. **Reiner unterscheidet objektiv bedeutsame und subjektiv bedeutsame Werte bzw. absolute und als relative Werte unterscheidet** (Reiner 1964, 216 ff., Reiner 1974, VIII). Absolute Werte sind für sich genommen bedeutsam, relative Werte hingegen erfüllen eigene oder fremde Bedürfnisses. Die traditionelle Ethik unterscheidet hingegen drei Ebenen (Bollnow 1966, 19):

> *Güterlehre:* Sie beschäftigt sich mit dem, was erstrebenswert ist.

> *Pflichtenlehre:* Sie erörtert die sittlichen Forderungen, die der Mensch
erfüllen muss.

> *Tugendlehre:* Sie untersucht die Grundhaltungen, in denen sich die sittliche Vollkommenheit des Menschen manifestiert.

Hasso von Recum unterscheidet zwischen Selbstentfaltungswerten sowie Pflicht- und Akzeptanzwerten (von Recum 1992, 390). Zuletzt wurde diese Terminologie von Clemens Albrecht weitergeführt (Albrecht 2001, 885).

Im modernen Wertepluralismus sind weniger die Vielzahl von Werten ein Problem, sondern eher die Vielzahl unterschiedlicher, zum Teil gegensätzlicher Assoziationen, die dem persönlichen Erfahrungshintergrund sowie dem subjektiven Verständnis des Einzelnen entstammen. Diese bewussten oder unbewussten Um- bzw. Neudeutungen („Konnotationen") führen oft zu Missverständnissen.

Können aus den verschiedenen, oft kontroversen moralischen Überzeugungen der Menschen und den Konnotationen im Wertverständnis gemeinsame Grundüberzeugungen gewonnen werden, die zwar zu minimalen, aber allgemeingültigen Normen führen?

Zu jedem Wert gehört ein Gegenwert. Jeder der beiden Werte besitzt eine Entartungsform, eine entwertende Übertreibung („Un-Werte"). Dieser Grundgedanke wurde bereits von Aristoteles beschrieben. Er versteht die ethische Tugend als Gleichgewichtszustand zwischen Übertreibung und Unterlassung (Nikomachische Ethik II 5, 1109 a 20 ff., III 8, 1114 b 26 ff.).

Werte sind nicht unveränderlich, sondern abhängig vom Entwicklungsgrad einer Gesellschaft. Auch die Frage der Transformation von Werten sollte daher Thema des historischen Unterrichts sein.

Der Wertebegriff hat den älteren Begriff der *Tugenden* abgelöst, ohne ihn jedoch vollkommen zu verdrängen. „Tugend" kann im ethischen Sinne *Sittlichkeit*, im allgemeinen Sprachgebrauch hingegen die *Sittenreinheit der Lebensführung* bedeuten. Platon nennt als Kardinaltugenden (vgl. die Rede des Agathon in Platons Dialog „Das Gastmahl" 196 a - e): Gerechtigkeit, Klugheit, Tapferkeit und Maß. Für Platon ist in ethischen Fragen die Idee des Guten die Grundlage allen sittlichen Handelns, „das Gute" der substantielle Leitwert schlechthin. Die Römer verstanden Werte im Sinne von Pflichten und Geboten: **Religio, Pietas, Fides, pax, dignitas**. Thomas von Aquin ergänzte die Kardinaltugenden der Antike und im christlichen Sinne in Anlehnung an den Apostel Paulus (1. Brief an die Korinther 13, 13) um die Dreiheit von: Glaube, Hoffnung und Liebe. Die Nächstenliebe ist die christliche Kardinaltugend. Im Matthäus-Evangelium (22, 27-28) wird Jesus von Nazareth zitiert (5. Mose 6,5). Unter Primärtugenden fassen wir heute Begriffe wie Autonomie, Selbstverwirklichung, Emanzipation, Spontaneität etc., unter Sekundärtugenden Begriffe wie Disziplin, Gehorsam, Pünktlichkeit, Ordnung, Pflichterfüllung, Fleiß, Zuverlässigkeit. Auch in unserer Zeit haben „sekundäre" Tugenden wie Zuverlässigkeit, Pflichtgefühl, Verzicht- und Leistungsbereitschaft ihre grundlegende Voraussetzung für das Funktionieren und den Bestand einer demokratischen Staats- und Gesellschaftsordnung nicht verloren.

Fazit: Es gibt also eine Rangordnung der Werte. Die Rangfolge der Werte war und ist strittig und abhängig von der Dynamik des gesellschaftlichen Wandels.

Alle Werte unterliegen einer Interpretationsbreite, innerhalb dessen eine Balance herzustellen ist. Überkommene Werte büßen ihre ehemals absolute Gültigkeit im Laufe der Zeit ein, ohne jedoch damit grundsätzlich immer an Bedeutung zu verlieren. Ein neu entstandener Wert muss dagegen per se nicht immer eindeutig positiv sein, sondern kann auch zur Gefährdung von Gesellschaften und Individuen führen. Beispiele aus der Geschichte gibt es jede Menge.

1.5 „Schlüsselqualifikationen" – ein Ersatz für Werte?

In den neuen baden-württembergischen Bildungsstandards spielen die zu erreichenden „Schlüsselqualifikationen" eine zentrale Rolle. Begriffen wie „Autonomie", „Emanzipation" oder „Mündigkeit" wird im Sinne von Primärtugenden eine fundamentale Bedeutung zugewiesen. Sie prägen die Diskussion über Erziehungsziele und haben bestimmenden Einfluss auf die Definition der Aufgaben für die Schule in unserer Zeit gewonnen. Können „Schlüsselqualifikationen" den Wertebegriff ersetzen? Dazu drei Beispiele:

Autonomie
Der Begriff „Autonomie" bezeichnet zunächst die Unabhängigkeit eines Gemeinwesens und seiner Gesetzgebung von fremder Oberherrschaft. Kant versteht darunter die Selbstbestimmungsfähigkeit des Individuums in der Weise, dass die Ursache für das Handeln des Menschen nicht in seiner Natur liegt, sondern in reiner, praktischer Vernunft. „Autonomes", also eigengesetzliches Handeln ist nach Kant weder legal (gesetzmäßig) noch legitim (rechtlich gerechtfertigt), sondern kann nur als freiwillige Bindung an das Sittengesetz, den „Kategorischen Imperativ" angemessen und gerechtfertigt sein. Im Verhältnis zu anderen Menschen meint „Autonomie" die Abwesenheit nicht legitimierter bzw. das Fehlen jedweder Fremdbestimmung.

Emanzipation
Der Begriff „Emanzipation" bezeichnet als Fachausdruck des römischen Rechts ursprünglich den Rechtsakt, durch den der Sohn aus der väterlichen Gewalt entlassen wurde. In verallgemeinerter Bedeutung versteht man darunter Rechtshandlungen, durch die der Betroffene den Rechtsstatus der Mündigkeit gewinnt. Emanzipation kann in politischer und pädagogischer Hinsicht gebraucht werden. Im politischen Sinne meint Emanzipation die Befreiung des Menschen von fremder Vormundschaft. In pädagogischer Hinsicht ist Emanzipation zu einem Ziel, zu einem Ideal erklärt worden. Heute wird der Begriff oft im Hinblick auf die Gleichberechtigung von Frauen verengt.

Mündigkeit

„Mündigkeit" bezeichnet als zunächst rein rechtlicher Begriff die Befugnis, seine Interessen selbständig und unabhängig von fremder Fürsprache oder Fürsorge wahrzunehmen. Wer mündig ist, ist im Besitze der vollen Bürgerrechte. Kant beschreibt die selbstverschuldete Unmündigkeit als einen Mangel nicht „des Verstandes, sondern der Entschließung und des Mutes, sich seiner ohne Leitung eines anderen zu bedienen":

> „Sapere aude! Habe Mut, dich deines eigenen Verstandes zu bedienen!
> ist also der Wahlspruch der Aufklärung." (Kant 1784/1983, Band 6,
> 53)

„Mündigkeit" bedeutet für Kant, dieser Aufforderung Folge zu leisten. Kant verwandelt eine ursprünglich statische in eine dynamische Kategorie. Das Streben nach Mündigkeit wird so zu einem Entwicklungsauftrag.

Sind Schlüsselqualifikationen Tugenden oder Werte und somit Kategorien der Ethik? Die Antwort dürfte davon abhängen, ob Werte im Sinne der alten Tugenden als Gebote verstanden oder als individuelle Rechte gesehen und in Anspruch genommen werden.

2. Weiterführende Perspektiven: Toleranz – ein Leitbegriff für die „innere Schulentwicklung"

In demokratischen und multikulturellen Gesellschaften ist „Toleranz" für das Zusammenleben von Menschen grundlegend wichtig. „Toleranz" muss auch die Leitkategorie jeder Unterrichtsentwicklung sein.
Die Mitgliedstaaten der UNESCO verabschiedeten bei der 28. UNESCO-Generalkonferenz in Paris (25. Oktober – 16. November 1995) eine Erklärung zu „Prinzipien der Toleranz", die auch zur Grundlage der Werte-Erziehung in der Schule gehören sollten. Artikel 1 definiert die Bedeutung von „Toleranz" wie folgt:

> „Toleranz bedeutet Respekt, Akzeptanz und Anerkennung der Kulturen
> unserer Welt, unserer Ausdrucksformen und Gestaltungsweisen unseres
> Menschseins in all ihrem Reichtum und ihrer Vielfalt. Gefördert wird
> sie durch Wissen, Offenheit, Kommunikation und durch Freiheit des
> Denkens, der Gewissensentscheidung und des Glaubens. Toleranz ist
> Harmonie über Unterschiede hinweg. Sie ist nicht nur moralische
> Verpflichtung, sondern auch eine politische und rechtliche
> Notwendigkeit. Toleranz ist eine Tugend, die den Frieden ermöglicht,

und trägt dazu bei, den Kult des Krieges durch eine Kultur des Friedens zu überwinden.

Toleranz ist nicht gleichbedeutend mit Nachgeben, Herablassung oder Nachsicht.

Toleranz ist vor allem eine aktive Einstellung, die sich auf die Anerkennung der allgemein gültigen Menschenrechte und Grundfreiheiten anderer stützt. Keinesfalls darf sie dazu missbraucht werden, irgendwelche Einschränkungen dieser Grundwerte zu rechtfertigen. Toleranz muss geübt werden von Einzelnen, von Gruppen und von Staaten. (...)"

(Deutsche UNESCO-Kommission: „UNESCO heute", Nr. 11/1996, Bonn, 1996, 143-145).

Julian Nilda-Rümelin arbeitete in seiner Rede vom 8. November 2001 mit dem Titel „Die offene Gesellschaft und ihre Feinde" im Rahmen der Mosse-Lectures der Humboldt-Universität Berlin den normativen Kern der offenen Gesellschaft heraus (Nilda-Rümelin 2001). Er beschreibt deren Strukturmerkmale und entfaltet ein Verständnis von Toleranz auf der Grundlage unterschiedlicher Definitionsansätze. Toleranz ist für Nilda-Rümelin ein interpretationsbedürftiger Begriff. Die unterschiedliche Interpretation des Begriffes habe dabei unterschiedliche Ursachen, und erfolge aus unterschiedlichen politischen Interessen und Zielen heraus.

Er unterschied zwischen der „Toleranz als Zugeständnis des Herrschers", der „Toleranz als Indifferenz" und der „Toleranz als Empathie": Die *Toleranz als Zugeständnis des Herrschers* (nach Thomas Hobbes) diene dem eigenen Machterhalt und bleibe gegenüber den individuellen Ansprüchen und Haltungen indifferent. Die *Toleranz als Indifferenz* bedeute, dass normative Wahrheitsansprüche das friedliche Zusammenleben in einer Demokratie gefährden können. Den Glauben an universelle normative Prinzipien müsse man daher aufgeben. Ob ein moralisches Urteil richtig oder falsch sei, bleibt daher offen. *Toleranz als Empathie* gehe im Unterschied zum relativistischen Ansatz davon aus, dass eine Gemeinschaft von Bürgern durch eine einheitliche Wertorientierung zusammengehalten werde und es einen Gemeinwillen gebe. Durch das hohe Maß an gemeinsam geteilten Einstellungen sei mit der Toleranz die Fähigkeit verbunden, sich in andere hineinzuversetzen (Empathiefähigkeit). Dieser Ansatz ebne Differenzen ein und ziele auf Assimilation und Homogenität ab.

Da Toleranz weder als Indifferenz noch als Empathie tragfähige Lösungen bietet, entwickelte Nilda-Rümlin die Vorstellung von der „Toleranz als Respekt" und von der „Toleranz als Würdigung": Toleranz als normative Grundhaltung einer offenen Gesellschaft sollte in *Toleranz aus Respekt*

63

bestehen. Das Funktionieren einer Zivilgesellschaft sei abhängig von der Kooperation seiner Individuen. Dabei hänge die Stabilität davon ab, inwieweit die Menschen die Interessen, Überzeugungen und kulturellen Prägungen der anderen respektieren. In diesem Verständnis von Toleranz würden weder die jeweils existentiell wichtigen Wertvorstellungen aufgegeben, noch die der anderen übernommen. Aus den in vielerlei Hinsicht unterschiedlichen moralischen Überzeugungen der Menschen solle sich ein gemeinsamer normativer Kern gewinnen lassen, woraus minimale, aber allgemeingültige normative Prinzipien abgeleitet werden können. *Toleranz als Würdigung* sei eine Verpflichtung für die einen und ein Angebot an die anderen und setzt auf deren Annahme.

Für die „innere Schulentwicklung" bedeuten die Ansätze von Nilda-Rümlin, dass die Toleranz kein universeller Leitwert an sich ist, sondern gesellschaftlich immer wieder neu zu definierende Grenzen aufweist. Universelle normative Ansprüche sind dennoch in einer multikulturellen Gesellschaft mit ihrer Pluralität von Lebensformen unverzichtbar. Der normative Minimalkonsens besteht in der Achtung des Anderen, d. h. in dem Respekt für seine Autonomie und Integrität. Die Menschenrechte bauen letztendlich auf dem Grundsatz der „Toleranz als Respekt" auf. Die Grenzen der Toleranz werden daher letztlich durch die universellen Anspruch genießenden Menschenrechte gezogen. Toleranz darf nicht mit Indifferenz oder gar Wertschätzung gegenüber anderen Auffassungen verwechselt werden. Dabei ist Toleranz an eine wichtige Voraussetzung gebunden: Die Ablehnung konkurrierender Geltungsansprüche darf nur aus legitimen Gründen heraus erfolgen.

In der Praxis findet die Ausübung von Toleranz auf drei Ebenen statt: Der objektiven, der subjektiven und der rechtlichen Ebene. Auf der objektiven Ebene bedeutet Toleranz, Dinge ertragen zu können, auf der subjektiven Ebene, Dinge ertragen zu wollen und auf der rechtlichen Ebene, Dinge ertragen zu sollen. Wir alle sind zur Toleranz verpflichtet, aber ebenso dazu, ihr Grenzen zu ziehen! Als Richtschnur für die Toleranzausübung verweise ich auf den Festvortrag zum Leibnitztag der Berlin-Brandenburgischen Akademie der Wissenschaften von Jürgen Habermas vom 22. Juni 2002 mit dem Titel „Wann müssen wir tolerant sein?", in der er sich über die Konkurrenz von Weltbildern, Werten und Theorien auseinander setzte (Habermas 2002) ebenso wie auf den Artikel von Jutta Limbach über „Das Prinzip Toleranz" in „Die Zeit" vom 25. April 2002 (Limbach 2002).

3. Werte-Erziehung in der Schule

3.1 Werte im Schulgesetz des Landes Baden-Württemberg

Die in den Schulen zu vermittelnden Werte sind nicht beliebig. Die Pflicht zur Werte-Erziehung ist staatlicherseits festgelegt. Der Erziehungs- und Bildungsauftrag der Schule ist in den jeweiligen Schulgesetzen der Länder geregelt. Im Schulgesetz von Baden-Württemberg heißt es hierzu in § 1, Absatz 2:

> „Die Schule hat den in der Landesverfassung verankerten Erziehungs- und Bildungsauftrag zu verwirklichen. Über die Vermittlung von Wissen, Fähigkeiten und Fertigkeiten hinaus ist die Schule insbesondere gehalten, die Schüler *in Verantwortung vor Gott, im Geiste christlicher Nächstenliebe, zur Menschlichkeit und Friedensliebe, in der Liebe zu Volk und Heimat, zur Achtung der Würde und der Überzeugung anderer, zu Leistungswillen und Eigenverantwortung sowie zu sozialer Bewährung zu erziehen* und in der Entfaltung ihrer Persönlichkeit und Begabung zu fördern, zur *Anerkennung der Wert- und Ordnungsvorstellungen der freiheitlichdemokratischen Grundordnung zu erziehen,* die im Einzelnen eine Auseinandersetzung mit ihnen nicht ausschließt, wobei jedoch die freiheitlich-demokratische Grundordnung, wie in Grundgesetz und Landesverfassung verankert, nicht in Frage gestellt werden darf, auf die Wahrnehmung ihrer verfassungsmäßigen staatsbürgerlichen Rechte und Pflichten vorzubereiten und die dazu notwendige Urteils- und Entscheidungsfähigkeit zu vermitteln, auf die Mannigfaltigkeit der Lebensaufgaben und auf die Anforderungen der Berufs- und Arbeitswelt mit ihren unterschiedlichen Aufgaben und Entwicklungen vorzubereiten."

Der § 1, Absatz 2 des Schulgesetzes für Baden-Württemberg enthält eine Auflistung von Werten, Primär- und Sekundärtugenden ohne erkennbare Differenzierung nach ihrer Bedeutung für den Erhalt und die Weiterentwicklung unserer freiheitlich-demokratischen Grundordnung.
Damit ist aber noch nichts darüber ausgesagt wie diese Werte vermittelt werden sollen. Dies ist Aufgabe der Pädagogik im Allgemeinen und der Fachdidaktiken im Besonderen, insbesondere der historisch-politischen Didaktik, der Religionspädagogik und der Didaktik des Ethik- bzw. Philosophieunterrichts.

3.2 Der Auftrag der Pädagogik

Auf die Frage wie ethische Fragen im Unterricht eingebettet werden können, fand der Pädagoge Hans Aebli folgende Antwort (Hans Aebli 1997, 110 f.):

> „Die Betrachtung der antiken und der modernen Tugenden ist für den Erzieher kein Luxus, auch wenn sich daraus keine handfesten Schlussfolgerungen ergeben. Wenn wir ein Leben lang in der Schulstube stehen und die schwierige Aufgabe des Erziehens jeden Tag aufnehmen und uns darin bewähren müssen, so brauchen wir dazu Richtpunkte, die im Unendlichen liegen. [...]
>
> Wenn es uns auch immer wieder misslingt, den großen Ideen der Ethik gerecht zu werden, und wir immer wieder feststellen, dass wir weit von ihrer Realisierung entfernt sind, so bleiben sie doch notwendig und hilfreich. Der Seefahrer erreicht den Polarstern auch nicht. Aber er braucht ihn, um die Richtung zu halten. Einem solchen Seefahrer gleicht auch der Erzieher.“

In der aktuellen öffentlichen Diskussion wird in immer wieder neuen Varianten die Forderung erhoben, die Schule müsse einen Beitrag zu Wertorientierung der jungen Menschen - mithin zur Werte-Erziehung - leisten. Hartmut von Hentig setzte sich mit der Tatsache auseinander, dass die Erwachsenen selbst nicht in der von ihnen geforderten Ordnung leben und konstatierte einen dreifachen Auftrag der Pädagogik (von Hentig 1999, 55 f.):

> „Pädagogik müsste in den Kindern das gemeinte Ethos (die Haltung und Tatkraft) ins Leben rufen, das in den Erwachsenen erstorben ist. Sie müsste dies tunlichst erreichen, ohne mit dem Weltuntergang oder einer Katastrophe oder auch nur einer dramatischen Verschlechterung der Lage zu drohen, weil das entmutigt. Sie müsste den Kindern verständlich machen, warum, obwohl das Ethos als Einsicht da ist, die Erwachsenen nicht danach leben, jedenfalls keinen Erfolg damit haben; und dieses Verständnis darf ihren eigenen Bemühungen nicht im Wege stehen.“

Das Dilemma der Pädagogik nach von Hentig ist, dass sie in der kommenden Generation etwas wecken soll, was in der alten Generation erstirbt oder vernachlässigt wird. Ganz ungewohnt kann es ihnen nicht sein.

3.3 Gibt es eine Altersabhängigkeit der Werte-Erziehung?

Der Geschichtsdidaktiker Hans-Jürgen Pandel teilte die zentrale Kategorie der Geschichtsdidaktik, das Geschichtsbewusstsein, wiederholt in ein Feld mit sieben Dimensionen ein, die er als Doppelkategorien beschrieb (Pandel 1991, 1-23). Das „moralische Bewusstsein" gehört für ihn zur Kategorie der „Gesellschaftlichkeit", welches historische Ereignisse beurteilt und wertet.

Bodo von Borries untersuchte die Genese und Entwicklung von Geschichtsbewusstsein und machte das Lern- und Lebensalter als Forschungsproblem der Geschichtsdidaktik aus (von Borries 2002, 44-58). Die hochgradige Abhängigkeit des Geschichtsbewusstseins und damit auch des moralischen Bewusstseins vom Lebensalter bedeutet nach von Borries nicht automatisch und unabwendbar, dass die Entwicklung im Wesentlichen auf „endogener Reifung" beruhe und sich automatisch vollzieht, alle Kinder und Jugendlichen im gleichen Alter ungefähr den gleichen Stand der Geschichtsreflexion erreichen oder die altersspezifischen Befunde notwendig als zeitlos-unverschiebbare „Vorbedingung" des Geschichtslernens anzusehen sind. Es sei die Aufgabe der Erziehungswissenschaft und der Geschichtsdidaktik, die Behauptungen über einen realtypologischen altersspezifischen Ablauf der Genese von Geschichtsbewusstsein zu widerlegen. Denn die neuere Erziehungssoziologie zeichnet sich im Gegensatz zur älteren Entwicklungspsychologie nach von Borries durch verschiedene Grundannahmen aus, wobei insbesondere die Bedeutung des „Lernalters" gegenüber der Bedeutung des „Lebensalters" an Bedeutung gewinnt.
Auf seiner „Stufenpyramide des Geschichtsbewusstseins" geht die Entwicklung von der emotionalen Zugehörigkeit, über die ästhetische Wahrnehmung, das moralische Urteil, bis zum verantwortlichen Handeln.
Als Probleme beim Aufbau des Geschichtsbewusstseins werden von von Borries folgende Punkte gesehen:
Der Perspektivenwechsel in historischen Fragestellungen ist abhängig von der Fähigkeit, eigene Standpunkte als den eigenen wahrzunehmen.
Nur wer die heutigen Moralprinzipien durchschaut, kann sich mit vergangenen Moralprinzipen auseinandersetzen.
Multiperspektivität (der Wahrnehmung), Kontroversität (der Deutung) und Pluralität (der Orientierung) können nur gelingen, wenn das kindliche „Urvertrauen" zur Welt, zur Sicherheit des Selbst und zur „Gegenseitigkeit" der Zuwendung durchbrochen bzw. kritisch reflektiert werden können (von Borries 2002, 44-58).

Von Borries zitiert Kohlbergs Stufen der menschlichen Moralentwicklung (Colby/Kohlberg 1994): Kohlberg unterschied drei Niveaus, die er noch jeweils in zwei Stufen unterteilte. Das „Erste prämoralische Niveau" besteht danach aus den Stufen der „Orientierung an Strafe und Gehorsam" und dem „naiven instrumenteller Hedoismus", das „Zweite Niveau der Moral der konventionellen Rollenkonformität" aus den Stufen der „Moral des guten Kindes" und der „Moral der Aufrechterhaltung von Autorität" und das „Dritte Niveau der Moral der selbst-akzeptierten moralischen Prinzipien" aus der „Moral des Vertrages, der individuellen Rechte und des demokratisch anerkannten Gesetzes/ Rechtssystems" sowie der „Moral der individuellen Gewissensprinzipien". Im höheren Alter geht nach von Borries die Anzahl der niedrigeren Stufen zurück und steigt die der höheren Stufen an, wobei die höchste nicht von allen erreicht wird. Menschen der höheren Stufen verständen aber die Logik der vorausgegangenen. Dies gelte nicht umgekehrt. Nach Borries erscheint daher auf den Stufen 1 und 2 der Kohlbergschen Moralentwicklung eine sinnvolle historische Erkenntnis und Einsicht kaum möglich.

Renate el Darwich untersuchte die Genese von Kategorien des Geschichts-bewusstseins bei Kindern im Alter von 5 bis 14 Jahren (el Darwich 1991, 24-52). Für die Überprüfung, ob das moralische Bewusstsein schon vorhanden sei, schlug sie die Erzählung einer „Dilemma-Geschichte" vor.

4. Fazit

Die theologischen und philosophischen Grundlegungen der Ethik sind komplex und werden kontrovers diskutiert. Das ändert jedoch nichts an der grundsätzlichen Aufgabe der Schule, jungen Menschen Orientierungshilfen anzubieten.

Als Problem für jede Werte-Erziehung erweist sich dabei die Bedeutungsvielfalt des Begriffes und seine Konnotationen. Zudem zeichnet sich eine komplexe und multikulturell zusammengesetzte demokratische Gesellschaft durch einen Wertepluralismus aus. Der Wertepluralismus darf aber nicht zur Unverbindlichkeit führen. Denn bestimmte Werte bilden die Rahmenbedingungen jeder Kultur. Auch in Zeiten eines größeren Wertewandels muss es unveränderliche Grundwerte geben (Grundgesetz). Dieses sind die „demokratischen Verfahrenswerte", die im Unterschied zum oft positiv besetzten und emotional ausstrahlenden „substantiellen Leitwert" einen kühlen und abstrakten Charakter haben. Der Wertepluralismus schließt den Respekt vor anderen Wertorientierungen mit ein, sofern diese nicht gegen die

Menschenrechte verstoßen. Nicht alle Wertorientierungen dürfen daher die gleiche Gültigkeit besitzen.

Die grundsätzlich wertende Unterscheidung von Primärtugenden (z. B. Autonomie, Selbstverwirklichung, Emanzipation, Spontaneität) und Sekundärtugenden (z. B. Disziplin, Gehorsam, Pünktlichkeit, Ordnung, Pflichterfüllung, Fleiß, Zuverlässigkeit) sowie die Verabsolutierung der einen und die Geringschätzung der anderen sollte für das schulische Lernen über Bord geworfen werden.

Unterricht und Erziehung müssen aus didaktischer Sicht darauf abzielen, dass Schülerinnen und Schüler die spannungsreiche Bedeutungsvielfalt von Werten erkennen und Werte im Sinne des Grundgesetzes als eine bindende Richtschnur ihres Handelns annehmen können. Verantwortliche Erziehung darf weder in Zwang noch Überwältigung (vgl. etwa den „Beutelsbacher Konsens" für das historisch-politische Lernen) ausarten oder zu Beziehungslosigkeit und Vernachlässigung führen. Letztendlich ist es die personale Autorität jedes einzelnen Lehrenden, d. h. seine Authentizität und Überzeugungskraft, auf die es bei der Vermittlung ankommt. Jede einzelne Lehrkraft ist dazu aufgerufen und angehalten, die eigenen ethischen Positionen zu reflektieren und sich mit denen auseinanderzusetzen, die die europäische Gesellschaft über Jahrhunderte formierten.

Die organisatorische Schulentwicklung sollte davon ausgehen, dass die Aufgaben der Schule in unserer Gesellschaft mehrdimensional sind und die Schule vor die Aufgabe gestellt ist, eine immer wieder neu zu findende Balance zwischen den Polen Lernende – Lehrende – Gesellschaft herzustellen. Schule ist dazu da, den Bestand unserer freiheitlich-demokratischen Rechtsordnung zu garantieren und die Grundlagen zu vermitteln, aus denen diese immer wieder neu gelernt werden kann. Denn jede Demokratie lebt letztendlich von Voraussetzungen, die sie selbst nicht garantieren kann, sondern die immer wieder neu erworben werden müssen (Jutta Limbach). Die Schule trägt auch zur Weiterentwicklung unserer Gesellschaft bei. Sie ist daher der Vergangenheit wie auch der Zukunft verpflichtet. Wer eine „neue Lernkultur" fordert, sollte die guten Seiten der „alten Lernkultur" nicht vorschnell über Bord werfen. Sie wird sich daran messen lassen müssen, inwieweit sie die jungen Menschen dazu befähigen kann, sich in unserer Gesellschaft zurechtzufinden (Sozialisationsfunktion).

Literatur

Aebli, Hans (1997): Grundlagen des Lehrens. Eine Allgemeine Didaktik auf psychologischer Grundlage. Stuttgart, 4. Auflage

Albrecht, C. (2001): Werteerziehung und Werturteilsstreit. In: Zeitschrift für Pädagogik 47, H.6, 879 - 892

Althof, W. (1984): Moralerziehung in der Schule: Theorie und Praxis. Ein Literaturbericht. In: Regenbogen, A.: Moral und Politik. Soziales Bewusstsein als Lernprozess. Köln, 164 - 165

Althof, W. (1995): Lawrence Kohlberg. Die Psychologie der Moralentwicklung. Frankfurt am Main

Colby, L./Kohlberg, L. (1984): Das moralische Urteil: Der kognitionszentrierte entwicklungspsychologische Ansatz

in: Steiner, G. (Hg.): Entwicklungspsychologie, Band 1. Weinheim, 348 – 366

Bien, G. (1985): Aristoteles. Nikomachische Ethik. Hamburg 1985, 4. durchgesehene Auflage

Bollnow, Otto F. (1962): Einfache Sittlichkeit. Göttingen, 3. Auflage

Bollnow, Otto F. (1966): Wesen und Wandel der Tugenden. Frankfurt am Main, Ullstein Taschenbücher 209

Bothe, M./Dittmann, A. (1995): Erziehungsauftrag und Erziehungsmaßstab der Schule im freiheitlichen Rechtsstaat

Veröffentlichungen Vereinigung der Deutschen Staatsrechtslehrer 54, 7 ff., 47 ff.

Brezinka, W. (1993): Erziehung in einer wertunsicheren Gesellschaft. Beiträge zur praktischen Pädagogik. München, 3. Auflage

Brezinka, W. (1994): 'Werte-Erziehung' in einer wertunsicheren Gesellschaft. In: Päd. Rundschau 48 , H.1, 47 - 61

El Darwich, Renate (1991): Zur Genese von Kategorien des Geschichtsbewusstseins bei Kindern im Alter von 5 bis 14 Jahren. In: Von Borries, B. (Hg.): Geschichtsbewusstsein empirisch. Pfaffenweiler, 24-52

Herzog. W.: Mit Kohlberg unterwegs zu einer Theorie der moralischen Erziehung. In: Neue Sammlung 28, H. 1, 17 - 34

Heidbrink, H. (1991): Stufen der Moral. Zur Gültigkeit der kognitiven Entwicklungstheorie Lawrenz Kohlbergs

München

Habermas, J. (2001): Glaube und Wissen. Dankesrede anläßlich der Verleihung des Friedenspreises. In: Frankfurter Allgemeine Zeitung Nr. 239 vom 15. Oktober 2001

Habermas, J. (2002): „Wann müssen wir tolerant sein?" Über die Konkurrenz von Weltbildern, Werten und Theorien

Festvortrag zum Leibniiiztag der Berlin-Brandenburgischen Akademie der Wissenschaften. Berlin, 22. Juni 2002

Inglehart, R. (1989): Kultureller Umbruch. Wertwandel in der westlichen Welt. Frankfurt

Lickona, T. (1989): Wie man gute Kinder erzieht. Die moralische Entwicklung des Kindes von der Geburt bis zum Jugendalter und was Sie dazu beitragen können. München

Limbach, Jutta (2002): Das Prinzip Toleranz. In: DIE ZEIT vom 25. April 2002

Lindt, G./Raschert, J. (1987): Moralische Urteilsfähigkeit. Eine Auseinandersetzung mit Lawrence Kohlberg, Weinheim 1987

Musolff, H.-U. (1990): Entwicklung versus Erziehung. Ein Diskussionsbeitrag zur Verhältnisbestimmung von Entwicklungslogik, Ethik und Pädagogik. In: Zeitschrift für Pädagogik 36, H.3, 331 - 352

Nilda-Rümelin, J. (2001): Die offene Gesellschaft und ihre Feinde. Toleranz ist mehr als Gleichgültigkeit gegenüber abweichenden Verhaltensweisen. Eine Rede aus gegebenem Anlass. In: Frankfurter Allgemeine Zeitung Nr. 261 vom 9. November 2001

Oser, F. (1992): Was kann die Kohlberg-Theorie für eine pädagogische Handlungsorientierung leisten? Versuch eines Resümees. In: Die Deutsche Schule 84, 423 ff.

Pandel, H.-J. (1991): Geschichtlichkeit und Gesellschaftlichkeit im Geschichtsbewusstsein. Zusammenfassendes

Rawls, J. (2003): Geschichte der Moralphilosophie. Hume - Leibniz - Kant – Hegel. Darmstadt

Resümee empirischer Untersuchungen, in: von Boriies, B. (Hg.): Geschichtsbewusstsein empirisch, 1- 23

Reiner, Hans (1964): Die philosophische Ethik. Ihre Fragen und Lehren in Geschichte und Gegenwart. Heidelberg Reiner, Hans (1970): Sittlichkeit. In: Neues Lexikon der Pädagogik, Bd. 4, Freiburg 1970

Reiner, Hans (1974): Die Grundlagen der Sittlichkeit. Zweite, durchgesehene und stark erweiterte Auflage von Pflicht und Neigung. Meisenheim am Glan

Reiner, Hans (1987): Der Sinn unseres Daseins. Freiburg, 2. Auflage

Rosenbach, M. (1998-2002): „Werte-Erziehung" von Dr. Manfred Rosenbach © Inhalte 1998-2002 URL: http://bebis.cidsnet.de/weiterbildung/sps/allge-mein/bausteine/erziehung/werteerziehung (vom 10.08.2004)

Singer, P. (1994): Praktische Ethik, Stuttgart, 2. Auflage

Von Hentig, H. (1988): Werte und Erziehung. Neue Sammlung 28, 323 - 348

Von Hentig, H. (1999): Ach, die Werte! Über eine Erziehung für das 21. Jahrhundert. München

Von Borries, B. (2002): Genese und Entwicklung von Geschichtsbewusstsein. Lern- und Lebensalter als Forschungsproblem der Geschichtsdidaktik. In: Zeitschrift für Geschichtsdidaktik, 44-58.

Von Recum, Hasso (1992): Schule im sozialkulturellen Wandel. I. Werte als zentrale Orientierungs- und Steuerungsinstanzen II. Wertedynamik verändert die Gesellschaft III. Konsequenzen für das Erziehungswesen. In: Die Deutsche Schule 84, H. 4, 388 - 405

Weischedel (Hg.) (1983): Immauel KANT, Werke in sechs Bänden, Band IV. Schriften zur Ethik und Religionsphilosophie. Darmstadt 1983

II Die Ebene der Einzelschule

Katharina Liebsch

Was ist eine geschlechtergerechte Schule?
Bausteine eines Schulentwicklungsprogramms
zur Mädchen- und zur Jungenförderung

1. Einleitung

In vielen Bundesländern verpflichten gesetzliche Regelungen die Schulen zur Festlegungen eines eigenen „Schulprogramms". In diesem „Schulprogramm" sollen Schulen beschreiben, wie, über welche Programmschritte das Kollegium gemeinsam mit Eltern und SchülerInnen zu einem neuen, eigenen „Schulprofil" gelangen will.[1] Bei der Initiierung eines solchen Veränderungsprozesses kann eher „von oben" oder eher „von unten" angesetzt werden. „Von oben" heißt, sich auf das aus der Wirtschaft kommende Konzept der Organisationsentwicklung zu beziehen. Schulische Organisationsentwicklung bedeutet dann, dass kleinere Gruppen von Kolleginnen und Kollegen institutionelle Bedingungen und Strukturen analysieren, Daten auswerten, Ziele vereinbaren, Aktionen planen, Steuergruppen installieren und konkrete Vorhaben implementieren und evaluieren (vgl. z.B. Dalin/Rolff 1990; Rolff 1993; Dalin/Rolff/Buchen 1995). Davon unterscheidet sich ein Verständnis von Schulentwicklung, das eher „von unten" ansetzt und versucht, direkt an den alltäglichen Erfahrungen, Bedürfnissen und Unzufriedenheiten von Lehrerinnen und Lehrern anzuknüpfen. Da Lehrkräfte auch jenseits schulpolitischer Bemühungen tagtäglich mit der Gestaltung von Schule konfrontiert waren und sind, und schon immer Veränderungen in der Schule, sei es in Form von methodisch-didaktischen oder inhaltlichen Neuerungen begleiten und gestalten,

---

[1] Schulentwicklung, daran sei hier noch einmal erinnert, kann jedoch ohne eine parallel verlaufende Veränderung von Bürokratie und ohne flexible rechtliche und amtliche Regelungen nicht stattfinden. Bislang sind die Möglichkeiten, Veränderungen zu initiieren, durch strukturell-organisatorische Bedingungen beschränkt: Schule ist einerseits eine bürokratische Institution, andererseits eine Bildungs- und Erziehungsinstitution. Als öffentliche und bürokratische Institution ist sie der staatlichen Aufsicht unterstellt und unterliegt den Prinzipien der Arbeitsteilung, der Leistungsorientierung und der Zweckrationalität. Diese Außenanforderungen werden aber relativiert durch eine gewisse Autonomie der Einzelschule, die sich aus dem Bildungs- und Erziehungsauftrag der Schule ergibt, der eine andere als die bürokratisch-technische Abwicklung von Arbeitsaufträgen erforderlich macht.

ist Schulentwicklung auch etwas Alltägliches und etwas, was schon stattfand, bevor es den gesetzlichen Schulentwicklungsauftrag gab. Diese an einzelnen Schulen bereits vorhandene Gestaltungs- und Veränderungspraxis kann in den Prozess der Schulentwicklung überführt und integriert werden. Oder anders gesagt: der Prozess der Schulentwicklung kann sich an die langjährige Praxis von Lehrerinnen und Lehrern anlehnen und sie als Ausgangspunkt nutzen.

Der vorliegende Beitrag reflektiert eine Form der Schulentwicklung „von unten". Am Beispiel einer Lehrerinnengruppe der Hamburger Gesamtschule Bergedorf, die seit zwanzig Jahren alltäglich und kontinuierlich an der Gestaltung und Veränderung der koedukativen Schule arbeitet, sollen die Bedingungen, Ausgangspunkte, Erfolge und Schwierigkeiten der kontinuierlichen Veränderung von Schule veranschaulicht werden.[2]

2. Gegenstand des Entwicklungsprozesses: Für eine geschlechtergerechte Schule

Die Geschlechterverhältnisse, die Tatsache, dass in der Schule Männer und Frauen Mädchen und Jungen unterrichten, gehört zu den unreflektierten Selbstverständlichkeiten des schulischen Alltags und hat, wie die Koedukationsforschung der letzten zwanzig Jahre immer wieder aufgezeigt hat, durchaus Einfluss auf das Lehren und Lernen in der Schule (vgl. z.B. Faulstich-Wieland 1987; Horstkemper 1987; Hoeltje/LiebschSommerkorn 1995). Ein Schulentwicklungsprozess, der Schulqualität verbessern und steigern möchte, kann deshalb den „heimlichen Lehrplan" der Geschlechterstereotypisierung nicht einfach unberücksichtigt lassen, sondern muss den grundlegenden Tatbestand von der Einteilung der Menschen in männlich oder weiblich genauso als eine strukturelle Bedingung von Schule begreifen wie beispielsweise die Schulpflicht oder die Notwendigkeit einer qualifizierten Ausbildung von Lehrkräften. Eine Schulentwicklung, die „das System Schule" und die „Optimierung seiner Bedingungskonstellationen, insbesondere seiner Organisations- und Kommunikationsstrukturen" (Rolff 1995, 20) unter Ausschluss der Kategorie „Geschlecht" betreibt, ist notwendigerweise reduziert. Sie würde wichtige Strukturelemente vernachlässigen und damit die

---

[2] Den Ausgangspunkt dieser Ausführungen bildete das unter der Leitung von Prof. Dr. Ingrid Sommerkorn 1993/94 an der Universität Hamburg durchgeführte Aktionsforschungsprojekt „Geschlechterverhältnisse im Bildungswesen", das die Aktivitäten der erwähnten Lehrerinnengruppe erstmalig ausführlich dokumentierte. Diese Zusammenarbeit setzte sich fort und wird beschrieben in verschiedenen Publikationen über schulentwicklungsbezogene Arbeit zur Geschlechterthematik. Vgl. z.B. Liebsch/Malz-Teske 1997; Malz-Teske/Liebsch 2002.

Möglichkeiten zur Verbesserung der Schulqualität einschränken. Zudem haben beide Themen – „Schulentwicklung" wie auch eine „Reflektierte Koedukation" – gleichermaßen Struktur- und Kommunikationsveränderungen in der Schule zum Ziel. Es geht darum, neue Formen des Kooperierens auszuprobieren, Teamentwicklung voranzutreiben und die Konflikthaftigkeit neu geschaffener Situationen zu reflektieren und zu bearbeiten. Beide zielen auf das strukturelle Bedingungsgefüge von Schule. Sie thematisieren organisatorische Rahmenbedingungen, grundlegende Konstellationen und immanente Schwierigkeiten von schulischem Lehren und Lernen. Beispielsweise wäre zu prüfen, wie denn Schulqualität und Geschlechterverhältnisse zusammen hängen, wie die Schulqualität auch davon abhängig ist, dass die Schulleitung in der Regel männlich besetzt ist, dass die meisten Grundschullehrerinnen Frauen sind, dass Aggression und Gewalt in den Schulen vermehrt von Jungen ausgeht, um nur einmal die offensichtlichsten Themen anzusprechen.

Die Initiierung eines Profils als geschlechtergerechte Schule will dieser Unbewusstheit entgegen wirken und eine *reflektierte* Koedukation konkret umsetzen. Dabei zielt eine solche Schulentwicklung auf Veränderungen in mehreren Ebenen:
- Sie strebt eine Sensibilisierung der Lehrkräfte an, die langfristig Verhaltensänderungen Mädchen und Jungen gegenüber bewirken soll;
- sie richtet sich auf die Erarbeitung von neuen Unterrichtsmaterialien, die Interessen und Bedürfnisse von Mädchen stärker berücksichtigen;
- sie schafft Erfahrungen mit neuen Unterrichtsmethoden, z.B. die Einrichtung von geschlechtshomogenen Gruppen in einigen Unterrichts-fächern und -phasen oder auch die Arbeit in geschlechtshomogenen Gruppen außerhalb des Unterrichts.

Dies umfasst beispielsweise
- Differenzierungsangebote,
- Ausgestaltung des Kursangebots,
- projektorientiertesArbeiten,
- zusätzliche Bildungsangebote,
- Zusammenarbeit mit außerschulischen Bildungsträgern,
- Feste, zusätzliche Veranstaltungen und Lesungen
und soll im Folgenden an ausgewählten Beispielen veranschaulicht werden.

3. Initiative: Die Frauengruppe: Akteurinnen von Schulentwicklung

Die im Folgenden beschriebenen Schritte im Prozess der Verwirklichung von Schulentwicklung nahmen ihren Anfang bereits zu Beginn der 1980er Jahre. Damals setzten sich drei Kolleginnen zusammen, weil sie Mädchen in der Schule stärker unterstützen wollten. Sie gründeten eine Frauengruppe und luden alle Kolleginnen ein. Zu den ersten Treffen kamen zwischen 5 und 15 Frauen. Die Lehrerinnen sprachen über Mädchenförderung und ihr Lehrerinnen-Sein. Sie tauschten sich über Konflikte im Kollegium und im Unterricht aus und besprachen Probleme und Widerstände, die sie in ihrer Arbeit erfuhren. Sie stärkten sich gegenseitig in ihren Wahrnehmungen und in ihren Wünschen nach Veränderung. Sie begannen damit, alltägliche Selbstverständlichkeiten öffentlich zu befragen. Zum Beispiel verabredeten die Kolleginnen, in Konferenzen den Gebrauch der Bezeichnung "Schüler*innen*" und "Lehrer*innen*" einzufordern. Sie sprachen sich für eine gerechtere Verteilung von Redezeit auf Konferenzen aus und traten an die Schulleitung mit der Bitte um wechselnde Leitung bei Konferenzen heran. Dies löste Diskussionen und auch Empörung und Ablehnung aus, machte aber auch einige Kolleginnen und Kollegen nachdenklich. Als die Stelle der Didaktischen Leitung der Schule neu besetzt wurde, unterstützte die Frauengruppe die Bewerbung einer Kollegin, um in der Schulleitung mit ihren Anliegen vertreten zu sein. Damit war ein wichtiger Schritt getan, die Initiativen zur Mädchenförderung zu institutionalisieren und in ein Profil münden zu lassen.

Heute ist die Frauengruppe ein loses Bündnis von interessierten Kolleginnen, die sich regelmäßig zur Planung, Diskussion und Auswertung einer ganzen Reihe von mädchenfördernden Aktivitäten treffen. Die Planung im engeren Sinne wird von fünf bis zehn Kolleginnen vorangetrieben, an der Durchführung diverser Aktivitäten – reichende von der Einführung von geschlechtsgetrenntem Unterricht über nachmittägliche Zusatzaktivitäten (z.B. Durchführung eines Mädchentages/ Jungentages), der Organisation von Fortbildungswochenenden für Kolleginnen, Mütter und Schülerinnen oder auch Projektwochen zum Thema Berufs-orientierung und Sexualkunde wie auch der Planung und Durchführung von thematisch einschlägige nKonferenzen – sind bis zu 30 Frauen beteiligt.[3]

---

[3] An der Schule sind insgesamt 70 Lehrerinnen und 57 Lehrer beschäftigt.

4. Ablauf: Von der schrittweisen Durchsetzung von Veränderungen zur Dokumentation der Erfahrungen und der Zusammenstellung von Handreichungen

Das Thema „Mädchen und Jungen in der Schule" wurde 1986 erstmalig auf einer Konferenz bearbeitet. Die Didaktische Leiterin hatte Materialien für eine Diskussion zum Thema „Mädchen im Unterricht" vorbereitet und trat an die Kollegen und Kolleginnen mit der Bitte heran, fachspezifische Förderungsmaßnahmen für Mädchen zu konzipieren. Die auf der Konferenz zusammengetragenen Überlegungen waren eine erste Aufforderung, Alteingesessenes, Etabliertes zu überdenken und neue Konzepte zu entwickeln. Auch stellten sie den Einstieg dafür dar, dass von nun an auf Konferenzen häufiger Arbeitsgruppen zum Thema „Geschlechtsspezifische Lern- und Sozialformen" und „Geschlechterverhältnisse" angeboten wurden. Die Konferenz hatte weniger zum Ziel, Beschlüsse hervorzubringen als vielmehr Bewusstsein zum Thema „Geschlechtsspezifische Unterschiede" zu schaffen. Sie begann mit einem Referat einer Wissenschaftlerin, die Untersuchungsergebnisse zum Thema „Mädchen in Naturwissenschaften" vorstellte. Im Anschluss an das Referat wurde in fächerspezifischen Kleingruppen anhand von Leitfragen weiterdiskutiert und folgende Konsequenzen, Beschlüsse und Forderungen festgehalten:

- Lehrkräfte müssen sich selbst dazu anhalten und in die Pflicht nehmen, ihre unterschiedliche Behandlung von Jungen und Mädchen im Unterricht zunächst einmal zu erkennen und ihr dann zu begegnen.

- Dazu ist gegenseitige Hospitation zur Korrektur von LehrerInnen-Verhalten eine geeignete Hilfe.

- Auch empfiehlt es sich, dass Lehrer und Lehrerinnen abwarten, bis auch die Mädchen sich melden und nicht immer sofort auf Jungen zu reagieren.

- Als geeignet erscheint auch, sich mehr Zeit für die Jungen zu nehmen und Störversuche von Jungen nicht hinzunehmen. Jungen sollten mehr sprachliche Förderung erhalten und darüber hinaus zu partnerschaftlichem Umgang und besserer Kommunikationsfähigkeit angehalten werden.

- Bei den Mädchen ist hingegen die Anerkennung ihrer Leistungen, ihres Sozialverhaltens und ihrer Fähigkeit zur Textarbeit nötig. Diese Fähigkeiten sollten als angestrebte Lernziele und soziale Werte benannt werden, damit sie sich für die Mädchen auch selbstwertsteigernd auswirken können.

- Mädchen brauchen eine stärkere Orientierung auf höherwertige und besser bezahlte Berufe. Das bedeutet in der Konsequenz, sie stärker im technischen, mathematisch-naturwissenschaftlichen Bereich zu fördern.

- In Jahrgang 9 vorhandene zusätzliche LehrerInnenstunden sollten für eine Teilung nach Geschlechtern in einigen Unterrichtsfächern genutzt werden. Dies soll den Mädchen helfen, ihren eigenen Standpunkt zu finden und ihn dann in gemischt-geschlechtlichen Gruppen hoffentlich leichter vertreten zu können.

Keine dieser Empfehlungen spiegelt die einhellige Meinung aller an der Konferenz beteiligten Kolleginnen und Kollegen wieder. Sie haben Vorschlagscharakter und wurden von den jeweiligen Lehrkräften in ihrer Bedeutung und Wirksamkeit unterschiedlich eingeschätzt.

Dieses Beispiel zeigt, dass es sich beim Thema Geschlechtergerechtigkeit empfiehlt, zunächst Probleme zu besprechen und Handlungsbedarf zu formulieren. Es macht deutlich, dass ein Konsens nicht immer erzielt werden kann und nur die Kontinuität der Bearbeitung des Themas unterschiedliche Einschätzungen deutlich und verständlich werden lässt. Das Beispiel macht auch darauf aufmerksam, dass Konferenzen nicht notwendigerweise mit der Verabschiedung von Beschlüssen enden müssen. Häufig verkürzen Beschlüsse den Prozess der Auseinandersetzung und führen begonnene Diskussionen und Entwicklungen zu einem abrupten Ende. Vielmehr gilt es, den Fortbildungs- charakter von thematisch akzentuierten Konferenzen zu stärken.

Hinsichtlich der Prozesse von Schulentwicklung veranschaulicht das Beispiel, dass Veränderungen einen institutionell verankerten Raum - z.B. in Form von Konferenzen - brauchen, damit neue Informationen, Ideen und Arbeitsformen gesammelt und entwickelt werden können. Es zeigt, dass an Veränderungen kontinuierlich und in regelmäßigen Abständen gearbeitet werden muss. Die Veränderungen müssen zum Gegenstand der Auseinandersetzungen gemacht werden und der Widerstand und die Abwehr von Lehrenden in den Diskussionsprozess eingebracht und als Teil von Schulentwicklung und ihrer Konflikthaftigkeit begriffen werden.

4.1 Ausdifferenzierung und Zusatzangebote als gezielte Fördermaßnahmen

Darüber hinaus veranschaulichen zusätzliche Bildungsangebote, die in den Nachmittag hineinreichen, die flexiblen und kooperativen Arbeitsformen der Lehrerinnen, die im Zusammenhang mit der langjährigen Arbeit der Frauengruppe an der Schule entstanden sind. Seit 1991 gibt es einmal im Jahr

80

einen „Mädchentag" mit Angeboten und Arbeitsgruppen nur für Mädchen. Der „Mädchentag" wird als eine Veranstaltung mit hohem Innovationspotential wahrgenommen, weil er sowohl das Ausprobieren von neuen Inhalten und Arbeitsformen ermöglicht als auch Erfahrungen von Spaß und Gemeinsamkeit bereitet. Eine Veränderung und Verbesserung von Schule, wie sie im Konzept der Schulentwicklung angestrebt wird, kann über solche Aktivitäten motiviert wie auch initiiert werden.

Für die Planung des Tages treffen sich die Lehrerinnen außerhalb der Arbeitszeit in privater Umgebung. Sie sammeln Ideen für Angebote, bereiten die Organisation vor, kümmern sich um die Ankündigung, Werbung und Information der Veranstaltung. Eine Vorbereitungsgruppe lädt interessierte Kolleginnen zu Vorbereitungstreffen und alle Mädchen der Schule zu einer Informationsversammlung in die Pausenhalle ein. Dort erhalten die Mädchen Wahlzettel für die Arbeitsgruppen des Mädchentages. Die Wahlzettel werden über die KlassenlehrerInnen wieder an das Mädchentag-Team zurückgegeben. In der Regel steht der Mädchentag unter einem Motto, das einen übergeordneten Themenbezug für alle Arbeitsgruppen schafft.

Die Mädchentage beginnen mit einem kalten Buffet nach der vierten Unterrichtsstunde in der Pausenhalle. Die Speisen werden von den teilnehmenden Mädchen von zu Hause mitgebracht, Getränke werden zum Selbstkostenpreis bei einer Lehrerin gekauft. Nach dem gemeinsamen Essen, das ungefähr eine Stunde dauert, gehen die Mädchen in die Arbeitsgruppen. Ein Mädchentag beispielsweise versammelte Angebote zum Thema „Ich und mein Körper", die sich im weitesten Sinne um Körpererfahrung und Selbstwahrnehmung drehten. Diese Schwerpunktsetzung wurde von den Lehrerinnen als ein sinnvoller Ansatzpunkt gesehen, um das Selbstbewusstseins der Mädchen durch die Sensibilisierung für eigene Bedürfnisse zu stärken. Das Arbeitsgruppenangebot umfasste Aktivitäten, die sich im weitesten Sinne um den Körper drehten: Massage, Akrobatik, Phantasiereisen/Autogenes Training, Herstellen von Masken/Maskenspiel, Tobespiele, Frisieren und Schminken, Rollern und Skaten, Klettern, Baseball, Fußball, Kontakt/Theater, Süchte, Yoga, Nähen, Improvisationstanz. Bei anderen Mädchentagen war das Angebot etwas allgemeiner und mehr auf Oberstufenschülerinnen zugeschnitten. Es gab Gruppen zu den Themen „Schwanger, was nun?", „Prostitution", „Ausländische Männer" und „Rollenspiele zum Thema 'Mach mich nicht an'". Dann auch kristallisierte sich heraus, dass besonders diejenigen Angebote attraktiv waren, die von auswärtigen Kursleiterinnen angeboten wurden; sie stellten etwas Außergewöhnliches im Schulalltag dar. Angebote wie „Klettern", „Musical" und „Rollern/Skaten" wurden so häufig gewählt, dass viele Mädchen auf das nächste Mal vertröstet werden mussten.

Die Idee und Konzeption des Mädchentages ist nicht statisch, sondern hat sich vom einen zum anderen Mal verändert. Weitere Differenzierungen und Veränderungen werden aufgrund der Auswertung und Überlegungen, die nach dem Mädchentag auftauchen, ins Auge gefasst. Die Erfahrungen werden nachbereitet, Vorschläge für die Planung des nächsten Tages gesammelt und die Nachbereitungsgespräche zeigen, dass die beteiligten Kolleginnen fast immer zufrieden sind: Sie haben zwei bis drei intensive Stunden mit motivierten und engagierten Teilnehmerinnen verbracht. Sie machen in der Regel die Erfahrung, dass ihre zusätzliche Investition von Zeit und Kraft, die der Mädchentag erforderte, lohnend war, viele wünschen sich, dass im Schulalltag mehr Zeit und Raum für derartige Aktivitäten vorhanden ist.

Das Beispiel zeigt, dass parteiliche Mädchenarbeit Spaß machen kann. Der „Mädchentag" stellt einen Erfahrungsraum nur für Mädchen dar. Er bietet Gelegenheit, Neues auszuprobieren, private Themen auch im Kontext von Schule zu besprechen und ermöglicht es, dass sich Lehrerinnen und Schülerinnen auch einmal anders kennen lernen. Er bietet die Erfahrung einer geschlechtshomogenen Gruppe, die Erfahrung, dass Mädchen auch ohne Jungen Spaß haben und Leistungen erbringen können. Das Beispiel zeigt auch, dass niemand zu parteilicher Mädchenarbeit überredet werden kann. Diese Arbeit knüpft an Interessen und Bedürfnisse der Beteiligten an und findet am besten durch eine Gruppe gestützt statt. Zudem lässt sich sagen, dass Mädchenarbeit ohne korrespondierende Jungenarbeit langfristig keinen Erfolg haben wird, da eine Veränderung von Rollenvorstellungen der Geschlechter von beiden Geschlechtern getragen werden muss.

Für den Prozess der Schulentwicklung verdeutlicht dieses Beispiel, dass initiierte Innovationen immer wieder der Reflexion und der Veränderung bedürfen. Einmal angeschoben, verlaufen sie nicht gradlinig und zielorientiert, da ihre Wirkung und ihr Funktionieren abhängig sind von der Gruppe, in der gearbeitet wird, von der Auseinandersetzung und dem Einvernehmen der Beteiligten. Auch wird deutlich, dass die Planung, Durchführung und Auswertung von solchen Entwicklungsprozessen sog. Schlüsselqualifikationen bei den InitiatorInnen voraussetzt. Ohne Flexibilität, Kooperation, Anpassungsfähigkeit und Kreativität kann eine solche Arbeit nicht geleistet werden.

5. Prozessbegleitung und unterstützende Maßnahmen

Die Lehrerinnen haben im Laufe der Jahre Formen der gegenseitigen Unterstützung entwickelt. Getragen durch die gemeinsame Mädchenarbeit und durch die Erfahrung, dass es sich in der Schule leichter und besser arbeiten lässt, wenn Bündnispartnerinnen zur Verfügung stehen, von denen Zuspruch und Verstärkung erwartet werden kann, sind auch andere Umgangsformen und Problemlösestrategien entwickelt worden. Die Lehrerinnen haben im Zuge ihrer gemeinsamen Arbeit einen Arbeitsstil entwickelt, der von Freundlichkeit, Flexibilität und Toleranz bestimmt ist. Transparenz und Berichterstattung über die Mädchenarbeit und über die Treffen der Frauengruppe gehören zum Alltag und beugen der Skepsis distanzierter Kolleginnen und Kollegen vor. So hat die Arbeit der Frauengruppe nicht nur eine Akzentverschiebung im Unterricht, Schulalltag und eine Veränderung des Klimas in der Schule bewirkt, sondern auch bei den meisten der beteiligten Lehrerinnen eine andere Einstellung zur Arbeit mit Frauen in die Wege geleitet.

Die Arbeit der Frauengruppe zieht mittlerweile Kreise. So haben sich Aktivitäten zum einen in der Unterrichtspraxis bewährt, zum zweiten gibt es einen größeren Kreis von Aktiven bei zusätzlichen Angeboten. Dadurch, dass das Thema der „Chancengleichheit von Mädchen und Jungen" kontinuierlich in die Schule hineingetragen wird, haben die Schülerinnen Ansprechpartnerinnen. Den Jungen fällt es durch die engagierte Förderung der Mädchen leichter, eigene, jungenspezifische Aktivitäten zu fordern und damit an die männlichen Lehrer heranzutreten. Alle Lehrkräfte müssen sich durch die initiierte Auseinandersetzung verstärkt mit dem Thema beschäftigen, dazu Positionen beziehen und sich äußern.

Inzwischen werden die Erfahrungen mit der Mädchenförderung auch in anderen Zusammenhängen an interessierte Kolleginnen und Kollegen weitergegeben. Die Lehrerinnen bringen ihre Erfahrungen auf Fortbildungsveranstaltungen, Tagungen und Zeitschriften ein. Auch wird bei größeren Aktivitäten die Presse benachrichtigt.

Mittlerweile ist die Mädchenförderung auch in das Schulprogramm aufgenommen. Dabei ist dieser Schwerpunkt einerseits komplexer, andererseits weniger akzeptiert als beispielsweise die Förderung von musischen, künstlerischen oder sportlichen Aktivitäten. Auch gilt für dieses Thema, dass interessierte Lehrkräfte selten auf Erfahrungen anderer oder auf ausgearbeitete Materialien und Fortbildungsveranstaltungen zurückgreifen können. Im Gegenteil müssen sie diese selbst entwickeln und zudem noch das Kollegium von der Sinnhaftigkeit und Notwendigkeit ihres Tuns überzeugen. Es wäre deshalb für die Lehrerinnengruppe durchaus hilfreich, von offizieller Seite Unterstützung und Wertschätzung ihrer Bemühungen um eine geschlechtergerechte Schule zu erfahren. Dabei könnten beispielsweise Fortbildung wie auch Beratung helfen, die Geschlechtergerechtigkeit zu einem selbstverständlichen Bestandteil der Arbeit zu machen und die Legitimation dieses Anliegens zu untermauern.

6. Perspektiven

Die Arbeit der Frauengruppe hat dazu beigetragen, die in den 1960er Jahren administrativ verordnete Koedukation reflexiv werden zu lassen. Sie hat die Vorteile, aber auch die Nachteile der gemeinsamen Beschulung von Mädchen und Jungen sichtbar gemacht. Dabei hat sie gezeigt, wo und wie die Koedukation verändert und verbessert werden kann. Die Arbeit hat die Schule insgesamt verändert. Es ist ein Bewusstsein im Handeln der Lehrkräfte, eine Struktur der Lernangebote entstanden und es ist eine Diskussion über die Gestaltung und die Ziele von Schule und Unterricht initiiert worden. Die Arbeit für eine geschlechtergerechte Schule hat Männer und Frauen im Kollegium angeregt, über Selbstverständlichkeiten im Umgang mit Schülerinnen und Schülern nachzudenken. Das hat auch dazu geführt, dass in den letzten Jahren zunehmend männliche Kollegen für Jungenarbeit gewonnen werden konnten, und heute auch ein Austausch zwischen Kolleginnen und Kollegen über Mädchen- *und* Jungenarbeit stattfindet.

Das Beispiel zeigt, dass Schulentwicklung Kontinuität erfordert und nicht in Einzelmaßnahmen zu bearbeiten ist. Einstieg, Bewusstmachung, kritisches Einschätzen, Weiterentwicklung, Routinisierung, d. h. Institutionalisierung und Aufnahme in alltägliches Handeln, dauern Jahre und müssen außerdem zum Bestandteil der pädagogischen Überlegungen jeder Schule werden. Weiterhin zeigt sich, dass es eine Gruppe von Akteuren braucht, die die Neuerungen über längere Zeiträume hinweg durch den Schulalltag tragen. Diese Arbeit erfordert eine große Menge an zusätzlicher Zeit, Engagement wie auch die Bereitschaft, sich auf Neues einzulassen bzw. Neues auszuprobieren. Dies zeigt einmal mehr, dass Schulentwicklung ohne Räume zur Selbstreflexion und zur Deutung des Nicht-Offensichtlichen, z.B. latenten oder unbewussten Konflikten, nur oberflächlich funktioniert. Ohne dies können zwar Veränderungen postuliert, aber kaum auch getragen und gestaltet werden.

Literatur

Dalin, P./Rolff, H.-G. (1990): Institutionelles Schulentwicklungsprogramm. Eine neue Perspektive für Schulleiter, Kollegium und Schaulaufsicht. Soest.

Rolff, H.-G. (1993): Wandel durch Selbstorganisation. Weinheim/München.

Dalin, P./Rolff, H.-G./Buchen, H. (1995): Institutioneller Schulentwicklungsprozess, Böhnen (2. Auflage).

Faulstich-Wieland, H. (1987): Reflexive Koedukation, Weinheim.

Horstkemper, M. (1987): Geschlecht und Selbstvertrauen, München.

Hoeltje, B./Liebsch, K./Sommerkorn, I. (1995) (Hg.): Wider den heimlichen Lehrplan. Bausteine und Methoden einer reflektierten Koedukation, Bielefeld.

Malz-Teske, R./Liebsch, K. (2002): Ein Lehrerinnen-Netzwerk, eine unterstützende Schulleitung und deren Bedeutung für die Reflexive Koedukation. Das Beispiel der Hamburger Gesamtschule Bergedorf, in: Koch-Priewe, B. (Hg.): Schulprogramme zur Mädchen- und Jungenförderung, Weinheim/Basel, S. 78-90.

Liebsch, K./Malz-Teske, R. (1998): Tips und Hinweise zum Prozeß der Schulentwicklung. Eine Broschüre, Hamburg: Institut für Lehrerfortbildung.

Thorsten Bohl

Hermeneutischer Dialog und gelingende Praxis

Der Ansatz der hermeneutischen Schulentwicklung im Rahmen des Tübinger Forschungsprojekts 'Regionale Schulentwicklung durch Kooperation und Vernetzung'

Der vorliegende Beitrag beschreibt ein Forschungsprojekt an der Eberhard-Karls-Universität Tübingen, in welchem über zwei Jahre hinweg der Entwicklungsprozesse sechs regionaler Schulen wissenschaftlich begleitet wurde. Prozess und Ergebnisse des Projektes wurden in einem ca. 700seitigen Abschlussbericht dokumentiert. Dieser Bericht wiederum wurde auf 250 Seiten zusammengefasst (Grunder 2002). Der realisierte Ansatz der ‚hermeneutischen Schulentwicklung' mit sämtlichen hier dargestellten Theorieanbindungen, Begriffen und Konkretisierungen (z. B. hermeneutischer Dialog, gelingende Praxis) wurde vom Projektleiter Gerd Schubert entwickelt. Die folgende Darstellung greift auf die bisher umfangreichsten Publikationen zurück (Schubert 2002a; 2002b).

Der Beitrag fügt sich in mehrfacher Hinsicht in die Ringveranstaltung ‚Schulentwicklung im Spannungsfeld von Bildungssystem und Unterricht' ein. Er thematisiert unmittelbar Entwicklungsprozesse auf der Ebene der Einzelschule – mit Verbindungen nach ‚unten' (Unterricht) und nach ‚oben' (Schulaufsicht und -struktur). Im Hinblick auf aktuelle Themen der deutschen Bildungslandschaft, z. B. Bildungsstandards, Evaluation, Vergleichstests oder Qualitätssicherung nimmt er eine ungewöhnliche und in mancherlei Hinsicht konträre Position ein. Dies beginnt bereits bei der Semantik, die in Distanz zu betriebswirtschaftlich oder organisationstheoretisch motivierten Begriffen steht und stattdessen den Dialog und das Handeln der beteiligten Menschen beleuchtet.

Anliegen dieses Beitrags ist vorrangig, den Rahmen des Projekts und insbesondere den Ansatz der hermeneutischen Schulentwicklung vorzustellen. Die jeweiligen Beispiele stammen größtenteils aus den Schulen, an denen ich als Projektbegleiter arbeitete (Bohl 2002a; Bohl 2002b).

1. Initiative und Ausgangssituation

Das Forschungsprojekt 'Regionale Schulentwicklung durch Kooperation und Vernetzung' fand 1996 seinen Ausgangspunkt in einem Forschungsantrag des Lehrstuhls für Schulpädagogik (Prof. Dr. Hans-Ulrich Grunder) an das Ministerium für Kultus, Jugend und Sport Baden-Württemberg. Der Antrag, der 1997 genehmigt wurde, führt mehrere Linien zusammen: die zum Ende der 90er Jahre in Tübingen vorhandenen Kompetenzen und Ressourcen innerhalb der Forschungsstelle für Schulentwicklung; das aktuelle Thema Schulentwicklung (in Baden-Württemberg unter dem Stichwort 'Schulen brechen auf') sowie vorhandene Kontakte und Kooperationen mit regionalen Schulen. Diese Schulen waren teilweise bereits an die Forschungsstelle mit der Anfrage nach Unterstützung herangetreten und hatten Interesse an einer Zusammenarbeit bekundet - ihre jeweiligen Anliegen waren jedoch unterschiedlicher Art: Legitimation des Entwicklungsprozesses (gegenüber Eltern oder Schulbehörde), Beratung (z. B. Unterstützung bei der Profilkonturierung), wissenschaftliche Begleitung (Bestätigung der 'Richtigkeit' des Prozesses), zuweilen lag das Interesse darin, Widerstände innerhalb des Kollegiums zu überwinden und etwa sog. 'Bremser' zu Gunsten einer bestimmten Unterrichts- und Schulkonzeption einzubinden.

2. Gegenstand des Entwicklungsprozesses

Ein derartiges Forschungsvorhaben spricht zwei Ebenen an und führt sie zusammen: Weder handelt es sich alleine um die Praxisebene 'Schule', noch um die Praxisebene 'Forschung', sondern um eine Integration: Der Gedanke der Integration und Kooperation zwischen Forschung und Schule wird dabei ernst genommen, d. h. er ist konstitutiv im Prozess enthalten. Es entsteht eine Wechselseitigkeit, in welcher die Interessen der Schulen und der Forschung aufeinander bezogen und gleichwohl die jeweilige Selbstständigkeit gewahrt bleibt.

Diese schlichte Beschreibung eröffnet ihre Bedeutung für den Entwicklungs-prozess insbesondere deshalb, weil innerhalb der Schulen selbst erst eine abgestimmte oder gar einheitliche Sicht herauszuarbeiten war und zudem die Kooperation mit der Universität zwar gewollt und gleichwohl ungewöhnlich ist: Befürchtet werden Einengungen mittels wissenschaftlich legitimierter 'Anweisungen', Skepsis wird formuliert gegenüber der 'Theorie', Unsicherheit besteht bezüglich der Ergebnisse etc.

Damit entsteht eine dialektische Praxis- bzw. Konsensebene, die auf gegenseitigen Respekt und Vertrauen beruht und den Gegenstand des Entwicklungsprozesses, der nicht vorgegeben ist, allmählich erst konturiert. Dementsprechend variiert der Forschungsgegenstand je nach Schule.

3. Organisation

Das Projekt wurde beauftragt und finanziert vom Ministerium für Kultus, Jugend und Sport, das zur Begleitung einen Beirat mit Vertreterinnen und Vertretern aus der Schulbehörde sowie dem Projektverantwortlichen und dem Projektleiter einrichtete.

Prof. Dr. Hans-Ulrich Grunder initiierte und verantwortete das Projekt. Die Leitung oblag Gerd Schubert. Die Forschungsgruppe wurde von vier Projektbegleitern und einer Projektbegleiterin vervollständigt, die jeweils für eine bzw. zwei Schulen zuständig waren. Sechs regionale Schulen nahmen am Projekt teil: Martinsschule Sindelfingen (Förderschule), Uhlandgrundschule Bühl/Tübingen, Freie Evangelische Schule Reutlingen (Hauptschule), Hauptschule Innenstadt Tübingen, Wilhelm-Hauff-Realschule Pfullingen, Schickhardt-Gymnasium Herrenberg. Damit waren alle Schularten im Projekt vertreten.

Auf der Ebene der Forschungsgruppe fanden monatliche (differenziert protokollierte) Treffen statt, in denen die Arbeit und Entwicklungsprozesse der einzelnen Schulen, übergreifende Themen sowie der Forschungsansatz kontinuierlich diskutiert wurden.

Die einzelnen Projektbegleiter arbeiteten pro Woche durchschnittlich eineinhalb Tage an ‚ihrer' Schule. Der genaue Gegenstand ihrer Arbeit wurde in einer Rahmenvereinbarung zwischen Projektbegleiter/in, Schule und Projektleitung schriftlich fixiert. Nach einem Jahr verfassten die Projektbegleiter/innen einen Zwischenbericht ihrer Arbeit, der explizit mit den Schulen und innerhalb der Schulen diskutiert wurde. Eine schriftliche Gesamtauswertung fand zum Ende des Projektes statt.

Im Laufe des Projekts wurden zudem fünf gemeinsame Tagungen mit Vertreter/innen aller Schulen und der Forschungsgruppe durchgeführt, die jeweils unter einem spezifischen, der jeweiligen Phase des Projekts bzw. der in Erscheinung tretenden Themenbereiche der Schulen entsprechenden Motto standen. Dadurch waren ein gemeinsamer Austausch und eine querliegende Gesamtwahrnehmung des Projektes möglich.

4. Forschungsansatz und Prozessbegleitung

Theoretische Grundlagen

‚Hermeneutik' ist als Methode der Kultur-, Sozial- und Geisteswissenschaft bekannt. Der Begriff leitet sich aus dem griechischen hermeneutiké – Kunst der Auslegung ab. Hermeneutik gilt seit dem Mittelalter als die Kunst der Textauslegung. Diese Kunst vermag menschliche Lebensäußerungen und -umstände tiefer, sinnentnehmender und umfassender zu *verstehen* als insbesondere ein positivistisches Wissenschaftsverständnis: „Die Natur erklären wir, das Seelenleben verstehen wir." (Dilthey 1957) Die Auslegung von Texten folgt einer bestimmten Regelhaftigkeit, so dass beispielsweise das Vorverständnis offen gelegt wird, Lebenszusammenhänge des Autors einbezogen werden etc. Dabei wird von Einzelfällen auf das Ganze und vom Ganzen auf den Einzelfall geschlossen. Diese wechselnde Auslegung führt zu immer erneuerten und erhöhten Ebenen der Erkenntnis und bildet daher den sog. hermeneutischen Zirkel.

Im Rahmen der hermeneutischen Schulentwicklung wird nun das Grundanliegen der Hermeneutik, Aussagen und Umstände zu *verstehen*, auf die spezielle Schulsituation übertragen. Daher folgt die hermeneutische Schulentwicklung einerseits der hermeneutischen Tradition (z. B. in der Wechselwirkung von Einzelnem und Ganzem), und konturiert sie gleichzeitig neu (z. B. mittels eigener Begriffe wie ‚hermeneutischer Dialog', ‚gelingende Praxis').

Der Ansatz der hermeneutischen Schulentwicklung ist eine Theorie der Schulentwicklung und eine Methode der Schulentwicklungsbegleitung (im Folgenden fasse ich zusammen aus: Schubert 2002a, 33ff). Die Überlegungen zur Schule als Polis gehen auf den Philosophen Aristoteles zurück. Er versuchte einen menschlichen Raum gegenüber der mächtigen Götterwelt zu schaffen. Polis bezeichnet eine Stadt und das Umland (z. B. Akropolis) und steht in der politischen Theorie Aristoteles modellhaft für einen Staat, in dem eine Gemeinschaft freier und gleicher Bürger unter Recht und Ordnung zusammenlebt.

In der Schule als Polis wird Schulleben durch das Handeln aller Beteiligten konstituiert. Jeder Mensch handelt innerhalb einer bestimmten Gemeinschaft und bringt dadurch einen politischen Raum erst hervor. Schule ist eine soziale Gemeinschaft. Schulen entwickeln sich unterschiedlich, da sie unterschiedlich ausgestaltet werden. Im pädagogischen Kontext geht es nicht um die Herstellung und Vermittlung eines Produktes (z. B. Wissen), sondern darum, durch das Handeln eine Wirkung in den Beteiligten selbst zu entfalten. Dieses

Handeln und die erzeugte Wirkung sind immer innerhalb der institutionellen Rahmenbedingungen zu sehen. Die Schule wird also durch „...das Handeln aller am Schulleben Beteiligten (auch der Schülerinnen und Schüler!) innerhalb des institutionell vorgegebenen Rahmens konstituiert. Deshalb wird die Schule im Hermeneutischen Schulentwicklungsansatz als Polis aufgefasst." (Schubert 2002a, 34) Das Handeln der Menschen vollzieht sich in der Öffentlichkeit, in welcher sich jeder Beteiligte ‚öffnet' und dadurch Gemeinsamkeiten und Differenzen deutlich werden.

Innerhalb der Schule ist die Herstellung der Gesamtöffentlichkeit das Ziel des hermeneutischen Dialogs. Der hermeneutische Dialog grenzt sich vom technischen Begriff der ‚Kommunikation' (technisch-instrumentelle Verständigung, Vorgaben umsetzen, Abläufe optimieren) ab. Der Begriff des Dialogs als wissenschaftliche Methode ist nicht zufällig gewählt: „Wenn die sozialen und institutionellen Strukturen der Menschen dialogisch hervorgebracht werden, so muss auch die zentrale wissenschaftliche Methode der Dialog sein." (Schubert 2002, 37) Der hermeneutische Dialog setzt Anerkennung und Wertschätzung der Dialogpartner sowie Freiwilligkeit im sozial-institutionellen Handeln *voraus*.

Je integrativer der Dialog (z. B. innerhalb einer Einzelschule) verläuft, desto höher ist der Übereinstimmungsgrad und desto eher fühlen sich alle an die Ergebnisse gebunden. Dabei geht es nicht um eine gleichförmige Einheitsmeinung, sondern um die Akzeptanz der Unterschiedlichkeit *und* um partielle Gemeinsamkeiten. Im Rahmen des hermeneutischen Dialogs werden also Strukturen bereitgestellt, in denen unterschiedliche Ansätze entfaltet und auf das Ganze bezogen werden können. „Im Prozess des Dialogs geschieht die *gemeinsame Auslegung von Praxis* als Herstellung von Öffentlichkeit und gemeinsamem Handeln. Dafür verwende ich den Begriff Hermeneutik." (Schubert 2002, 35) Der Dialog erfolgt nicht in einem handlungsfreien Raum, sondern ist erst mit der gelingenden Praxis auf Unterrichts- oder Schulebene vollzogen. Dialog ist Sprechen und Handeln, eine menschliche Verständigungsstruktur mit sozial-ethischer Dimension. Hermeneutische Schulentwicklung ist damit kein Rezept, sondern eine Verständigungsstruktur für Schulentwicklungsprozesse.

Das Gegenbild der Schule als Polis ist die ‚Schule als Verwaltung', in der ein Vollzug von vorgegebenen inhaltlichen und organisatorischen Strukturen erfolgt. Dieses Verständnis von Schule als Vollzug staatlicher Verwaltung begreift Strukturen und Menschen nur als Mittel zum Zweck. Das Verständnis ist damit funktional-instrumentell. Die Schule als Polis hingegen lebt vom Hervorbringen und Ausgestalten von inhaltlichen und organisatorischen Strukturen durch die Beteiligten.

Zusammenfassend lässt sich die hermeneutische Schulentwicklung mit den folgenden Merkmalen beschreiben:

- Die beteiligten Personen tragen mit ihrem Handeln Verantwortung für das individuelle und soziale Leben in der Schule.
- Hermeneutische Schulentwicklung setzt auf Anerkennung und Wertschätzung der Dialogpartner.
- Hermeneutische Schulentwicklung setzt Freiwilligkeit im sozial-institutionellen Handeln *voraus*.
- Im Prozess des Dialogs geschieht die gemeinsame Auslegung von Praxis als Herstellung von Öffentlichkeit und gemeinsamem Handeln.
- Der hermeneutische Dialog ist eine Verständigungsstruktur für Schulentwicklungsprozesse.
- Der hermeneutische Dialog verläuft spiralförmig (Erfahrungen, neue Erkenntnisse...).
- ‚Schule als Verwaltung' ist das Gegenbild der Schule als Polis. Hier erfolgt ein Vollzug vorgegebener Strukturen.

Hermeneutische Schulentwicklung ist damit theoretisch und begrifflich ein sicher ungewöhnlicher Ansatz. Er unterscheidet sich von manchen Theorien und Konzepten der Schulentwicklung (etwa der Organisationsentwicklung), weist in den Grundaussagen und in der Analyse von Entwicklungsprozessen jedoch durchaus Parallelen zu anderen Ansätzen auf (z. B. ähnelt er im Partizipationsgedanken dem Ansatz der ‚Schulkultur', vgl. Helsper u.a. 1998).

Merkmale des Forschungsverlaufs

Der Mensch konstituiert seine Wahrheit durch Sprechen *und* Handeln. Was den Menschen berührt, umtreibt, bewegt, dies kann er nur durch Mitteilung an einen anderen Menschen offenbaren. Weil der Mensch sich durch Sprechen und Handeln mitteilt, dadurch seinen sozialen und institutionellen Kontext prägt, muss der Wissenschaftler selbst sich in *diesen* Kontext der Menschen begeben, die er wahrnehmen, beobachten, beschreiben möchte. Der hermeneutische Dialog ist daher eine Verständigungsstruktur innerhalb der Schule und gilt gleichzeitig für die Verständigung zwischen der Schule und der Wissenschaft. Der Verlauf des Forschungsprojektes lässt sich – grob beschreibend – mit folgenden Merkmalen konkretisieren:

- *Bedürfnis der Schulen als Ausgangspunkt*

Die Vorgehensweise der Schulen und die Zusammenarbeit mit ihrem jeweiligen Projektbegleiter werden nicht von der Forschungsgruppe vorgegeben. Aus den Bedürfnissen der Schulen heraus entwickeln sich die Inhalte und Strukturen der Zusammenarbeit.

- *Die Anfangsphase als Integrationsphase*

In der Anfangsphase werden u. a. die Arbeitsschwerpunkte des Projektbegleiters festgelegt. Die Anfangsphase ist dementsprechend lang und prägend: „Je integrativer ... begonnen wird, um so tragfähiger sind die daraus resultierenden inhaltlichen und sozialen Prozesse für alle Beteiligte." (Schubert 2000a, 19)

- *Rahmenvereinbarung am Ende der Integrationsphase*

Im Anschluss an die Integrationsphase wird eine Rahmenvereinbarung mit nun festgelegten Arbeitsschwerpunkten zwischen Schule, Projektleitung und Projektbegleiter formuliert. Der Schwerpunkt der Projektbegleitung wird hier formuliert und auch zeitlich fixiert. Unrealistische Erwartungen können dadurch vermieden werden. An einer Schule wurde der Schwerpunkt folgendermaßen konkretisiert: Begleitung des Arbeitskreises Schulentwicklung und weiterer schulischer Arbeitskreise, Teilnahme an Freiarbeitsstunden in verschiedenen Klassen, Teilnahme an weiteren Konferenzen. Die gewählten Arbeitsschwerpunkte der Projektbegleiter sind ein wichtiger und natürlicher Zugang zur schulischen Praxis, zu Gesprächen, zum Unterricht. Über die vereinbarten Schwerpunktthemen wird der Blick für die Schule als Ganzes geöffnet.

- *Zwischenbericht nach einem Jahr*

Nach etwa einem Jahr verfassen die Projektbegleiter einen Zwischenbericht auf der Basis der bisherigen Arbeit. Der Zwischenbericht stellt eine erste öffentliche Sichtweise des Schulentwicklungsprozesses dar. Er wird für alle Lehrkräfte kopiert und von den jeweiligen Gesamtlehrerkonferenzen genehmigt. Änderungsvorschläge und konträre Sichtweisen werden aufgenommen und soweit wie möglich geklärt.

Schulbezogener Abschlussbericht

Jede Schule soll aus ihrer spezifischen Situation heraus beschrieben werden. Der Abschlussbericht wird mit den beteiligten Schulen diskutiert und dann ggf. verändert – er dokumentiert also eine gemeinsame Sichtweise.

Die Arbeit der Projektbegleiter
Die Arbeit der Projektbegleiter teilt sich in folgende Bereiche:

- Begleitung und Beratung der jeweiligen Schule/n
- Teilnahme an regelmäßigen Sitzungen der Forschungsgruppe
- Dokumentation des Entwicklungsprozesses der jeweiligen Schule/n
- Anfertigen eines publikationsfertigen Abschlussberichts

Eine Prämisse des Forschungsprojekts ist die kontinuierliche Begleitung der Schulen in ihrem Schulalltag und sofern möglich auch in ihrem Unterrichtsalltag – explizit nicht ausschließlich in Konferenz- und Sitzungsstrukturen. Der Forschungsansatz und die verfügbaren Mittel ermöglichen einen durchschnittlichen Aufenthalt von ca. zwei Vormittagen pro Woche an der Schule. Damit ist es möglich, einen Einblick in den Alltag des Unterrichts und des Schulentwicklungsprozesses zu erhalten. Die Projektbegleiter tauchen in den Alltag der Schulen ein, führen Einzelgespräche, beobachten Konferenzen, nehmen an Unterricht teil etc. Ein wesentlicher Auftrag besteht darin, eine vertrauensvolle Zusammenarbeit aufzubauen. Sie agieren daher „....mit kritischer Sympathie, aber neutral gegenüber allen Personen und Gruppen innerhalb des Kollegiums." (Schubert 2002a, 52) Wesentliche (Zwischen-) Ergebnisse werden fortlaufend protokolliert. Sämtliche Protokolle (z. B. aus Gesprächen) werden den jeweils Beteiligten vorgelegt. Ziel der Arbeit ist letztlich, jede Schule aus ihrer jeweiligen und sehr spezifischen Situation heraus zu verstehen und zu beschreiben. Die von der Projektleitung erwarteten Kompetenzen bewegen sich weniger in einer formalen Qualifikation (vorausgesetzt war hier lediglich das Diplom für Pädagogik), als vielmehr in folgenden Bereichen: „Wesentliches Auswahlkriterium für die Projektbegleiter waren nicht so sehr die fachlichen Kompetenzen, die man voraussetzen konnte, sondern spezifische sozial-menschliche Fähigkeiten wie z. B. Sensibilität, Bescheidenheit, Respekt gegenüber anderen Menschen, Geduld, zuhören und sich zurücknehmen können, kritische Distanz zur Rolle als Wissenschaftler, keine Besserwisserei und Nachsicht gegenüber menschlichen Schwächen." (Schubert 2002, 44)

Zusammenfassend lässt sich die Tätigkeit der Projektbegleiter wie folgt beschreiben: einfühlsam beobachten, differenziert beschreiben und systematisch rückspiegeln.

5. Auswertung: Ergebnisskizzen

Das Forschungsprojekt wurde auf insgesamt drei Ebenen ausgewertet. Auf der *ersten* Ebene entstanden sechs Abschlussberichte der beteiligten Schulen. Auf der *zweiten* Ebene wurden drei Begriffe herausgearbeitet, die wir als zentral für alle sechs begleiteten Schulentwicklungsprozesse ansehen: ‚Beziehungen', ‚Transparenz und Öffentlichkeit', ‚Ressourcen'. Auf der *dritten* Ebene erfolgte die Gesamtauswertung ‚Hermeneutik in Schulentwicklungsprozessen. Ergebnisse und Auslegung' (Schubert 2002b). Aufgrund der umfangreichen Ergebnisse des Projektes seien an dieser Stelle lediglich einige wesentliche Befunde skizziert.

- *Zum Begriff ‚Schulentwicklung'*
Nur dann kann man von Schulentwicklung sprechen, wenn nicht nur Teilbereiche der Schule, sondern bewusst die Schule als Ganzes sowie die Veränderung der Praxis im Blickpunkt der Bemühungen steht. Ansonsten handelt es sich um eine isoliert-partielle und daher nicht gemeinsame oder konsensorientierte Schulentwicklung – obschon auch eine isoliert-partielle Schulentwicklung innovativ sein kann, z. B. wenn eine bestimmte Gruppe ein bestimmtes Unterrichtsverfahren realisiert. Dies ist jedoch noch keine Schulentwicklung.

- *Unterrichtsentwicklung ≠ Schulentwicklung*
Die Praxis der Unterrichtsentwicklung ist eine andere als die Praxis der Schulentwicklung, es sind eigenständige Ebenen, die in einer unaufhebbaren wechselseitigen Beziehung stehen. Veränderungen im Unterricht wirken sich auf die Schule als Ganzes aus und ungekehrt. Wenn z. B. eine Teilgruppe im Kollegium offenen Unterricht durchführt, hat dies Auswirkungen auf das gesamte Kollegium.

- *Jede Schule hat ihre eigene Biographie und jeder Mensch hat eine eigene Biographie innerhalb dieser Schule*
Daher entwickeln sich aus bestimmten Traditionen und Erfahrungen heraus auch bestimmte Themen (oder eben nicht). Zumeist beruhen positive oder negative Erfahrungen (Erfolge oder Misserfolge) auf einem längerfristigen

Prozess der Zusammenarbeit in *dieser* Institution (Wertschätzung, Abläufe, Strukturen).

- *Abschied von der Vision, dass alle dasselbe machen*

Es kommt auf ein konsensorientiertes Verfahren an, ansonsten ist die Fraktionierung konstituiert. Der Zusammenhang zwischen Teil und Ganzem muss gewahrt werden.

- *Zum Umgang mit Widerstand: Kollegialisierung und Integration*

Ursachen von Widerstand liegen nicht selten in negativen Erfahrungen im sozial-institutionellen Handeln. Häufig werden sie jedoch personalisiert, d. h. mit negativen und polarisierenden Zuschreibungen versehen (z. B. unflexibel, konservativ). Eine Alternative besteht immer darin, nicht Beschlüsse, sondern vorläufige Erprobungsphasen zu vereinbaren, die anschließend gemeinsam ausgewertet werden.

- *Schulentwicklung braucht Zeit und Geduld*

Schnelle und nach außen hin sichtbare Erfolge können die Beziehungen formalisieren und einen Teil des Kollegiums von der Schulentwicklung abkoppeln. Zwar kann die partielle Schulentwicklung forciert werden, die Reintegration ins Kollegium wird dann jedoch immens erschwert.

- *‚Vermittler' von Unterschieden: AK-Schulentwicklung*

Eine ausdifferenzierte Schulentwicklung benötigt auch eine ausdifferenzierte Leitungsstruktur. An den meisten Schulen hat sich daher ein AK Schulentwicklung gebildet, der mit bestimmten Kompetenzen ausgestattet die Schulleitung entlastet, jedoch keine Entscheidungen für das Gesamtkollegium trifft, sondern im Dienste der Schule als Ganzes vermittelt und Entscheidungsprozesse in Gesamtlehrerkonferenzen *vorbereitet*.

- *Schulleitung: sensibel, bescheiden und mit engagierter Neutralität fürs Ganze*

Erfolgreiche Schulleitungen agieren mit engagierter Neutralität im Hintergrund und sind bescheiden in dem Sinne, dass sie es als Stärke empfinden, Verantwortung abzugeben, z. B. an den Arbeitskreis Schulentwicklung. Schulleitungen sind permanent hoch belastet und sie haben (im Gegensatz zu Lehrer/innen) keinen Ansprechpartner für ihre Arbeitsprobleme. Insofern tragen Lehrerkollegien auch Verantwortung für ihre Schulleitung.

6. Abschließendes Fazit

Das Tübinger Modell der hermeneutischen Schulentwicklung ist ein vergleichsweise aufwändiger Ansatz der Schulentwicklung. Insbesondere deshalb, weil das Zeitbudget der Projektbegleiter eine kontinuierliche Anwesenheit an der jeweiligen Schule vorsieht. Diesem Nachteil stehen allerdings weitreichende Vorteile gegenüber. Wesentliche Entwicklungsfaktoren können mittels der hermeneutischen Schulentwicklung erkannt werden, die bei anderen Ansätzen möglicherweise nicht in Erscheinung treten können. Im Vergleich zu einer punktuellen Schulentwicklungsberatung eröffnen sich Vorteile, weil der Zugang nicht lediglich über Konferenzstrukturen stattfindet. Die Begleitung und Beratung von Schulen über Konferenzstrukturen ist insbesondere an Schulen problematisch, die erst mit einem systematischen Entwicklungsprozess beginnen und noch keine ausgeprägte Dialog- und Konsenskultur entwickeln konnten. Konferenzstrukturen entwickeln eigene Charakteristiken, in denen z. B. rhetorisch starke Lehrkräfte das Gespräch dominieren können und andere (mit konträren) Positionen sich in einer schwierigen Situation befinden. Dies wird jedoch erst in Einzelgesprächen und Beobachtungen des Alltags deutlich und tritt in der Öffentlichkeit der Konferenz nicht zu Tage. Damit fließen im Rahmen der hermeneutischen Schulentwicklung Themen in den Zwischen- und Abschlussbericht ein, die der Breite unterschiedlicher Personen, Sichtweisen und Interessen innerhalb einer Schule entsprechen. Langfristig wirkt der Ansatz daher stabilisierend für den Entwicklungsprozess. Das Ungewöhnliche der hermeneutischen Schulentwicklung hat sich erst im Laufe des Projektes als seine wirkliche Stärke herauskristallisiert: Die Stärke der hermeneutischen Schulentwicklung ist ihre auf Vertrauen und Konsens beruhende, seine ‚Sich-Zeit-Gebende'-Struktur und der differenzierte Einblick in den Alltag der zu begleitenden Schulen.

Literatur

Bohl, T. (2002a): Schulentwicklungsprozesse an der Hauptschule Innenstadt Tübingen. In: Grunder, H. - U. (2002) , 89 - 108

Bohl, T. (2002b): Schulentwicklungsprozesse an der Wilhelm-Hauff-Realschule Pfullingen. In: Grunder, H. - U. (2002), 135-150

Grunder, H. - U. (2002): Schulentwicklung durch Kooperation und Vernetzung. Schule verändern. Unter Mitarbeit von Gerd Schubert. Bad Heilbrunn: Klinkhardt

Helsper, W./Böhme, J./Kramer, R-T./Lingkost, A. (1998): Entwürfe zu einer Theorie der Schulkultur und des Schulmythos - strukturtheoretische, mikropolitische und rekonstruktive Perspektiven. In: Keuffer, J./Krüger, H.-H./Reinhardt, /Weise, E./Wenzel, H. (Hrsg.) (1998): Schulkultur als Gestaltungsaufgabe. Partizipation - Management - Lebensweltgestaltung. Weinheim: Beltz - Deutscher Studien Verlag, 29-75

Schubert, G. (2002a): Forschungsansatz und Organisation. In: Grunder, H. - U. (2002), 33-60

Schubert, G. (2002b): Kap. III: Hermeneutik in Schulentwicklungsprozessen: Ergebnisse und Auslegung. In: Grunder, H. U. (2002), 225-250

Rolf Prim

Vom Humpistag zum Leitbild der Humpisschule

1. Ausgangslage und Initiative

Die „Kaufmännischen Schulen Ravensburg" tragen als „Humpisschule" den Namen eines im Mittelalter höchst erfolgreichen Kaufmannsgeschlechtes und verleiten angesichts ihrer Größe nach Schularten, Schülern und Lehrern dazu, von einem „Schulkonzern" zu sprechen: In vier Fachabteilungen bzw. kaufmännischen Schultypen (Berufsfachschule, Berufsschulen, Berufskolleg, Wirtschaftsgymnasium) mit ca. 2500 SchülerInnen und ca. 150 Lehrern und Lehrerinnen ist eine konsequente Fokussierung der Gesamtstruktur und ihrer Bereichsdynamiken auf eine übergreifende nicht nur plakative Bildungskonzeption äußerst schwierig. Bemühungen um eine Aufteilung in selbständige Schulen scheiterten an Kostenargumenten. Als „mittlerer Weg" wurde die Fraktalisierung nach dem Prinzip der Aufgabendelegation an weitgehend selbstverantwortliche Abteilungen zu verwirklichen versucht.

Es wird nicht verwundern, dass die Transparenz schulischer Entscheidungsprozesse und Abläufe durch effektive Informationsstrukturen sowie damit einhergehend die integrierende, motivierende und kooperationsstärkende Kommunikation unter allen Lehrerinnen und Lehrern unter diesen Bedingungen ein zentrales Problemfeld der Schule war und ist.

So fanden sich einige Lehrerinnen und Lehrer zusammen, um diese für sie unbefriedigende Situation zu besprechen und nach Lösungen zu suchen. Der Verfasser dieses Berichtes wurde eingeladen an diesem zunächst informellen Qualitätszirkel beratend teilzunehmen.
Es fanden mehrere Gesprächsrunden in der Wohnung einer Lehrerin statt. Konkretes Ergebnis war der Vorschlag an die Schulleitung, einen „Pädagogischen Tag" in einer schulexternen Tagungsstätte zu genehmigen. Als „Humpistag" fand diese Veranstaltung dann auf freiwilliger Basis mit über 30 Lehrerinnen und Lehrern statt, vorbereitet von der informellen Vorbereitungsgruppe. Unter den Teilnehmern war auch der kurz zuvor ernannte neue Leiter der Schule. Kernthema war die „Schule als ein Feld vielfältiger Kommunikationen zwischen Lehrern und Schülern, Kollegen, Kollegium und Schulleitung sowie Öffentlichkeit". Eingeleitet wurde mit einem Kurzvortrag des

Verfassers zum Thema: „Lehrerrolle im Wandel: vom Einzelkämpfer zum Teamworker und Organisationsgestalter?".

Vor dem Hintergrund des Vortrages und der anschließenden Aussprache im Plenum wurden 5 Arbeitsgruppen gebildet, die zu folgenden Aspekten erste Anhaltspunkte für ein Kommunikationsleitbild der Humpisschule suchen sollten: Gruppen in der Schule, Kollegialität, Steuerung im Rahmen eines pädagogischen Grundkonzeptes, Lehrer-Schüler, Utopien.

Der Erfolg dieses pädagogischen Tages bestärkte das Vorbereitungsteam zusammen mit weiteren Kolleginnen und Kollegen als „Initiativgruppe" beim Konvent (Gesamtlehrerkonferenz) der Schule den Antrag auf Durchführung eines Schulentwicklungsprozesses zu stellen. Dieser Antrag wurde vom Schulleiter voll und ganz unterstützt und vom Konvent angenommen. Der Verfasser wurde als externer Berater mit der Begleitung des Projektes beauftragt.[1]

2. Ziel und Gegenstand des Entwicklungsprozesses

Zielsetzung des Schulentwicklungsprozesses war die Verabschiedung eines Leitbildes für die Entwicklung von koordininierbaren Schulprogrammen der einzelnen Abteilungen der kaufmännischen Schulen Ravensburg. Das Leitbild sollte in einer Schulanalyse fundiert sein. Schulanalyse und Leitbild sollten sich auf 6 Bereiche beziehen: Unterrichtsformen und –inhalte, Leistungen und Verhalten der Schülerinnen und Schüler, Beteiligung an Entscheidungen, Kommunikation und Schulklima, Beziehungen zum und Kommunikation mit dem schulischen Umfeld, Rahmenbedingungen und Ressourcen. Die Bereiche wurden nach einem Vorschlag der Initiativgruppe vom Konvent festgelegt.

3. Prozessbegleitung

Obwohl eine Prozessbegleitung durch Experten der Schulbehörde angeboten wurde, entschied sich die Schule für die Begleitung durch einen schulexternen Berater. Im Anschluss an die Zusammenarbeit mit der informellen Initiativgruppe wurde der Verfasser als bereichskundiger Erziehungswissenschaftler mit dieser Aufgabe betraut. Um konsequent unabhängig beraten zu können, wurde auf ein Honorar verzichtet bzw. die Tätigkeit wurde im Kontext der organisationspädagogischen Lehre und Forschung ausgeübt, wozu auch mehrere Exkursionen mit Studierenden in die Humpisschule gehörten, die im Rahmen von Kompaktseminaren stattfanden.

---

[1] Näheres dazu unter „Prozessbegleitung"

Intention der Beratung war, die Selbstklärung des Humpiskollegiums zu unterstützen, Prozesstransparenz zu fördern, Handlungsoptionen aufzuzeigen, eine
aussagefähige empirische Schulanalyse zu gewährleisten und auf Fragen so zu
antworten, dass Entscheidungen nicht suggeriert werden.

Angesichts der heterogenen Rekrutierung der Mitglieder der Initiativgruppe aus
verschiedenen Lehrerberufsgruppen und Schulabteilungen war die zunächst
wichtigste Aufgabe, zusammen mit einer Kollegin aus dem Schukollegium die
Arbeit der Initiativgruppe so zu moderieren, dass in einem vertrauensvollen
motivierten Klima eine Prozessstruktur mit entsprechender Arbeitsteilung unter
Einbezug weiterer Mitglieder des Lehrerkollegiums gefunden werden konnte.

Innerhalb dieser Prozessstruktur konnte sich die Beratung dann auf
Informationen über methodische Optionen der Schulanalyse und der diskur-
siven Ableitung von Leitsätzen für das Schulleitbild konzentrieren. Mit fort-
schreitendem Prozess wurde die Moderation der Initiativgruppe zunehmend
von einer Lehrerin und einem Lehrer übernommen. In Sitzungen mit direktem
Bezug zur Datenerhebung und Auswertung sowie bei durchaus kontroversen
Diskursen über die definitive Profilierung des Leitbildes wurde die Moderation
immer wieder dem Berater angetragen.

Die Frage nach dem Leitbild der Schule war schon bei der Entwicklung des
Ansatzes der Schulanalyse von zwei zentralen Fragen bestimmt: der Frage nach
dem Verständnis wirtschaftlicher und wirtschaftsberuflicher Bildung und der
Frage nach einer die verschiedenen Lehrergruppen verbindenden Profes-
sionsauffassung einschließlich des Lehrerethos. In dieser Hinsicht dürfte der
Schulentwicklungsprozess die nachhaltigste Wirkung auf die beteiligten Lehrer
und Lehrerinnen und auf den Berater gehabt haben.[2]

4. Ablauf

4.1 Prozessstufen

Der Gesamtprozess bis zur Verabschiedung des Leitbildes im Konvent begann
im Sommer 1999 und war im Frühjahr 2001 beendet. Die Arbeit der
Initiativgruppe wurde kontinuierlich mit Vorlagen an den Konvent und mit
dessen Beschlüssen über die Fortführung der Arbeit verbunden. Der Prozess
gliederte sich in folgende Stufen:

---

[2]   Zu den organisationspädagogischen und organisationswissenschaftlichen Grundauf-
fassungen des Beraters vgl. Prim, R. (2003). Der dort und in den übrigen Beiträgen des
Bandes (Rihm 2003) entfaltete subjektwissenschaftliche Ansatz konnte im „Humpisprojekt"
allerdings nur sehr bedingt eingelöst werden.

Stufe 1:

Die Initiativgruppe recherchiert Vorstellungen zur Durchführung der Schuldiagnose bei den Mitgliedern des Lehrerkollegiums und zwar zu den Bereichen und Gesichtspunkten der Diagnose und zum präferierten Verfahren.

Stufe 2:

Arbeitsteams der Initiativgruppe werten die gesammelten Anregungen aus. Der Berater informiert über schuldiagnostische Optionen, die gemeinsam nach ihrer Eignung unter den Bedingungen der Humpisschule gewichtet werden.
Parallel dazu werden Berichte über bereits abgeschlossene Entwicklungsprojekte an anderen Schulen ausgewertet. Insbesondere das „Netzwerk innovativer Schulen" der Bertelsmann-Stiftung konnte hier als gute Quelle genutzt werden. Im Anschluss an die gewichteten Recherchen wurde ein Vorschlag zur diagnostischen Vorgehensweise als Vorlage an den Konvent erarbeitet.

Stufe 3:

Die Initiativgruppe informiert den Konvent über das geplante Vorgehen. Die impliziten Leitvorstellungen zu den vorgeschlagenen Untersuchungsbereichen der geplanten Schulanalyse werden thematisiert. Der gesamte Vorschlag wird diskutiert, Anregungen zur „Nachbesserung" werden aufgenommen. Anschließend überarbeitet die Initiativgruppe den Ablaufplan und die Erhebungsmethoden.

Stufe 4:

In der um interessierte Lehrer und Lehrerinnen erweiterten Initiativgruppe werden aufgabenspezifische Teams bezüglich der durchzuführenden Teilerhebungen gebildet. Die diagnostische Erhebung wird durchgeführt, ausgewertet und dokumentiert. Aus den Untersuchungsergebnissen werden diskursiv Leitsatzvorschläge für das Schulleitbild entwickelt.

Stufe 5:

Die Ergebnisse der Schulanalyse und die daraus entwickelten Leitsätze werden dem Konvent vorgestellt und dort diskutiert. Die Diskussion wird dokumentiert. Anschließend werden die Leitsatzvorschläge überarbeitet und in eine abstimmungsfähige Form gebracht.

Stufe 6:
Der Konvent beschließt nach nochmaliger Diskussion und einigen Veränderungen der Vorlage das Leitbild der Humpisschule. Der Schulentwicklungsprozess und das Leitbild werden in der Jahresbroschüre der Schule
vorgestellt. Es wird ein Faltblatt für die schulexterne Publikation des Leitbildes
aufgelegt.

4.2 Methoden der Schulanalyse und Ableitungsmodus der Leitsätze

Der Datenerhebung auf den ausgewählten Analyseebenen ging eine Befragung
zur Gewichtung der aus dem „Humpistag" eingebrachten Problemschwerpunkte
voraus. Es ergab sich folgende Rangreihe nach Häufigkeit der Wahl[3]:

1   Kommunikation und Schulklima
2   Unterrichtsformen und Unterrichtsinhalte
3   Leistung und Verhalten der Schüler/innen
4   Rahmenbedingungen und Ressourcen der Schule
5   Partizipation an Entscheidungen
6   Beziehungen zum und Kommunikation mit dem schulischen Umfeld.

Es fällt auf, dass die Gewichtung von Kommunikation und Schulklima einen
deutlichen Abstand zur Partizipation an Entscheidungen hat. Dies läßt darauf
schließen, dass die Berufsauffassungen stärker an harmonischen alltäglichen
Arbeitsbeziehungen orientiert waren als an einem schulpolitisch verstandenen
partizipativen Diskurs- und Entscheidungsklima.

Die Schulanalyse erfolgte durch je zwei Lehrer- und zwei Schülerbefragungen.

Die Schüler wurden gebeten Wahrnehmungen und Einschätzungen zu drei
Aspekten der Schulwirklichkeit mitzuteilen:
1   zum Unterricht,
2   zum Schulklima,
3   zu den sachlich-organisatorischen Rahmenbedingungen ihrer Schule.

Zum Aspekt „Unterricht" füllten die Schüler/innen einen standardisierten
Fragebogen zum Unterricht ihrer Lehrer aus. Zum erstenmal stellen sich
Lehrerinnen und Lehrer dem Urteil ihrer Schüler, was für die Humpisschule ein

---

[3] Die Lehrer und Lehrerinnen waren gebeten worden, aus sechs Bereichsvorgaben die drei
für sie wichtigsten Bereiche auszuwählen und diese von 1-3 zu gewichten.

Novum war und auch in anderen Schulen zuvor kaum der Brauch gewesen sein dürfte. Die ausgefüllten Fragebögen wurden klassenweise ausgewertet. Die Ergebnisse wurden mit den Lehrern erörtert, über Ergebnisse und Erörterungen wurden Protokolle erstellt, die der Initiativgruppe zur Auswertung zugeleitet wurden. Diese Erörterungen enthielten auch die von den Schülern diskursiv erarbeiteten Reformvorschläge als Grundlage für die Entwicklung der bereichsspezifischen Leitsätze.

Zu den Aspekten „Schulklima" und „Rahmenbedingungen" wurde das Metaplanverfahren bzw. die Kartenabfrage eingesetzt. Die ausgefüllten Karten wurden klassenweise thematisch gebündelt. Über Häufungsfeststellungen wurden Ergebnistrends zu ermitteln versucht, die diskutiert und in Bilanz- und Reformthesen transformiert wurden.
Diese Thesen wurden ebenfalls der Initiativgruppe zur weiteren Auswertung übermittelt. Diese erfolgte als vergleichende Analyse der von den einzelnen Klassen gelieferten Materialsätze.

Die standardisierte Lehrerbefragung zielte auf die Wahrnehmung der Profilmerkmale der Humpisschule beim Kollegium. Wobei einzuschätzen war, inwieweit vorgegebene über den Bildungsplan hinausgehende Aktivitäten der Schule ein spezifisches Profil geben. Eine offene Frage bot die Möglichkeit, weitere erwünschte Aktivitäten anzugeben. Die Auswertung erfolgte als Berechnung von Mittelwerten zu den geschlossenen Fragen und als qualitative Bündelung der Antworten auf die offene Frage.

Die qualitative Lehrerbefragung erfolgte in Verbindung mit der eingangs erwähnten Gewichtung der Aufgabenbereiche der Schulanalyse bzw. der Formulierungsbereiche des Leitbildes. Die Lehrer/innen sollten für jeden der von ihnen gewählten drei Bereiche auf Karten angeben: a) wie sie die gegenwärtige Situation einschätzen, b) in welche Zielrichtung Veränderungen erfolgen sollten und c) welche Schritte zur Verwirklichung der Ziele als sinnvoll und realisierbar gehalten werden. Die Auswertung erfolgte über eine sog. Urliste, in die alle Antworten von den Karten übertragen wurden. Aus der Urliste wurden Häufungen ermittelt, diese wurden vernetzt strukturiert und in einem Ergebnisprofil zusammengefasst.

Trotz erheblicher organisatorischer Probleme aber auch trotz einiger Schwierigkeiten, hinreichende Beteiligungsbereitschaft zu erzielen, konnten die Erhebungen so durchgeführt werden, dass ein repräsentatives Bild der Ist-Situation der Schule in den Untersuchungsbereichen dokumentiert werden konnte. Die Erhebung war zugleich eine pädagogische Bereicherung der Schule insoweit erstmals eine schulweite Metakommunikation über Unterricht mit den Schülern realisiert wurde. Ähnlich ist der professionalisierende Effekt einzuschätzen: Lehrer/innen verschiedener Schularten und Herkunftszweige konnten sich über zentrale Aspekte wirtschaftsberuflicher Bildung und beruflicher Aufgaben der Lehrer austauschen.

Aus den gewichteten Ergebnissen aller Erhebungen wurden sog. Ist-Analysen komprimiert. Diese bestanden aus gerafften Expertisen, die den Tenor der Befunde zum jeweiligen Bereich enthielten. Hieraus entwickelte die Initiativgruppe diskursiv Leitsatzvorstellungen zum jeweiligen Bereich. Diese wurden im Konvent diskutiert und modifiziert. In das nach außen veröffentlichte Leitbild gingen nur sehr kurzgefasste Leitsätze ein.[4] Die ausführlicheren Leitsätze sollten für die intern zu erstellenden Schulprogramme der einzelnen Abteilungen als detailliertere Orientierung genutzt werden. Auf dem Wege von den Ist-Expertisen und Leitsätzen der Initiativgruppe hin zu dem vom Konvent beschlossenen Leitbild erfolgten allerdings einige „Verwässerungen" der spezifischen Befunde und Leitsatzinhalte. Bei einer Schule von der Größe der „Humpis" bzw. bei einem derart großen und heterogenen Lehrerkollegium durfte auch nicht mehr erwartet werden. Zumal die Schule unter einem hohen Erwartungsdruck der Wirtschaft und der weiteren Öffentlichkeit steht und alle Energie darauf verwenden muss, mit ihrem Unterricht den sich ständig verändernden Anforderungen der Wirtschaft und der kaufmännischen Berufe gerecht zu werden. So dürfte der Erfolg des Projektes vor allem in den Erfahrungen von Schülern und Lehrern mit der Thematisierung ihres Lern- und Berufsalltages im Interesse einer weiteren Profilierung des gesamten Schulkomplexes liegen.

4.3 Beispiel für eine Leitsatztransformation:

„Innovationsfähigkeit und abteilungsspezifische Profile"

Ist-Analyse:
„Die Ist-Analyse ... basiert auf der Auswertung von 90 Lehrerfragebögen. Die Lehrer sollten ihre Schule Hinsichtlich Aktivitäten einschätzen, die entweder über den Bildungsplan hinausgehen oder die innerhalb des Bildungsplanes

---

[4] Die Leitsatzfolge im Faltblatt weicht nach Reihenfolge und Überschriften von den og. Untersuchungsbereichen der Schulanalyse ab und wurde hinsichtlich der Benennungen schon in der Initiativgruppe modifiziert: „Innovation und abteilungsspezifische Profile", „Transparenz, Partizipation und pädagogische Freiheit", „Kommunikation und Schulklima", „Rahmenbedingungen und Ressourcen", „Unsere Schule und ihr Umfeld".

schulspezifische Akzente oder Schwerpunkte bilden. Die Humpisschule ist eine sehr innovationsfreudige Schule mit einem deutlich ausgeprägten Profil als offene, kontaktfreudige, neuen didaktischen und methodischen Erkenntnissen aufgeschlossene und die gesellschaftlichen und wirtschaftlichen Entwicklungen aufgreifende kaufmännische Schule. Die zahlreichen profilbildenden unterrichtlichen und außerunterrichtlichen Aktivitäten stehen in einem sinnvollen pädagogischen Zusammenhang, finden überwiegend die Zustimmung von Schülern, Eltern und Betrieben und prägen das Bild der Schule in der Öffentlichkeit. Als unzureichend werden die innerschulischen Diskussionsprozesse und die Partizipation des Kollegiums mit den genannten Aktiviäten bewertet. Ein Teil des Kollegiums steht einer weiteren Zunahme innovativer Aktivitäten kritisch gegenüber, da einerseits eine zusätzliche Arbeitsbelastung der Lehrer und eine Vernachlässigung des normalen Unterrichts und andererseits eine Überforderung der Schüler und des schulischen Umfeldes (Betriebe, örtliche Institutionen) befürchtet werden. Handlungsbedarf besteht einerseits bei der Ergänzung der profilbildenden Aktivitäten um einige wichtige Bereiche und andererseits bei der Verbesserung der Rahmenbedingungen. Die Notwendigkeit zusätzlicher Unterrichtsangebote wird insbesondere im Bereich der Verbesserung der Fremdsprachenkompetenzen und des Informationsmanagements, aber auch im Hinblick auf eine Intensivierung der naturwissenschaftlichen Rahmenbedingungen und der künstlerisch-musikalischen Ausbildung gesehen. Als Defizite bei den Rahmenbedingungen sind die unzureichenden Aus- und Weiterbildungsmaßnahmen, die geringen organisatorischen und inhaltlichen Freiheiten für kreative Entfaltung, die fehlende Zusammenarbeit bei der Vorbereitung von Unterrichtsmaterialien, der lückenhafte Informations- und Erfahrungsaustausch sowie die ungleiche Arbeitsbelastung innerhalb des Kollegiums zu nennen."[5]

Von der Initiativgruppe diskursiv aus der Ist-Analyse abgeleitete Leitsatzvorschläge:

„--Unsere Schule versteht sich als „lernende Organisation", die die inhaltliche Dimension ihres Erziehungs- und Bildungsauftrages, die sachlichen und organisatorischen Rahmenbedingungen sowie das Rollenverständnis aller Beteiligten ständig zu hinterfragen und unter Berücksichtigung des gesellschaftlichen und wirtschaftlichen Wandels und neuer pädagogischer Erkenntnisse neu zu definieren und permanent zu optimieren sucht. Durch die Ausprägung innovativer Elemente innerhalb und außerhalb des Unterrichtes sollen die Schülerinnen und Schüler über die reine Wissensvermittlung hinaus Fähigkeiten und

---

[5] Aus den Lehrerfragebögen rekonstruierte Ist-Analyse von H. Deiringer.

Einstellungen erwerben, die ihr Urteilsvermögen und ihre Handlungsfähigkeit und –bereitschaft in beruflichen und außerberuflichen Bereichen verbessern. Diesem Ziel fühlen sich alle Schularten mit ihrem breiten Spektrum an Bildungsgängen verpflichtet.

--Um die Akzeptanz innovativer Elemente und profilbildender Aktivitäten sicherzustellen, müssen sie das Ergebnis eines ausreichenden innerschulischen Diskussionsprozesses unter angemessener Partizipation aller Beteiligten sein. Die Aktivitäten müssen in einem sinnvollen pädagogischen Zusammenhang stehen, die leitenden Ideen unserer Schulform in besonderer Weise unterstützen und die Identifikation des Kollegiums mit unserer Schule verstärken. Sie dürfen niemanden auf Dauer überfordern, unvermeidliche Mehrbelastungen sind gerecht zu verteilen. Die für eine erfolgreiche Realisierung dieser Aktivitäten erforderlichen rechtlichen und organisatorischen Rahmenbedingungen sowie die personellen und materiellen Ressourcen sind rechtzeitig zu schaffen bzw. bereitzustellen."

Vom Konvent verabschiedete Leitsätze:

„Unsere Schule versteht sich als „lernende Organisation". Wir überdenken regelmäßig und selbstkritisch:
- das Profil unserer Schule sowie die Ziele und Methoden unseres Unterrichts,
- das Rollenverständnis, die Kommunikation und die Kompetenzen aller
  Beteiligten,
- die Gestaltung der organisatorischen und sachlichen Rahmenbedingungen
und werden sie zukunftsorientiert weiterentwickeln.
Dabei berücksichtigen wir den gesellschaftlichen und wirtschaftlichen Wandel sowie neue pädagogische Erkenntnisse und werden bewahren, was sich bewährt hat."

5. Auswertung und weiterführende Perspektiven

Diese Einschätzung des Beraters vereinbart sich mit der Einschätzung des Schulleiters. Anfang 2004 fand ein Bilanzgespräch zwischen Schulleiter und Berater statt. Einige wichtige Rückmeldungen des Schulleiters zum Schulentwicklungsprojekt der Humpisschule[6]:

---

[6] Ich danke an dieser Stelle Herrn Schulleiter Wolfgang Krapf für die vertrauensvolle, stets unterstützende, kritikoffene Zusammenarbeit und für die Bereitschaft, Studierenden der Pädagogischen Hochschule Weingarten Einblick in die „Schulentwicklung vor Ort" zu gewähren. Ganz besonderen Dank schulde ich auch Frau Horn für die Moderation der

Der Organisationsentwicklungsprozess hat erstmals alle Lehrer und Lehrerinnen in einen die gesamte Schule umfassenden Analyse-, Reflexions- und Planungsprozess einbezogen. Die empirische Schuldiagnose hat vielfältige Transparenz erbracht und Anhaltspunkte für konkrete Vorhaben sowohl in der gesamten Schule als auch in den einzelnen Abteilungen erbracht.

Besonders nachhaltig hat sich erwiesen, dass die Lehrer sich erstmals einer Beurteilung durch die Schüler unterzogen haben und zusammen mit den Schülern erlebt haben, wie produktiv Metakommunikation über Unterricht sein kann.

Das „Wir-Gefühl" ist über die Abteilungsgrenzen hinaus gestärkt worden. Zuvor hätte wohl niemand geglaubt, dass in einem so großen Kollegium ein derart umfassender Diskurs möglich ist.

Der Zeitaufwand für die Schuldiagnose war angemessen, notwendig und lohnend. Der Zeitaufwand für die anschließenden Diskurse in der Vorbereitungsgruppe war angesichts der Knappheit der Ressource „Lehrerarbeit" zu hoch. [7]

Im Zusammenhang mit dem Zeitaufwand zeigten sich Teilkulturen der Lehrerschaft bezüglich Kommunikation und Berufsauffassung:

Einem Teil des Kollegiums insbesondere aus den naturwissenschaftlich-mathematischen Fächern und aus dem Wirtschaftsfachbereich wurde zu lange diskutiert.
Lehrer/innen aus Sprachfächern, sozialkundlichen Fächern und Kunst zeigten eine deutlich höhere Bereitschaft zum Diskurs.
Die jüngeren Lehrer/innen, gegen den Trend fast die Hälfte des Kollegiums, trennen schärfer zwischen Beruf und Freizeit als die älteren Kollegen.

Was die Wirkung des Leitbildes auf die darauf folgenden programmatischen und innovativen Aktivitäten anbelangt ergibt sich ein ambivalentes Bild : Das Leitbild ist kein von allen Lehrer/innen fest verinnerlichter, stets präsenter Impulsgeber. Entscheidend ist immer noch, dass die Schulleitung auf die

---

Initiativgruppe und die sehr vertrauensvolle Kooperation während des gesamten Projektes und Herrn Deiringer für sein großes Engagement und die zeitraubende Arbeit bei der Datenerhebung und –auswertung.
[7] vgl. auch die diesbezüglichen Hinweise in der Ist-Analyse zum Bereich „Innovationsfähigkeit".

einzelnen Leitsätze hinweist und entsprechende Aktivitäten auszulösen versucht. So könnte, an den realen Möglichkeiten gemessen, das mit 5 Leitsätzen schon bewusst knapp gehaltene Leitbild immer noch zu umfangreich sein.

In einigen Bereichen sind inzwischen leitbildbezogene Entwicklungen initiiert worden:

Zum Leitsatz „Kommunikation und Schulklima" wurden regelmäßige Diskurse in den Abteilungen und Fachschaften eingerichtet, die Lehrer/innen nehmen nicht mehr einzeln sondern als Fachschaft an Fortbildungen teil.

Die Einbindung der Schüler/innen wurde durch eine Neuerung zu fördern versucht, die „am Rande der Vorschriften" liegt: Die bisher für die gesamte Schule zuständigen Vertreter/innen konnten kaum konkret mitvollziehen, was in der Schulversammlung thematisiert wurde bzw. sie konnten nur sehr bedingt informationshaltige Beiträge leisten. Um die Ausgangslage zu verbessern, wurde die SMV abteilungsspezifisch strukturiert, die SMV-Vertreter/innen werden hinsichtlich Moderation und Konfliktbearbeitung geschult. Die Klassensprecher führen regelmäßig Metagespräche mit ihren Klassenkameraden. Den Wahlen zur SMV gehen neuerdings Kandidatenvorstellungen voraus.

Im Anschluss an den Leitsatz zu den „Außenbeziehungen der Schule"
wurde für die Wirtschaftsschule (Berufsfachschule) eine Verbindung zu einem großen Sozialunternehmen der Region hergestellt, um zusammen mit dieser Einrichtung einen „sozialen Tag" für die Schüler/innen zu veranstalten.

Um die Transparenz des schulischen Ereignisfeldes zu verbessern, wurde eine monatlich erscheinende Zeitschrift für die Lehrer/innen aufgelegt, die u.a. eine Terminvorschau, Informationen der Schulleitung und Statements zu kontroversen Themen publiziert.

Die Verwirklichung des Leitbildes in den abteilungsspezifischen Schulprogrammen erfolgt so, dass die Jahresprogramme in den einzelnen Abteilungen aufgelegt und in der Jahresbroschüre der Schule dargestellt werden.

Schulentwicklung in Wirtschafts- und Berufsschulen steht unter einem besonders hohen Erwartungsdruck der Wirtschaftsverbände, der Unternehmen der Region und unter dem faktischen Druck ständiger sachlicher Veränderungen in den Berufsfeldern. Folglich ist Schulentwicklung in diesem Bildungssektor keine frei zu wählende Option sondern eine Überlebensbedingung dieses Schultypus.

Allerdings müsse die Schulentwicklung unabhängiger werden von den ständigen Antriebsimpulsen der Schulleitung. Entwicklungsenergie müssen die Initiativen von unten sein. Da die Lehrer/innen bereits mit den Alltagsaufgaben voll ausgelastet sind, bleibe die Hoffnung, so der Schulleiter, dass sich auch künftig Kolleginnen und Kollegen finden, die zwischen Arbeit und Freizeit nicht strikt trennen.

Zeitökonomisch austarierte und professionell qualifizierte Schulentwicklung setze voraus, dass möglichst viele Lehrer/innen eine Schulung in Projektmanagement erhalten, was für einige Lehrer/innen der Humpisschule bereits der Fall ist.[8]

Literatur

Prim, R. (2003): Schülersubjekt und Schulorganisation. In: Rihm, Th. (Hg.) (2003): Schulentwicklung durch Lerngruppen. Vom Subjektstandpunkt ausgehen..... , Opladen, 39-69.

---

[8] Der deutsche Bildungsrat hat bereits 1970 in seinem „Strukturplan für das Bildungswesen" als eine der 5 Lehrerberufsaufgaben das „Innovieren" genannt und betont, dass der Lehrer der wichtigste Impulsgeber der Bildungsreform sein müsse.
Gemessen an dieser inzwischen auch durch neuere Lehrerberufsbilder (KMK) bestätigten professionellen Zuständigkeit der Lehrer für Schulentwicklung wäre zu fordern, dass Lehrer/innen Schulentwicklungsaktivitäten und die dazu nötigen Qualifizierungsaufwendungen im Rahmen ihres Deputates erbringen können. Auch hinsichtlich der bildungspolitisch zugestandenen erweiterten Autonomie der Schulen wäre dies nur konsequent.

Diemut Kucharz

„... und sie bewegt sich doch!"
Begleitete Schulentwicklung einer Grundschule

1. Bezugsrahmen

Schulentwicklung scheint ein mühsames Geschäft und der Erfolg häufig äußerst dürftig. Nicht selten wurde in der Literatur die Schule mit einem Tankschiff verglichen, das nur schwer seine Richtung ändert. Zahlreiche Autoren aus dem erziehungswissenschaftlichen Bereich haben in den letzten Jahrzehnten Schulentwicklungsprogramme entworfen. Zu den bekanntesten Vertretern im deutschsprachigen Raum zählen Per Dalin, Hans-Günther Rolff, Wilfried Schley, Heinz-Günther Holtappels und Anton Strittmatter, um nur einige zu nennen. Sie gehen alle davon aus, dass Schulreform als eine von oben verordnete und dann durch die Hierarchieebenen nach unten weitergereichte Reform in den seltensten Fällen erfolgreich ist. In Anlehnung an moderne Organisationsentwicklungstheorien werden tragfähige Reformen im Schulbereich als „bottom up" – Reformen beschrieben, die von der Einzelschule vor Ort ausgehen.

Von einem solchen Schulentwicklungsprozess einer Grundschule wird im Folgenden berichtet, den ich über einen Zeitraum von zwei Jahren als Beraterin begleitet habe. Die Begleitung orientierte sich an heutigen Schulentwicklungstheorien, wie sie von oben genannten Vertretern entwickelt und beschrieben wurden.[9]

2. Gegenstand des Entwicklungsprozesses

Im Jahr 1998 wurde in Berlin ein umfassendes Grundschulreformprogramm aufgelegt. Dieses zielte auf die gesamte Grundschule und sollte in sieben Teilbereichen wie z. B. die Neugestaltung der Schuleingangsstufe, die Einrichtung einer Verlässlichen Halbtagsgrundschule sowie die Differenzierung und Profilierung in den Klassenstufen fünf und sechs vor allem die Unterrichtsqualität verbessern[10].

---

[9] Dabei lag der Schwerpunkt auf den Theorien und Verfahren, wie sie H.G. Rolff u.a. und W. Schley entwickelt haben. (Ramseger u.a., 2004, 161ff.)
[10] Die Grundschule in Berlin umfasst sechs gemeinsame Schuljahre.

Das Reformprogramm war zu Beginn offen angelegt: 45 Modellschulen bekamen den Auftrag, für diese Teilbereiche bis zum Jahr 2003 Lösungs-vorschläge für eine inhaltliche Umsetzung zu entwickeln. Als Unterstützung bekamen die Schulen zusätzliche Lehrerdeputatsstunden sowie zwei Erzie-herinnen. Der Reformprozess wurde wissenschaftlich begleitet (Ramseger u.a., 2004)

3. Initiative

Das Team der Wissenschaftlichen Begleitung bot für einige wenige Schulen eine begleitende Schulentwicklungsberatung an. Unser Ziel war, genauer in einzelne Schulen hineinzublicken um zu erkennen, was Reform fördernd und was hemmend ist und welche Widrigkeiten und Schwierigkeiten an der Basis tatsächlich vorherrschen.

Aus den Schulen, die sich um eine solche Entwicklungsberatung beworben hatten, wurde nach bestimmten Kriterien eine Auswahl getroffen (Ramseger u.a., 2004, 173).

Die Schule, deren Entwicklungsprozess ich beratend begleitet habe, liegt im Norden Berlins. Es ist eine dreizügige Grundschule mit etwas über dreißig Lehrkräften. Das Einzugsgebiet erstreckt sich auf eine Siedlung mit Ein-familienhäusern und auf eine Hochhaussiedlung mit einer Verdichtung sozialer Probleme, also einen sozialen Brennpunkt.

4. Ablauf mit Prozessbegleitung

4.1 Erste Etappe: Kontaktaufnahme und Interessensbekundung

Nachdem das Angebot der wissenschaftlichen Begleitung an alle am Berliner Schulversuch teilnehmenden Schulen im Dezember 1998 ergangen ist, ihre Schulentwicklung direkt begleiten und im Prozess beraten zu lassen, signalisierte auch diese Schule Interesse. Im Januar 1999 stellten zwei aus dem Team der wissenschaftlichen Begleitung im Rahmen einer Gesamtlehrer-konferenz das Konzept der Schulentwicklung vor: Es wird ein förmlicher Vertrag, eine Vereinbarung zwischen Schule und Entwicklungsberatung geschlossen, in dem die jeweiligen Aufgaben, Rechte und Pflichten verabredet werden. Die Schulen verpflichten sich, mehrere Schulentwicklungsgruppen sowie eine Koordinierungsgruppe[11] einzurichten. Diese Gruppen werden von der Schulentwicklungsberatung unterstützt.

Sobald dieser Kontrakt von mindestens zwei Dritteln der Lehrerschaft unterschrieben wird, kommt die begleitete Schulentwicklungsberatung zustande.

Als Ziel der Schulentwicklung formulierte der Schulleiter: Die Ziele der Grundschulreform umsetzen und der Aufbau von altersgemischten Klassen, beginnend bei den ersten Jahrgängen mit dem Ziel, diese bis zur 6.Klassenstufe auszubauen.

Im Anschluss an die Gesamtlehrerkonferenz entschied sich das Lehrerkollegium mit drei Enthaltungen und einer Gegenstimme dafür, mit einer Beratung zusammenzuarbeiten.

4.2 Zweite Etappe: Die Ist-Soll-Analyse

Im Mai fand dann die erste inhaltliche Arbeit mit mir als Schulentwicklungsberaterin statt: Im Rahmen eines Pädagogisches Studientages fand eine Ist – Soll – Analyse statt. Die zunächst für jeden einzelnen per Kärtchenabfrage erhobenen Stärken, Schwierigkeiten und Visionen, die die LehrerInnen bei sich und in der Schule im Zusammenhang mit dem Reformprojekt sahen, wurden anschließend in Kleingruppen diskutiert.

Deutlich wurde an diesem Tag, dass längst nicht das ganze Kollegium hinter den vom Schulleiter formulierten Zielen stand. Ein sehr großer Teil hatte kaum Vorstellungen davon, wie jahrgangsgemischter Unterricht umgesetzt werden könnte. Die Unsicherheit und Angst vor einem solchen Vorhaben überwog eindeutig: Es fanden sich zu wenige Lehrerinnen, die bereit waren im kommenden Schuljahr eine erste Kasse zu übernehmen, um die Jahrgangsmischung vorzubereiten. Viele fühlten sich vom Schulleiter überfahren und wollten eher, dass die Schule zumindest aus dem Modellversuch zur Einrichtung jahrgangsübergreifenden Unterrichts aussteigt.

Am Ende des Studientages wurden kleine Entwicklungsschritte vereinbart, die das Kollegium in weiten Teilen mittragen konnte und wollte: Der Stundenplan sollte im kommenden Schuljahr so gestaltet werden, dass an einem Wochentag alle LehrerInnen zur gleichen Zeit Unterrichtsschluss haben, damit dieser Tag als Teamtag genutzt werden kann. Dann wurde verabredet, dass am Beginn des neuen Schuljahrs eine Kooperationsvereinbarung mit der Entwicklungsberaterin geschlossen wird, der die Zusammenarbeit regelt.

---

[11] Bei Rolff u.a. wird diese Gruppe als „Steuergruppe" bezeichnet (Rolff u.a. 1998)

Es gab noch weitere Verabredungen, die eine knappe Mehrheit fanden: Der Unterrichtsvormittag sollte nicht mehr in 45-Minuten-Stunden gegliedert, sondern mit 80minütigen Unterrichtsblöcken und dazwischenliegenden größeren Pausen neu rhythmisiert werden. Die dabei gewonnenen Lehrerstunden sollten in die Klassen als Teilungsstunden zum Beispiel für Doppelbesetzungen fließen. Die Schulklingel wurde abgestellt.

Außerdem einigte man sich darauf, bei den neuen Erstklässlern die anstehende Jahrgangsmischung anzukündigen.

Die Ergebnisse der Kärtchenabfrage wurden von einzelnen Lehrerinnen zusammengefasst und verschriftlicht. Leider habe ich es versäumt, diese Ergebnisse sowie die Verabredungen in visualisierter Form z.B. als Graphik dem Kollegium zurückzuspiegeln.

4.3 Dritte Etappe: Die Kooperationsvereinbarung

Im September des Schuljahres 1999/2000 begannen die Beratungen über eine Kooperationsvereinbarung zwischen dem Kollegium der Schule und der Wissenschaftlichen Begleitung, vertreten durch mich als Entwicklungsberaterin. Die Vereinbarung sollte insbesondere die gegenseitigen Erwartungen klären und die zukünftigen Aufgaben beider Seiten im Rahmen der Reform beschreiben.

Ein Entwurf wurde von der Wissenschaftlichen Begleitung erstellt und dem Kollegium zur Diskussion zugestellt. Ende Oktober 1999 einigte man sich auf einen gemeinsamen Kontrakt. Hierin wurde festgelegt, dass jedes Kollegiumsmitglied in einer Arbeitsgruppe zu einem Schwerpunktthema im Rahmen der Grundschulreform mitarbeitet. Diese Themen waren z.B. die Einführung jahrgangsübergreifender Lerngruppen oder die Öffnung und weitere Differenzierung des Unterrichts in den Klassenstufen fünf und sechs.

Diese Arbeitsgruppen verpflichteten sich, über ihre Treffen Protokoll zu führen und Ergebnisse ihrer Arbeit zu einem festgelegten Termin dem gesamten Kollegium vorzustellen. Wann, wo und wie häufig sich die Gruppen treffen, wurde ihnen selbst überlassen.

Darüber hinaus entsendete jede Arbeitsgruppe ein Mitglied in die Koordinierungsgruppe, die die Entwicklungen der einzelnen Arbeitsgruppen koordinieren und in einen Gesamtzusammenhang stellen sollte. Diese Koordinierungsgruppe sollte sich regelmäßig treffen. Schulleitung und Entwicklungsberaterin waren ebenfalls Mitglied dieser Gruppe und moderierten die Sitzungen.

Die Beraterin hatte die Aufgabe, sowohl regelmäßige als auch bedarfsorientierte Unterstützung und Moderation zu leisten, und verpflichtete sich, die ihr zukommenden Informationen vertraulich zu behandeln.

Ende November lag schließlich die Kooperationsvereinbarung vor, die von zwei Dritteln des Lehrerkollegiums unterzeichnet war. Damit waren die formalen Voraussetzungen für eine gemeinsame Arbeit gegeben.

Die Schulentwicklungsgruppen hatten bereits ihre Arbeit aufgenommen. Sie hatten Zielvereinbarungen abschlossen, in denen sie die Mitglieder ihres Teams festlegten und sich über ihre Aufgaben und Ergebnisse sowie ihre Sitzungsmodalitäten verständigten.

Vor allem die Teams, die die Neugestaltung des Schulanfangs und die Einführung der Jahrgangsmischung vorzubereiten hatten, trafen sich wöchentlich. Bei den anderen Arbeitsgruppen variierte die Häufigkeit der Treffen erheblich. Aber alle Arbeitsgruppen lieferten das vereinbarte „Produkt" ab und berichteten in der Gesamtlehrerkonferenz.

Die Koordinierungsgruppe traf sich etwa alle vier Wochen. Hier wurde im Wesentlichen aus den Arbeitsgruppen berichtet.

4.4 Vierte Etappe: Evaluation der Entwicklungsarbeit

Am Ende des Schuljahrs erfolgte die Evaluation der geleisteten Schulentwicklungsarbeit. Diese Evaluation geschah zum einen durch das Kollegium selbst. Hierfür wurde ein Fragebogen entworfen und vom größten Teil des Kollegiums ausgefüllt. Zum anderen erfolgte die Evaluation durch die Beraterin. Sie wertete den Fragebogen aus, sowie die Protokolle der Teamsitzungen von Arbeits- und Koordinierungsgruppen.

4.5 Konflikte

Die Auswertung des Evaluationsfragebogens zeigte deutlich, was sich in den Monaten zuvor schon zunehmend abgezeichnet hatte: Im Kollegium herrschte eine hohe Unzufriedenheit vor. Diese manifestierte sich auf verschiedenen Ebenen:

Alle LehrerInnen klagten über Stress und zuviel Arbeit, die von ihnen zusätzlich zum normalen Unterrichtsgeschäft und diversen Aktivitäten im Bereich des Schullebens durch die Teilnahme am Modellversuch und den Teamsitzungen zu leisten waren. Deshalb hatten einzelne Teams sich nur noch selten getroffen, weil sie diese Arbeit mehr als zusätzliche Belastung denn als Unterstützung erfuhren.

Ein positive Veränderung vermissten die meisten. Für sie waren eher negative Veränderungen spürbar: Neben der zunehmenden zeitlichen Belastung kamen Konflikte innerhalb des Kollegiums hinzu. Einige klagten über Mobbing, sie fühlten sich ausgegrenzt. Die Arbeit der Koordinierungsgruppe blieb für fast alle unsichtbar und wurde deshalb eher als überflüssig erlebt.

Große Unzufriedenheit wurde auch in Bezug auf den Schulleiter geäußert: Er bevorzuge und unterstütze die KollegInnen, die seine Reformideen unterstützten, auf die anderen übe er Druck aus. Das trug wesentlich zu einer Spaltung im Kollegium zwischen Reformorientierten und den anderen bei.

Auch die Arbeit der Beraterin blieb für die meisten unsichtbar und damit unbefriedigend. Von ihr wurden deutlich mehr Initiative und Impulse erwartet. Der Evaluationsbericht wurde von einem Teil des Kollegiums als persönlich kränkend empfunden, die eigene Arbeit sei nicht genügend wertgeschätzt worden.

Einige LehrerInnen zogen die Konsequenz und ließen sich zum neuen Schuljahr in eine andere Schule versetzen. Sogar die Konrektorin sah ihren Platz nicht mehr an dieser Schule, sie konnte den Reformprozess in dieser Art und Weise nicht mehr mittragen. Auch sie bewarb sich erfolgreich an einer anderen Schule.

Am Ende des Schuljahrs 1999/2000 war die Stimmung an der Schule schlecht und eine Basis für eine weitere Zusammenarbeit mit der Entwicklungsberaterin äußerst fragwürdig.

4.6 Fünfte Etappe: Wiederaufnahme der Beratung

Zu Beginn es Schuljahrs 2000/01 wurde ein Vorschlag zur erneuten Zusammenarbeit mit der Entwicklungsberaterin in die Gesamtlehrerkonferenz eingebracht. Es erfolgte eine kontroverse Diskussion über den Sinn und Nutzen und es kam am Ende zu einer eher mühsamen Entscheidung für eine weitere Zusammenarbeit.

Die Lehrerschaft hatte eine deutlich veränderte Zusammensetzung erhalten durch neue Kolleginnen, die nun an die Schule gekommen waren. Diese neuen Kolleginnen signalisierten von Beginn an ein deutliches Interesse an Reformprozessen.

Das Verhältnis zwischen Lehrerkollegium und Beraterin wurde in Folge einer bildungspolitischen Entscheidung belastet: Die Nachbargrundschule sollte geschlossen werden. Aus Solidarität mit den betroffenen KollegInnen und aus Furcht vor einer zu erwartenden negativen Veränderung der eigenen Schülerschaft, beteiligte sich die Schule samt Kollegium, Eltern- und Schülerschaft an den Protesten gegen die beabsichtigte Schließung. Mehrfach wurde die Erwartung an die Beraterin herangetragen, ihre Position zu nutzen, sich dem Protest anzuschließen und diesen an die politischen Entscheidungsträger heranzutragen. Ein solches Vorgehen lehnte die Beraterin mit Verweis auf ihre Neutralität als wissenschaftliche Begleiterin ab. Diese Haltung enttäuschte das Kollegium und erschwerte die Vorbereitungen für eine weitere Zusammenarbeit.

Im Oktober und November führte die Beraterin Gespräche mit einzelnen LehrerInnen in kleinen Gruppen, um die Frage nach der Teambildung und deren Zusammenarbeit zu klären. Dabei kristallisierte sich heraus, dass Arbeitsgruppen, die sich mit Themen des Grundschulreformprogramms beschäftigen, nicht erwünscht waren. Mehr Unterstützung und Hilfe erwarteten sich die LehrerInnen durch Bildung von Teams, die eher an den Klassenstufen orientiert waren, die die KollegInnen jeweils unterrichteten. So könne man sich gegenseitig stärker in der alltäglichen Unterrichtsarbeit unterstützen.

Trotz der Bedenken der Beraterin, dass durch solche Teams eher Unterrichtsvorbereitung statt Schulentwicklung geleistet würde, wurde eine solche neue Teamzusammensetzung vereinbart.

4.7 Sechste Etappe: Neue Kooperationsvereinbarung

Der von der Beraterin eingebrachte Entwurf für eine neue Kooperationsvereinbarung, die im Wesentlichen der alten entsprach, wurde abgelehnt. Eine Gruppe von Lehrerinnen, der auch die neuen Kolleginnen angehörten, setzte einen eigenen Entwurf auf. Mehrer Wochen wurde über die beiden Entwürfe diskutiert. Im Wesentlichen ging es um folgende Punkte:

Die Beraterin wollte in der neuen Vereinbarung eine höhere Verbindlichkeit in die Arbeitsweise der Teams festlegen, vor allem was Teilnahme und Regelmäßigkeit der Treffen angeht. Dies lehnte das Kollegium kategorisch ab.

Der Entwurf der Schule wies vor allem einen dezidierten Aufgabenkatalog für die Koordinierungsgruppe auf. Auch die Rolle der Beraterin wurde in dem Entwurf neu definiert: Sie soll die Belange der Schule gegebenenfalls auch nach außen vertreten. Diese Rolle lehnte die Beraterin weiterhin ab.

Nach längerer Diskussion konnte man sich auf einen Kompromiss einigen und die neue Vereinbarung im Januar unterzeichnet werden.

4.8 Siebte Etappe. Entwicklungsarbeit

Die Teams trafen sich regelmäßig und arbeiteten ihren Zielvereinbarungen entsprechend. In diesem Schuljahr trafen sich alle Teams weitaus häufiger als im vergangenen Schuljahr. Die gemeinsame Arbeit wurde stärker als Bereicherung und Entlastung empfunden.

Aus den Teams heraus wurden Wünsche für die Gestaltung des pädagogischen Studientages formuliert. Es ging vor allem um die Weiterentwicklung des

Unterrichts. Der Studientag wurde dementsprechend und von Experten begleitet durchgeführt.

Die Koordinierungsgruppe traf sich regelmäßig und bearbeitete ihre eigene Aufgabe: Die Erstellung eines Schulprogramms zum Leitbild einer verlässlichen Halbtagsgrundschule. Die Mitglieder der Koordinierungsgruppe blieben konstant und rotierten nicht wie im letzten Schuljahr. Die Moderation bzw. Sitzungsleitung übernahm die Beraterin. Sie unterstützte die Arbeit am Schulprogramm außerdem durch entsprechende inhaltliche Inputs. Das Schulprogramm wurde dem Kollegium vorgestellt und diskutiert. Die nächsten Handlungsschritte, die im Programm niedergeschrieben wurden, bildeten den Inhalt des zweiten pädagogischen Studientages.

Die Entwicklungsberaterin hospitierte in diesem Schuljahr in mehreren Klassen. Insbesondere in den neuen jahrgangsgemischten Anfangsklassen war der Beratungs- und Rückmeldungsbedarf hoch. Aber auch in den fünften Klassen, in den Vorklassen und bei den Erzieherinnen konnte hospitiert werden.

4.9 Achte Etappe: Schlussevaluation

Auch am Ende dieses Schuljahrs wurde die Arbeit evaluiert mit Hilfe eines Fragebogens und durch die Beraterin.

Diesmal fiel die Rückmeldung durch das Kollegium sehr viel positiver aus: Die Arbeit in den Teams wurde zunehmend als bereichernd und unterstützend erlebt. Die Arbeit der Koordinierungsgruppe war diesmal deutlich wahrnehmbar und wurde von den meisten als sinnvoll und hilfreich empfunden. Die Tätigkeit der Beraterin wurde ebenfalls als hilfreich erlebt, weil sie in diesem Schuljahr deutlicher und explizit mitgestaltend aufgetreten war.

Aber auch am Ende dieses Schuljahres gab es einige KollegInnen, die die Schule verließen, weil sie sich in dem voranschreitenden Reformprozess nicht wiederfinden konnten. Für manche war die Erfahrung sehr bitter, da sie ihr langjähriges Engagement für Schule und Kinder als nicht mehr wertgeschätzt fühlten. Das löste im Kollegium durchaus Betroffenheit aus.

Dennoch konnte die Beratung mit Ende dieses Schuljahres beendet werden, da die neuen Strukturen im Schulalltag nun deutlicher verankert waren und die weiteren Entwicklungsschritte feststanden.

5. Fazit

Gegen Ende des begleiteten Prozesses hat sich eindeutig die reformorientierte Lehrergruppe durchgesetzt. Die sog. „Bremser" und Kritiker sind zwei Wege gegangen: Entweder sie haben sich schließlich mit auf den Weg begeben oder sie haben die Schule verlassen. Das ist nicht ohne schmerzhafte zwischenmenschliche Prozesse abgelaufen. Manche fühlten sich nach einer langen Zeit im Kollegium plötzlich isoliert, ihre Arbeit zählte auf einmal nichts mehr und sie empfanden große Enttäuschung.
Insgesamt gesehen aber war es ein erfolgreicher Prozess der Schulentwicklung.

6. Auswertung

Bei der Planung des Entwicklungsprozesses und dessen Begleitung habe ich mich als Beraterin vor allem am „Phasenschema des Institutionellen Schulentwicklungsprogramms" orientiert, wie es Dalin, Rolff und Buchen (1990, 40) aufgezeichnet haben:
Nach der Initiierung und dem Einstieg mit erstem Kontakt folgte die Bestandsaufnahme. Zielvereinbarungen wurden getroffen, eine Steuergruppe, hier Koordinierungsgruppe genannt, wurde eingerichtet. Die jeweils nächsten Arbeitsschritte wurden geplant und die Veränderungen auf ihre Wirksamkeit hin bewertet. Daran schloss sich eine neue Runde der Entwicklung an.
Überlagert wurde diese Abfolge durch Phasen, wie sie Schley in seinem Institut für Organisationsentwicklung und Systemberatung aufzeigt (1998): einer Orientierungsphase („Forming") folgte eine Konfliktphase („Storming"), die dann von einer Phase der Neuorientierung („Norming") abgelöst wurde und schließlich in die Integrationsphase („Performing") überging. Die einzelnen Phasen waren deutlich erkennbar, insbesondere die Konfliktphase.
Schulentwicklung ist also, wie wir gesehen haben, ein äußerst komplexer Prozess. Er umfasst im Wesentlichen drei Bereiche:
Die Organisationsentwicklung der Schule, die Unterrichtsentwicklung und die Personalentwicklung. Zu allen drei Bereichen will ich die berichteten Erfahrungen zusammenfassen:

6.1 Organisationsentwicklung

Hilfreich waren für die Schule und für den Prozess, Strukturen an die Hand zu bekommen: das Schließen eines förmlichen Kontraktes, die Einrichtung von Teams und einer Koordinierungsgruppe sowie das Treffen von Zielvereinbarungen. Auch die Unterstützung bei der Gestaltung und Durchführung von Konferenzen und Pädagogischen Studientagen erwies sich als förderlich.

Vor allem im zweiten Jahr zeigte sich eine neue konzentriertere Arbeit der Koordinierungsgruppe, in dem sie ein Schulprogramm erarbeitete und formulierte.

Die Eltern und der Förderverein der Schule konnten in den Entwicklungsprozess miteinbezogen werden. Zu Beginn, in der Mitte und gegen Ende des Prozesses gab es ausführliche Gespräche mit den ElternvertreterInnen.

Nur bedingt gelang es, die verschiedenen Professionen, die an der Schule arbeiten und mit dem Reformprozess zu tun haben, einander anzunähern. Die Teamsitzungen beispielsweise waren zeitlich so terminiert, dass die Erzieherinnen , die im Zuge des Modellversuchs neu an die Schule gekommen waren, nicht immer teilnehmen konnten, weil sie noch Schülerinnen und Schüler zu betreuen hatten. Die Vorklassenleiterinnen brachten sich wenig in den Prozess mit ein, sie blieben außen vor oder grenzten sich eher ab.

Das hohe Reformtempo, das vor allem die Schulleitung an den Tag legte, konnte mit Hilfe der Begleitung zu einem Entwicklungsprozess der ganzen Schule werden.

Aber: Mit dem Konzept der organisatorischen Schulentwicklung sind längst nicht alle Bereiche zu erfassen.

6.2 Unterrichtsentwicklung

Die Unterrichtsentwicklung zeigte sich zentraler als ich zuerst dachte, weil sie dichter am Alltagsgeschäft der Lehrenden ist. Im ersten Jahr waren die Teams thematisch stärker auf organisatorische Schulentwicklung fokussiert im Sinne des Gesamtreformprogramms. Erst im zweiten Jahr wurde die Unterrichtsentwicklung explizites Thema. Sie entsprach eher den Bedürfnissen der LehrerInnen, die diese nun auch äußern konnten. Hier ging es sowohl um Unterrichtsplanung und -gestaltung als auch um dessen Weiterentwicklung in Richtung Öffnung und Differenzierung. Letztlich wirkte sich die Unterrichtsentwicklung auf die gesamte Schulentwicklung aus.

6.3 Personalentwicklung

Dieser Bereich wurde von mir am meisten unterschätzt. Im personellen Bereich traten gravierende Veränderungen auf, bei denen ich mir nicht sicher bin, ob man sie als „Entwicklung" bezeichnen kann.

Es traten heftige Konflikte auf: innerhalb des Kollegiums, innerhalb der Schulleitung, zwischen Schulleitung und Kollegium und zwischen Kollegium und Beraterin. Die Konflikte eskalierten gegen Ende des ersten Beratungsjahres, beruhigten sich aber deutlich im Laufe des neuen Schuljahres, vor allem bedingt durch die neue Zusammensetzung des Kollegiums. Der Konflikt mit der Beraterin führte aber zu einem stärkeren „Selbst-in-die-Hand-nehmen" des Prozesses durch das Kollegium: neue Teamstrukturen wurden durchgesetzt und ein eigener Kontraktvorschlag vorgelegt. Problematisch blieb bis zuletzt die starke Arbeitsbelastung des Kollegiums durch Reformen. Dies zeigte sich in einem fortwährend hohen Krankenstand.

Systematisch bearbeitet wurden die Probleme im Personalbereich nicht. Dafür gibt das Instrumentarium von Rolff u.a. zu wenig her. Andere wie Schley dagegen thematisieren die zwischenmenschliche Ebene explizit, hier hat man fast den Eindruck, Schulentwicklungsberatung sei in erster Linie Konflikt-moderation.

6.4 Einwirkungen von außen

Diesen Bereich erfasst keines der Modelle systematisch, die Einwirkungen von außen hatten aber immense Auswirkungen auf den Prozess.

Vieles ist geschehen: Von den Problemen, die entstanden, als die Schließung der Nachbarschule drohte, wurde berichtet. Während des Entwicklungsprozesses wurde die Lehrerarbeitszeit erhöht. Dies beendete begonnene Überlegungen für ein alternatives Lehrerarbeitszeitmodell. Schließlich gab es einen neuen Erlass, der die Schulen aufforderte, ein Modell zur Differenzierung in den Klassen fünf und sechs zu erarbeiten. Dieser Erlass, obwohl zunächst äußerst kritisch zur Kenntnis genommen, sorgte für einen erheblichen Reformschub in den Teams der oberen Klassen

7. Schlussbetrachtung

Schulentwicklung in Anlehnung an heutige Schulentwicklungstheorien zu betreiben erscheint als durchaus sinnvoll.

Die Theorien helfen, die Lehrerschaft nicht als eine geschlossene Gruppe zu betrachten, sondern mehrere Gruppierungen innerhalb wahrzunehmen. Von außen ist das Gefüge einer Schule nur schwer einsehbar; es dauert lange, bis man die Abläufe versteht.

Reformen sind für viele Angst besetzt. Eine Einbindung aller Beteiligten ist oft schwierig und vermutlich auch nicht immer möglich, weil sich die Skeptiker häufig zurückhalten, in den Gruppen zunächst nicht mitarbeiten und deshalb außen vor bleiben. Sehr schwer fiel es den LehrerInnen Verbindlichkeiten wie Teamabsprachen einzugehen. Strukturierungshilfen zu geben ist notwendig: Wie gestaltet man eine Teamsitzung, damit sie nicht endlos dauert und wenig dabei herauskommt? Wie kann Arbeitsteilung wirklich funktionieren und als hilfreich erlebt werden?

Auch Schulleitungen brauchen Unterstützung von außen (betriebsblind!), die ihnen beispielsweise andere Gestaltungsmöglichkeiten von Konferenzen zeigt und ermuntert, Verantwortung auf mehrere zu verteilen (z.B. Koordinierungsgruppe).

Die Rolle der Beraterin erwies sich oft schwierig. Trotz Kooperationsvereinbarung waren zu Beginn die gegenseitigen Erwartungen zum großen Teil eher diffus und unausgesprochen. Sie wurden erst im Laufe des Prozesses sichtbar und damit verhandelbar. Die richtige Balance zwischen Erwartungen und Zielen, der Grad der Einmischung in den Prozess musste erst gefunden werden.

Literatur

Altrichter, H./Schley, W./Schratz, M. (Hg.) (1998): Handbuch zur Schulentwicklung. Innsbruck

Ramseger, J. /Dreier, A./Kucharz, D./Sörensen, B. (2004) Grundschulen entwickeln sich. Ergebnisse des Berliner Schulversuchs Verlässliche Halbtagsgrundschule. Münster, Berlin

Rolff, H.G./Buhren, C./Lindau-Bank, D./Müller, S. (1998): Manual Schulentwicklung. Handlungskonzepte zur pädagogischen Schulentwicklungsberatung. Weinheim, Basel

Schley, W. (2003): Systemberatung und Organisationsentwicklung in Bildungs- und Erziehungseinrichtungen. Innsbruck

III Die Ebene des Unterrichts

Stefanie Schnebel

Unterrichtsentwicklung nachhaltig gestalten

1. Einführende Überlegungen

Schul- und Unterrichtsentwicklung stehen derzeit im Mittelpunkt von Bemühungen aller Beteiligten, schulisches Lernen an die Erfordernisse heutiger Teilhabe an der Gesellschaft anzupassen. Vielfältig sind dabei die Maßnahmen, die an den einzelnen Schulen ergriffen werden. Teilweise befassen sich die Schulen vor allem damit, immer wieder neue Richtlinien der Bildungspolitik und der Schulbehörden umzusetzen, teilweise werden eigene Akzente gesetzt.

Die inzwischen vielfach dokumentierten Erfahrungen mit Schulentwicklungs-prozessen zeigen, dass Entwicklungen vor allem dann fruchtbar werden, wenn sie Auswirkungen auf den täglichen Unterricht zeigen. Diese Beobachtung schlug sich in der schulpädagogischen Diskussion dahingehend nieder, dass einige Autoren wie etwa Johannes Bastian, Hilbert Meyer oder Heinz Klippert (vgl. Bastian 1998; Meyer 1999; Klippert 2000) forderten, Unterrichts-entwicklung zum Kern jeder Schulentwicklung zu machen, sie wandten sich damit gegen ein stark am Konzept der (betrieblichen) Organisationsentwicklung angelehntes Verständnis von Schulentwicklung. Die Kontroversen Mitte der 1990er Jahre, ob Schulentwicklung im Kern Unterrichtsentwicklung sein muss und ob der Akzent auf einer Entwicklung der Organisation bzw. des Systems Schule liegt[1], scheinen mir weitgehend überwunden. Ein wesentlicher Grund dafür dürfte sein, dass Schulen, welche ihre Entwicklungsprozesse autonom in die Hand nehmen auch selbst darüber entscheiden, in welchem Bereich ihrer Schule Entwicklungsprozesse begonnen oder intensiviert werden sollen. Konsens besteht inzwischen außerdem weitgehend darin, dass Veränderungen im Bereich des Unterrichts, sollen sie nachhaltig sein, immer auch organisatorische und personelle Entwicklungen nach sich ziehen. Unterrichts-entwicklung muss also immer mit Organisations- und Personalentwicklung einhergehen (vgl. u.a. Horster/Rolff 2001).

---

[1] Dahinter stehen u.a. unterschiedliche Diskussionstraditionen: Johannes Bastian bezieht sich in seiner Forderung nach Pädagogischer Schulentwicklung auf die „lebendige Tradition innerer Schulreform" (Bastian 1998, 32): , während Hans-Günther Rolff auf Modelle der Organisationsentwicklung zurückgreift (Dalin/Rolff/Buchen 1995).

Heute wird im Hinblick auf Unterrichtsentwicklung verstärkt das Moment der Qualität von Unterricht diskutiert. Überlegungen, wie und wodurch die Qualität schulischen Lernens verbessert und gesichert werden kann, nehmen in der schulpädagogischen Diskussion breiten Raum ein. Eine neue Lernkultur, die vor allem veränderte Lernformen, teilweise auch neu akzentuierte Bildungs- inhalte in den Unterricht integrieren möchte, wird als wesentlicher Beitrag zur Qualitätsentwicklung verstanden. Im Rahmen dieses Beitrags möchte ich vor allem auf den Bereich innovativer Lernformen eingehen. An vielen Schulen sind Bemühungen zu beobachten, Unterricht durch einen veränderten Metho- deneinsatz zu verbessern. Deshalb erscheint es sinnvoll, Konzepte zu entwi- ckeln und zu erproben, wie Schulen und Lehrkräfte erfolgreich neue Lern- formen in ihren Unterricht integrieren können.

Auch wenn in der Erziehungswissenschaft und in der Bildungspolitik über Schul- und Unterrichtsentwicklung nachgedacht und Innovationen angeregt werden, muss deutlich herausgestellt werden, dass die eigentlichen Agitatoren der Veränderungen die Lehrerinnen und Lehrer sowie die Schulleitungen vor Ort sind.
Unterrichtsentwicklung kann nur Raum greifen, wenn die einzelne Lehrkraft bereit und in der Lage ist, ihren Unterricht aktiv neu zu gestalten. Die Veränderung wirkt weiter, wenn die Lehrkraft von ihren Innovationen überzeugt ist und mittelfristig positive Effekte wahrnimmt.

Aus diesem Grund soll der Schwerpunkt dieses Beitrags auf der Überlegung liegen, welche Konzepte und Maßnahmen sinnvoll sind, um Lehrkräfte darin zu unterstützen, ihren Unterricht nachhaltig weiterzuentwickeln.

Dabei gehe ich von folgenden Thesen aus:
1. Jeder unterrichtliche Entwicklungsprozess beinhaltet im Kern einen Lernprozess der beteiligten Lehrkräfte.
2. Die anzustrebenden Veränderungen müssen für die Lehrerinnen und Lehrer durch schulpädagogisch-didaktische Begründungen als sinnvoll akzeptiert werden.

Diese Thesen möchte ich im Folgenden ausdifferenzieren. Daraus entwickle ich konzeptionelle Überlegungen, wie die angestrebten Prozesse unterstützt werden können.

2. Theoretische Grundlegung

2.1 Professionalisierung der Lehrkräfte

Jede Weiterentwicklung von Unterricht beginnt mit einer neuen Idee von Unterricht und zwar bei der einzelnen Lehrkraft. Unterrichtsentwicklung benötigt aber auch ein verändertes unterrichtliches Handeln der Lehrperson. Dass sich neue pädagogische oder didaktische Leitgedanken nicht einfach in verändertem Handeln wiederfinden, zeigen Erfahrungen in der Lehreraus- und –weiterbildung und im Unterrichtsalltag. Um dieses Phänomen zu erklären, wurde in handlungstheoretischen Kontexten das Konzept der subjektiven Theorien eingeführt. Subjektive Theorien werden verstanden als handlungsleitende Kognitionen, die ein Bindeglied zwischen theoretischem Wissen und unterrichtlichem Handeln darstellen. Bereits seit Anfang der 1990er Jahre haben Wahl, Dann u.a. mit ihren Forschungen die zentrale Bedeutung subjektiver Theorien für das Handeln von Lehrkräften aufgezeigt (vgl. u.a. Wahl 2002; Dann 1994; Dann u.a. 1999). Dies wurde inzwischen in vielen Veröffentlichungen zur Professionalisierung etwa von Bauer und Kanders (Bauer/Kanders 2000), H. Meyer (Meyer 2000) oder Altrichter und Posch (Altrichter/Posch 1998) aufgegriffen.

Jede Arbeit die unterrichtliches Handeln von Lehrkräften verändern will, muss bei deren subjektiven Theorien ansetzen.

Im Gegensatz zu wissenschaftlichen Theorien sind subjektive Theorien, wie der Name bereits impliziert, individuell sehr unterschiedlich ausgeprägt. Sie speisen sich aus verschiedenen Quellen. Besonders bedeutsam sind dabei Erfahrungen. Subjektive Theorien von Lehrkräften, auch Berufswissen oder handlungsleitende Theorien genannt, setzen sich zusammen aus Erfahrungen mit eigenem Unterricht und der eigenen Schulzeit, theoretischen Inhalten aus Studium, Referendariat und Weiterbildung, Austausch mit KollegInnen, gesellschaftlich und kulturell geprägten Bildern von Kindheit, Schule, Berufswelt, dem weiteren persönlichen Bildungskontext u.v.m. (vgl. u.a. Meyer 2000). Das große Gewicht, das der Bereich eigener Erfahrungen für die subjektiven Theorien ausmacht, zeigt, wie stark der persönliche Erfahrungshintergrund der einzelnen sich auf das Handeln im Unterricht auswirkt. Um Unterricht zu verändern reicht es also nicht, sich theoretisches Wissen anzueignen vielmehr bedarf es intensiver Lernprozesse, um die relevanten subjektiven Theorien weiter zu entwickeln. Diethelm Wahl hat in seinen Forschungen nachgewiesen, dass sich subjektive Theorien verändern lassen, wenn neue Erfahrungen auf der Grundlage von Theoriewissen gemacht und reflektiert werden (Wahl 2002).

Subjektive Theorien sind nicht nur dafür verantwortlich, ob bestimmtes unterrichtliches Handeln stattfindet oder nicht, sondern beeinflussen auch stark die Qualität dieses Handelns. Diese Erkenntnis wird in eindrücklicher Weise durch Untersuchungen von Dann, Diegritz und Rosenbusch belegt, die die Qualität von Gruppenunterricht genauer unter die Lupe nahmen[2]. Sie fanden zum einen heraus, dass es klar benennbare Qualitätsmerkmale für kooperatives Arbeiten gibt, zum anderen, dass den untersuchten Lehrkräften diese Qualitätsmerkmale wenig bekannt waren. Den besten Gruppenunterricht praktizierten die Lehrkräfte, welche über die elaboriertesten subjektiven Theorien zu dieser Unterrichtsform verfügten.

Die hier kurz skizzierten Erkenntnisse haben weitreichende Auswirkungen auf die Aus- und Weiterbildung und damit auf die Debatte um die Professionalisierung von Lehrkräften. Gleichzeitig sind sie aber auch relevant für die hier diskutierte Frage nach wirksamer Unterrichtsentwicklung. Es ist erstaunlich, dass in der Literatur zur Unterrichtsentwicklung die Frage nach der Professionalisierung wenig diskutiert wird und kaum unter dem Aspekt der relevanten subjektiven Theorien betrachtet wird.

Hierin sehe ich einen großen Mangel einschlägiger Modelle zur Unterrichtsentwicklung wie etwa das weit verbreitete Modell von Klippert (2000) oder das Konzept von Horster und Rolff (2001). Zwar stellt Klippert einem entwicklungswilligen Kollegium ein ausgeklügeltes Trainingsprogramm zur Verfügung, dieses beruht aber eher auf Plausibilitätsüberlegungen denn theoretisch fundierten Argumenten zur Professionalisierung. Horster und Rolff machen ebenfalls einige Vorschläge zur Gestaltung der Entwicklungsprozesse, gehen aber weder in ihren ausführlichen theoretischen Begründungen noch in ihren praktischen Ausführungen auf die Frage nach den Lernprozessen der Lehrerinnen und Lehrer ein.

Demgegenüber sehe ich sowohl auf der Ebene der Begründungen als auch der Prozessgestaltung die Frage danach, wie Lehrkräfte ihre subjektiven Theorien weiterentwickeln können, als zentral. Bevor zur Prozessgestaltung konkrete Vorschläge gemacht werden, ist es notwendig, zu beleuchten, welche Perspektive notwendig ist, damit Unterrichtsentwicklung für die Lehrkräfte sinnstiftend begründet werden kann.

---

[2] Dann, Diegritz & Rosenbusch 1999; die Autoren stellen ein Forschungsprojekt zur Qualität von Gruppenarbeit vor, in welchem sie Qualitätsfaktoren für Gruppenunterricht herausarbeiten sowohl auf der Ebene unterrichtlichen Handelns als auch auf der Ebene subjektiver Theorien der Lehrkräfte

2.2 Schulpädagogisch-didaktische Begründung von Unterrichtsentwicklung

Unterrichtsentwicklung bedarf eines verstärkten Engagements der beteiligten Lehrerinnen und Lehrer. Um diesen Mehraufwand auf sich zu nehmen, müssen die LehrerInnen daran glauben, dass ihre Bemühungen zu Verbesserungen in ihrem Unterricht führen (vgl. Niggli 2000). Diese zunächst eher banal wirkende Feststellung meint nicht allein, dass Lehrerinnen und Lehrer, die ihren Unterricht weiterentwickeln wollen, eine optimistische Einstellung gegenüber Schülern, Schule, Unterricht benötigen. Aus dieser Aussage lässt sich auch ableiten, dass es notwendig ist, Lehrkräften in Unterrichtsentwicklungsprozessen Möglichkeiten zu schaffen, Veränderungen in ihrem Unterricht sinnvoll zu begründen und positive Tendenzen bewusst wahrzunehmen.

Betrachtet man die Literatur zu einer neuen Lernkultur[3], so fällt auf, dass die meisten Autoren darauf zielen, die Methodenkompetenz der Lehrkräfte zu verbessern um die Methodenvielfalt im Unterricht zu erhöhen. Gängigen Modelle zu Unterrichtsentwicklung, etwa von Heinz Klippert (Klippert 2000) oder von Leo Horster und Hans-Günther Rolff (Horster/Rolff 2001), machen zusammengefasst und etwas vereinfacht ausgedrückt im Bereich der Lehr-Lernformen viele Vorschläge, was alles an Methoden im Unterricht eingesetzt werden kann, bieten aber kein Konzept, wie Lehrkräfte lernen können, ihre angestrebten Innovationen zu begründen, neue Methoden qualitativ hochwertig im Unterricht einzusetzen und diese Qualität auch selbst zu überprüfen.
Um dies gewährleisten zu können, ist es meiner Ansicht nach notwendig, Maßnahmen zur Unterrichtsentwicklung schulpädagogisch-didaktisch zu begründen. Diese Begründung darf nicht auf der wissenschaftlichen Ebene hängen bleiben, sondern muss Bestandteil der Arbeit der einzelnen Lehrkräfte bzw. Teams sein.
Auf die Notwendigkeit einer schulpädagogisch-didaktischen Begründung und Reflexion geht Barbara Koch-Priewe in ihrem Band ,Schulpädagogisch-didaktische Schulentwicklung' (Koch-Priewe 2000) ein. Zwar setzt sie sich nicht konkret mit Unterrichtsentwicklung auseinander, sie zeigt aber an verschiedenen Beispielen deutlich auf, welche zentrale Bedeutung schulpädagogisch-didaktische Begründungszusammenhänge haben, damit Innovationen in der Schule greifen. Für Koch-Priewe stellt die Verbindung von Theorie und Praxis ein zentrales Moment von Entwicklungsprozessen in der Schule dar (vgl. Koch-Priewe 2000, 59).

---

[3] z.B. Klippert 1999; Klippert 2000; Meyer 2001; Horster/Rolff 2001

Schulpädagogisch-didaktische Theorien bilden eine Diskussionsgrundlage, die es ermöglicht, eigene Erfahrungen und subjektive Theorien in theoretische Modelle neu einzubinden und eine Basis zu entwickeln, die eine Entwicklungsrichtung nicht nur plausibel oder unbedingt notwendig, sondern auch theoretisch begründet erscheinen lässt. Findet keine solche Einbindung statt, verkommen einzelne Maßnahmen vor allem im Bereich der Lehr-Lern-Formen schnell zu einem eher technischen Einsatz neuer Methoden. Die didaktischen Vorstellungen über Unterricht, Lernen, die Rolle von SchülerInnen und Lehrkraft bleiben unverändert.(Schnebel 2003, 47)

Damit wird die Verbindung von schulpädagogisch-didaktischen Begründungen als theoretischer Ebene zu den vorigen Ausführungen im Hinblick auf die Professionalisierung der Lehrkräfte deutlich. Um das Theoriewissen der Lehrkräfte und ihr praktisches Handeln zu verbinden sind zwei Prozesse wesentlich:

1. Die Richtung bzw. der Inhalt von Unterrichtsentwicklung muss sinnstiftend über pädagogische oder didaktische Erkenntnisse begründet werden. Konkret bedeutet dies, dass nicht nur wahllos neue methodische Arrangements, die gerade in der unterrichtspraktischen Literatur und in Fortbildungen ‚en vogue' sind, in den eigenen Unterricht übernommen werden können, sondern, dass die Lehrkraft bzw. eine Schule ein pädagogisch und didaktisch wohlbegründetes Konzept für ihre Innovationen erarbeiten muss.

2. Die anfangs zugrunde gelegten Theoriezusammenhänge dienen im Verlauf des Entwicklungsprozesses dazu, immer wieder zu reflektieren, was in der Praxis tatsächlich abläuft und erreicht wurde.

3. Modellierung eines Unterrichtsentwicklungsprozesse

Wie lassen sich nun die abstrakten Überlegungen zur Professionalisierung und zur schulpädagogisch-didaktischen Begründung für Unterrichtsentwicklung fruchtbar machen? Dazu möchte ich im Folgenden einige Vorschläge darlegen und am Beispiel eines Unterrichtsentwicklungskonzeptes ‚Unterrichtsentwicklung durch kooperatives Lernen' konkretisieren.

Es besteht eine enge Verzahnung zwischen Professionalisierung und schulpädagogisch-didaktischer Begründung. Als Begründungszusammenhänge für Veränderungsprozesse liefern schulpädagogisch-didaktische Begründungen der einzelnen Lehrkraft Möglichkeiten, ihren Unterricht besser zu planen und zu reflektieren und damit professioneller zu handeln. Diese Begründungszusammenhänge greifen in ihrer Funktion damit über die akademische Ebene hinaus in die tägliche Arbeit der einzelnen Lehrkraft.

Dies möchte ich am Beispiel Kooperativen Lernens verdeutlichen[4].

Kooperatives Lernen stellt eine Lernform dar, die bezüglich ihrer Lerneffektivität empirisch gut erforscht ist und über eine eigene Didaktik verfügt[5]. Damit geht diese Lern- oder Unterrichtsform über eine reine Methodensammlung hinaus. Die empirischen Befunde zur Lerneffektivität kooperativen Lernens bieten gute Gründe, dass Lehrkräfte sich entschließen, in ihrem Unterricht verstärkt mit kooperativen Lernmethoden zu arbeiten und diese Zielsetzung im Kollegium und gegenüber Schülern und Eltern zu vertreten. Die Auseinandersetzung mit der Didaktik kooperativen Lernens bietet den Lehrkräften eine Reihe an Funktionen.

Die Didaktik kooperativen Lernens macht z.B. Aussagen darüber, welche Methode sich für welche Unterrichtssituationen und Lernziele besonders eignet. Dadurch können die Lehrkräfte ihre Unterrichtsplanung verbessern. Aus ihren empirischen Forschungen hat die Nürnberger Forschergruppe um Dann, Diegritz und Rosenbusch eine Reihe an Folgerungen gezogen, welches Lehrerhandeln für gelingende Gruppenarbeit förderlich ist (vgl. Nürnberger Projektgruppe 2001). Diese Erkenntnisse etwa können Lehrkräften helfen, ihr unterrichtliches Handeln in kooperativen Phasen zu verbessern. Schließlich dienen die verschiedenen didaktischen Aussagen zu kooperativem Lernen dazu, Unterricht theoriegeleitet reflektieren zu können.

Wählt ein Kollegium, eine Lehrergruppe z.B. kooperatives Lernen mit seiner theoretischen didaktischen Fundierung und seinen empirischen lernpsychologischen Erkenntnissen als Gegenstand von Unterrichtsentwicklung, wird der Prozess inhaltlich stimmig und transparent gefüllt und dem bewussten Handeln sowie dem Austausch und der Reflexion der Lehrkräfte zugänglich.

Diese Prozesse von bewusstem Handeln, Austausch und Reflexion müssen nun im Sinne einer Professionalisierung in Unterrichtsentwicklungsphasen explizit gefördert werden. Dazu müssen inhaltliche Füllung von Unterrichtsentwicklung und Maßnahmen zur Prozessbegleitung eng ineinander greifen.

Im Hinblick auf Prozessbegleitung sind in meinem Konzept als Maßnahmen besonders Evaluation und prozessbegleitende Teamarbeit mit externer Begleitung zu nennen.

---

[4] Kooperatives Lernen steht hier exemplarisch für eine Reihe von Unterrichtsformen mit eigener Didaktik und pädagogischer bzw. lernpsychologischer Begründung, andere Beispiele wären Projektunterricht oder Freiarbeit.
[5] Siehe hierzu u.a. den Beitrag von Anne Huber in diesem Band; außerdem: Traub, S. (2004): Unterricht kooperativ gestalten; Schnebel, S. a.a.O.

Evaluation taucht im Zusammenhang von Schul- und Unterrichtsentwicklung häufig auf. Sie wird etwa von Burkhard und Eikenbusch (Burkard/Eikenbusch 2000) oder Kempfert und Rolff (1999) als das Mittel der Wahl betrachtet, um Entwicklungen im Bereich der Schule voranzubringen. Allerdings zeigen die inzwischen vielfältigen Erfahrungen mit Evaluation, dass Entwicklungsprozesse genau dann abbrechen, wenn evaluiert wurde. Darauf weist etwa Barbara Koch-Priewe (2000) dezidiert hin. Sie erklärt dieses Phänomen u.a. damit, dass Evaluation sich häufig auf das Abbilden von Fakten, auf eine Ist-Soll-Analyse beschränkt. Die hinter jeder Itemformulierung stehenden subjektiven und wissenschaftlichen Theorien werden nicht reflektiert (Koch-Priewe 2000, 72f).

Dem möchte ich eine Form von Evaluation entgegenstellen, die schulpädagogisch-didaktisch fundiert und prozessorientiert ist (vgl. Schnebel, S. 2003, 184).

Dies bedeutet am Beispiel von Unterrichtsentwicklung durch kooperatives Lernen konkret, dass Erkenntnisse aus der Theorie kooperativen Lernens herangezogen werden, um Kriterien für die Evaluation zu gewinnen. So sind z.B. eine klare Strukturierung der Gruppenarbeit und individuelle Verantwortung für das Gruppenergebnis wichtige Merkmale kooperativer Methoden. In der Evaluation können nun diese Punkte konkret beobachtet oder erfragt werden. Die Lehrkräfte erhalten damit Aufschluss darüber, ob sie die kooperative Lernform adäquat einsetzen oder ob Änderungen notwendig sind. Die direkte Anbindung der Evaluation an die schulpädagogisch-didaktische Grundlegung der Unterrichtsentwicklung erlaubt also den beteiligten Lehrkräften, Aufschlüsse über die Qualität der Veränderung zu bekommen und zu klären, an welchen konkreten Punkten Nachbesserungen notwendig sind.

Ein zweites Prozessmoment spielt ebenfalls eine zentrale Rolle. Damit Lehrkräfte ihre subjektiven Theorien bearbeiten und zu professionellerem Handeln gelangen können sind Unterstützungssysteme notwendig. Als zwei tragende Elemente sehe ich hierbei Teamarbeit und externe Beratung[6].

Durch Arbeit in Kleingruppen und Tandems werden die Lehrkräfte darin unterstützt, Veränderungsprozesse im Unterricht in Gang zu setzen.

Am Beispiel von Unterrichtsentwicklung durch kooperatives Lernen: Nachdem sich die Lehrkräfte in Weiterbildungsphasen Theorie und Methoden kooperativen Lernens angeeignet haben, können sie in Tandems gemeinsam Unterricht planen. Dadurch werden die Lehrkräfte in der Umsetzung sicherer, Arbeit kann verteilt werden und Fehler oder Missverständnisse werden eher vermieden. Das Tandem bietet eine wichtige Unterstützung und Kontrollfunktion, um Innovationen tatsächlich in den eigenen Unterricht zu tragen und

---

[6] vgl. hierzu auch das Konzept des KOPING von D. Wahl (1993)

132

nicht bei guten Vorsätzen stehen zu bleiben. Die Kleingruppenarbeit zu der sich mehrere Tandems zusammenschließen übernimmt die Funktion, Fragen und Probleme, die im Tandem nicht bearbeitet werden (können), zu klären. Hier findet auch weiterer Theorieinput statt. Evaluationsergebnisse werden in diesem Forum ausgewertet und diskutiert.

Die Kleingruppenarbeit lehnt sich an Modelle kollegialer Beratung oder Supervision[7] an. In verschiedenen Untersuchungen zur Weiterbildung von Lehrkräften konnte gezeigt werden, dass eine solche Struktur aus Klein-gruppen- und Tandemarbeit dazu beiträgt, dass Lehrkräfte ihr unterrichtliches Handeln tatsächlich verändern (Traub 2000, Schmidt/Wahl 1999).

Die Aufgabe der externen Beratung besteht darin, theoretischen Input im Sinne schulpädagogisch-didaktischer Fundierung zu leisten und die Lehrkräfte bei Fragen und Problemen zu beraten. Außerdem unterstützt sie die LehrerInnen darin, Evaluationsinstrumente zu entwickeln und die Evaluation durchzuführen. Sowohl durch die externe Begleitung als auch durch die Tandempartner sollen Unterrichtshospitationen stattfinden. Durch die außenstehende Beobachtung können positive Aspekte ebenso herausgestellt werden wie sich einschleichende Fehler. Probleme oder Unsicherheiten, welche die Lehrkraft zuvor schon wahrgenommen hat, können gezielt beobachtet und rückgemeldet werden.

Den Kern meines hier knapp skizzierten Modells zur Unterrichtsentwicklung bilden also

- die inhaltliche Ausdifferenzierung durch eine schulpädagogisch-didaktisch fundierte Unterrichtsform, die im Entwicklungsprozess immer wieder thematisiert und zur Überprüfung und Weiterführung herangezogen wird;
- prozessbegleitende Maßnahmen, die der Professionalisierung der Lehrkräfte dienen, indem sie theoriegeleitete Planung, Umsetzung und Reflexion durch Tandem- und Kleingruppenarbeit unterstützen. Notwendiger Input und (positiv verstandene) Rückmeldung und Kontrolle werden über eine externe Begleitung geleistet. Einen wichtigen Bestandteil von Rückmeldung und Reflexion stellt die Evaluation dar, die sich auf die entsprechenden schulpädagogisch-didaktischen Begründungszusammen-hänge stützt.

---

[7] vgl. u.a. Mutzeck, W. (1998): Kooperative Beratung. Weinheim, Basel; Ehinger, W./Hennig, C. (1997): Praxis der Lehrersupervision. Weinheim, Basel u.v.a.

4. Implementierung eines Unterrichtsentwicklungsprozesses mit dem Schwerpunkt Kooperatives Lernen

Aus den genannten Überlegungen heraus entwickelte ich ein Einstiegskonzept zu Unterrichtsentwicklung durch kooperatives Lernen (Abb. 1).

Dieses an mehreren Schulen erprobte Konzept möchte ich abschließend kurz vorstellen und mit einigen Ergebnissen der begleitenden Pilotstudie kommentieren.[8]

Die Einstiegsphase des Modells gliedert sich in 6 Trainingseinheiten zu je einem Tag und dazwischen liegenden Implementationsphasen. Über den ganzen Prozess hinweg findet Evaluation statt.

Im Abstand von 1-2 Wochen	**4 Trainingseinheiten** • Kennen lernen kooperativer Unterrichtsformen, • Vermittlung theoretischer Hintergründe und didaktischer Prinzipien • Erarbeitung von Auswertungs- und Evaluationsmethoden, • Erarbeitung konkreter Umsetzungen im Unterricht mit Unterstützung durch die Berater.	Gruppe Lehrertandems bzw. individuell
Nach ca. 4 Wochen .	**Erprobungsphase:** (8 Wochen) • Einsatz der kooperativen Lernformen und der Evaluationsmethoden im Unterricht. • **Wöchentlicher** Austausch und gegenseitige Besuche in den Lehrertandems. • 2 Hospitationen durch die Beraterin. **5. Trainingseinheit:** Rückmeldung, Verbesserung, Training von Lehrerverhaltensweisen: Arbeitsaufträge und Lehrerintervention	Individuell Lehrertandems Gruppe
.	**6. Trainingseinheit** • Auswertung und Feedback • Möglichkeiten der Weiterführung	Gruppe

Tab. 1: Übersicht über die Implementierungsphase

Die Trainingseinheiten vermitteln den Lehrkräften neue kooperative Methoden, bieten theoretische Begründungen und bahnen die Erweiterung didaktischer

---

[8] Vgl. hierzu auch Schnebel, S. (2005): Professionalisierung, Qualitätsentwicklung und neue Lernkultur. In: Pädagogische Rundschau, in Vorbereitung

Kompetenz an. Außerdem ist während der Trainingseinheiten Raum für Erfahrungsaustausch, für schulpädagogisch-didaktische Reflexion und für Klärung von Fragen und Schwierigkeiten. Außerdem wird die Evaluation vorbereitet und ausgewertet. Die Trainingseinheiten werden von der externen Beraterin geleitet. Sie ist für den theoretischen Input verantwortlich und leitet die Erstellung der Evaluationsinstrumente. Die Implementierungsphasen dienen der unterrichtlichen Erprobung. Diese wird durch Tandemarbeit vorbereitet und begleitet. Die ersten drei Trainingseinheiten folgen relativ dicht aufeinander und bieten sehr viel Input, sukzessive wird der Bearbeitung der subjektiven Theorien durch Reflexion und Evaluation mehr Raum gegeben.

5. Ergebnisse der begleitenden Pilotstudie

Der Einstieg in den Unterrichtsentwicklungsprozess wurde wissenschaftlich begleitet[9].
Schüler und Lehrkräfte wurden vor und nach der Implementationsphase befragt, die prozessbegleitende Evaluation diente nicht nur der Rückmeldung für Lehrer und Schüler, sondern wurde gleichzeitig wissenschaftlich ausgewertet. Schüler-Lehrer- und Beobachtersicht wurden dabei im Sinne einer Triangulation zueinander in Beziehung gesetzt.

Im Hinblick auf die zuvor ausgeführten Thesen konnte die Pilotstudie folgendes zeigen:

*   Das Lehrertraining zur Unterrichtsentwicklung durch kooperatives Lernen hat zu einer Veränderung der Unterrichtspraxis der beteiligten Lehrkräfte geführt. Alle Lehrkräfte arbeiteten während und nach Beendigung des Trainings häufiger und in längeren Phasen mit kooperativen Lernformen.
*   Die Lehrkräfte erweiterten ihr Methodenrepertoire und ihre didaktischen Kompetenzen.
*   Wichtige Lehrerverhaltensweisen, welche die Qualität kooperativen Lernens beeinflussen, wurden sichtbar. Die Lehrkräfte zeigten erste Ansätze diese positiv zu verändern.
*   Evaluation diente der Reflexion und Qualitätssicherung von Unterricht und förderte dadurch dessen Weiterentwicklung, wurde von den Lehrkräften aber auch als zusätzliche Belastung empfunden.

---

[9] eine ausführliche Darstellung der wissenschaftlichen Untersuchung, die gesamten Ergebnisse und deren Diskussion finden sich in Schnebel (2003): Unterrichtsentwicklung durch kooperatives Lernen.

- Kollegiale Unterstützung erlebten die Beteiligten als sehr wichtig. Teilweise wurde die Tandemarbeit allerdings durch organisatorische Hindernisse erschwert.
- Es gibt verschiedene Hinweise darauf, dass sich die Subjektiven Theorien der Lehrkräfte verändert haben. Die Lehrkräfte beurteilen heute eigenen Frontalunterricht kritischer und suchen verstärkt nach Möglichkeiten, kooperatives Lernen einzusetzen.

6. Fazit

Was lässt sich aus den theoretischen Überlegungen und aus den Ergebnissen folgern?

Ich denke in aller erster Linie, dass sich Konzepte zur Unterrichtsentwicklung intensiv mit der Frage auseinandersetzen müssen, wie Lehrerinnen und Lehrer lernen, wie sie ihr professionelles Handeln weiterentwickeln.

Dazu genügt es nicht, dass Lehrer ihr Methodenrepertoire erweitern, vielmehr geht es darum, subjektive Theorien zu verändern und didaktische Kompetenzen weiterzuentwickeln.

Gleichzeitig muss die Qualität von Unterricht im Blick bleiben.

In meinem Beitrag habe ich versucht zu begründen, dass diese beiden Forderungen vorangebracht werden können, wenn Unterrichtsentwicklung schulpädagogisch-didaktisch begründet und reflektiert wird. Daneben ist es notwendig, Prozessstrategien zu entwickeln, welche die Implementierung einer neuen Lernkultur unterstützen und den Lehrkräften Raum für Reflexion und neue Erfahrungen bieten. Kollegiale Unterstützung und externe Beratung sind hier ebenso als Maßnahmen zu nennen wie eine prozessbegleitende Evaluation.

Durch seine umfassende lerntheoretische und didaktische Fundierung bietet kooperatives Lernen eine sinnvolle Möglichkeit, eine schulpädagogisch-didaktische Unterrichtsentwicklung in Gang zu setzen, welche die Professionalisierung der Lehrkräfte und die Qualität von Unterricht gleichermaßen voranbringt.

Sowohl die konzeptionellen Überlegungen als die Ergebnisse der Pilotstudie weisen auch auf einige Schwierigkeiten hin. Zunächst muss betont werden, dass es für Lehrkräfte immer eine erhöhte Arbeitsbelastung darstellt, ihren Unterricht weiter zu entwickeln. Prozessbegleitende Maßnahmen können hier nur unterstützend wirken. Tandem- und Kleingruppenarbeit muss organisatorisch möglich gemacht werden, was positive Unterstützung durch die Schulleitung voraussetzt. Evaluation wird zwar in der wissenschaftlichen

Diskussion als wichtiger Motor für Unterrichtsentwicklung diskutiert, macht den Lehrkräften in der Umsetzung aber viele Schwierigkeiten, sowohl was den Aufwand als auch die Handhabung und Interpretation anbelangt. In meiner eigenen Pilotstudie wie auch in verschiedenen anderen Beiträgen in diesem Band wird deutlich, dass die externe Begleitung eine wesentliche Rolle im Entwicklungsprozess spielt. Dies bedeutet einen hohen personellen Aufwand.

Das hier vorgestellte Konzept beinhaltet intensive Arbeitsprozesse für alle Beteiligten. Interne und externe Kooperation und Begleitung verbunden mit Phasen des Inputs ermöglichen, dass der Unterrichtsentwicklungsprozess nachhaltig wirken kann. Es ist zu wünschen, dass die Bildungsbehörden und die Schulen selbst personelle und zeitliche Ressourcen bereitstellen, um Lehrergruppen oder ganzen Kollegien zu ermöglichen, sich intensiv an die Veränderung ihres Unterrichts zu wagen.

Abb. 1: Schematische Darstellung des Unterrichtsentwicklungsmodells

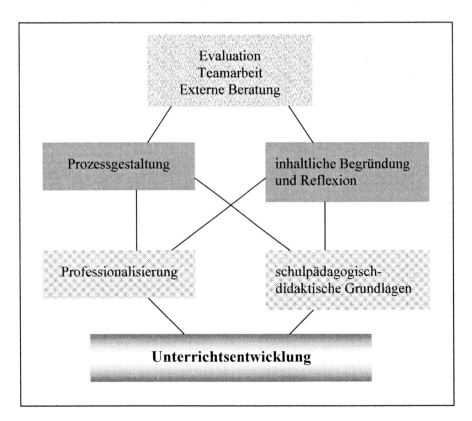

Literatur

Altrichter, H./Posch, P. (1998)[3]: Lehrer erforschen ihren Unterricht. Eine Einführung in die Methoden der Aktionsforschung. Bad Heilbrunn

Bastian, J. (1998): Pädagogische Schulentwicklung. Von der Unterrichtsreform zur Entwicklung der Einzelschule. In: Bastian, J. (Hg.) (1998): Pädagogische Schulentwicklung. Schulprogramm und Evaluation. Hamburg, 29-43

Bauer, K.-O./Kanders, M. (2000): Unterrichtsentwicklung und professionelles Selbst der Lehrerinnen und Lehrer. In: Rolff, H.-G./Bos, W./Klemm, K./Pfeiffer, H./Schulz-Zander, R. (Hg.) (2000): Jahrbuch der Schulentwicklung, Bd. 11, Daten, Beispiele und Perspektiven. Weinheim, München, 297-325

Burkard, Ch./Eikenbusch, G. (2000): Praxishandbuch Evaluation in der Schule. Berlin

Dalin, P./Rolff, H.-G./Buchen, H. (1995): Institutioneller Schulentwicklungsprozess. Bönen

Dann, H.-D. (1994): Pädagogisches Verstehen. Subjektive Theorien und erfolgreiches Handeln von Lehrkräften. In: Reusser, K./Reusser-Weyeneth (Hg.) (1994): Verstehen. Psychologischer Prozess und didaktische Aufgabe. Bern, 163-182

Dann, H.-D./Diegritz, T./Rosenbusch, H. S. (2002): Gruppenunterricht im Schulalltag. Ergebnisse eines Forschungsprojekts und praktische Konsequenzen. In: Pädagogik 1/2002, 11-14

Dann, H.-D./Diegritz, T./Rosenbusch, H. S. (Hg.) (1999): Gruppenunterricht im Schulalltag. Realität und Chancen. Erlangen-Nürnberg

Horster, L./Rolff, H.-G. (2001): Unterrichtsentwicklung. Grundlagen, Praxis, Steuerungsprozesse. Weinheim, Basel

Kempfert, G./Rolff, H.-G. (1999): Pädagogische Qualitätsentwicklung. Ein Arbeitsbuch für Schule und Unterricht. Weinheim, Basel

Klippert, H.-G. (2000)[2]: Pädagogische Schulentwicklung. Planungs- und Arbeitshilfen zur Förderung einer neuen Lernkultur. Weinheim, Basel

Koch-Priewe, B. (2000): Schulpädagogisch-didaktische Schulentwicklung. Baltmannsweiler

Konrad, K./Traub, S. (2001): Kooperatives Lernen. Theorie und Praxis in Schule, Hochschule und Erwachsenenbildung. Baltmannsweiler

Meyer, H. (1999): Unterrichtsentwicklung als Kern der Schulentwicklung. In: Meyer, H. (2001): Türklinkendidaktik. Aufsätze zur Didaktik, Methodik und Schulentwicklung. Berlin, 182-198

Meyer, H. (2000): Professionalisierung in der Lehrerbildung. In: Meyer, H. (2001): Türklinkendidaktik. Aufsätze zur Didaktik, Methodik und Schulentwicklung. Berlin, 199-253

Niggli, A. (2000). Lernarrangements erfolgreich planen. Didaktische Anregungen zur Gestaltung offener Unterrichtsformen. Aarau

Nuhn, H.-E. (1995): Partnerarbeit als Sozialform des Unterrichts. Weinheim, Basel

Nürnberger Projektgruppe (2001): Erfolgreicher Gruppenunterricht. Praktische Anregungen für den Schulalltag. Stuttgart u.a.

Rolff, H.-G. (1999): Schulentwicklung in der Auseinandersetzung. In: Pädagogik, 4/1999, 37-40

Schmidt, E. M. & Wahl, D. (1999). Die Wirkung kommunikativer Praxisbewältigung in Gruppen (KOPING) auf den Lernprozess von ErwachsenenbildnerInnen. Gruppendynamik, 3, 281-294.

Schnebel, S. (2003): Unterrichtsentwicklung durch kooperatives Lernen. Baltmannsweiler

Traub, S. (2000): Schrittweise zur erfolgreichen Freiarbeit. Bad Heilbrunn

Traub, S. (2004): Unterricht kooperativ gestalten. Bad Heilbrunn

Wahl, D. (1993): Grundkonzeption. In: Wahl, D./Wölfing, W./Rapp, G./Heger, D. (1993)[3]: Erwachsenenbildung konkret. Mehrphasiges Dozententraining. Eine neue Form der erwachsenendidaktischen Ausbildung von Referenten und Dozenten. Weinheim, 58-103

Wahl, D. (2002): Mit Training vom trägen Wissen zum kompetenten Handeln? Zeitschrift für Pädagogik, 2/2002, 56-78

.

Anne Huber

Verbesserung der Unterrichtsqualität durch „Wechselseitiges Lehren und Lernen" (WELL)

Die Verbesserung von Unterrichtsqualität stellt einen wichtigen Beitrag zur Schulentwicklung dar. Dabei setzen Innovationen das Engagement aller Beteiligten voraus. Um den anfänglichen Aufwand zu kompensieren, den Neuerungen mit sich bringen, muss man an den Erfolg glauben (Niggli, 2000). Neben einer fundierten Vision davon, wie guter Unterricht aussehen kann, müssen die Organisation und vor allem die Menschen in der Organisation in den Veränderungsprozess einbezogen werden. Methoden des „Wechselseitigen Lehrens und Lernens" und andere kooperative Lernmethoden bieten die hervorragende Möglichkeit, neben fachlichen auch überfachliche Kompetenzen zu fördern. Daher erwartet man von ihnen einen wichtigen Beitrag zur Verbesserung der Unterrichtsqualität.

Im Folgenden soll darauf eingegangen werden, was man unter „Wechselseitigem Lehren und Lernen" (WELL) versteht. Es werden verschiedene WELL-Methoden vorgestellt. Danach wird begründet, warum man sich davon einen wichtigen Beitrag für die Verbesserung der Unterrichtsqualität erwartet. Anschließend werden die wichtigsten Ergebnisse einer Studie zur Überprüfung der Effektivität von WELL vorgestellt. Den Abschluss bildet eine kurze Darstellung dessen, was bei der Implementation von WELL in der Schule zu beachten ist.

1. Was man unter „Wechselseitigem Lehren und Lernen" (WELL) versteht

Mit dem Begriff *„Wechselseitiges Lehren und Lernen"* werden *kooperative Lernformen* bezeichnet, bei denen die Lernenden zu *Experten* für einen Teil des Lernstoffs werden und sich diesen wechselseitig vermitteln. Dabei werden sie durch geeignete *Lernvorgaben* bei der Aneignung, Weitergabe und Verarbeitung des Lernstoffs unterstützt. Beispiele für Lernvorgaben sind Kärtchen mit Schlüsselbegriffen, die für die Präsentation und Wiederholung des Lernstoffs eingesetzt werden sollen oder Fragen zum Lernstoff. Es können beim Lernen *drei Phasen* unterschieden werden:

- Eine *Aneignungsphase,* in der das Expertenwissen erworben wird,
- eine *Vermittlungsphase,* in der das Expertenwissen weitergegeben und

- eine *Verarbeitungsphase*, bei der die tiefergehende Verarbeitung des weitergegebenen Wissens bei den Novizen angeregt und überwacht wird (Huber, Konrad & Wahl, 2001).

Dabei können in den verschiedenen Lernphasen unterschiedliche Sozialformen zum Einsatz kommen: Einzel-, Partner- und Gruppenarbeit. Prominente Beispiele für Methoden des „Wechselseitigen Lehrens und Lernens" sind die Partnerpuzzlemethode, das Lerntempoduett, die Strukturierte Kontroverse und das Partner- und Gruppeninterview. Diese Methoden sollen nun im Folgenden kurz vorgestellt werden.

1.1 Die Partnerpuzzlemethode

Die Partnerpuzzlemethode (Huber, 2004a) ist eine Weiterentwicklung der Gruppenpuzzlemethode nach Aronson und Kollegen (Aronson, Blaney, Stephan, Silkes & Snapp, 1978). Sie lässt sich einsetzen, wenn man einen Lernstoff in zwei Teile aufgliedern kann.

- In einer *ersten Lernphase* eignen sich die Lernenden in sogenannten Expertenpaaren entweder den einen oder den anderen Teil des Wissensgebiets an.
- Danach werden Puzzlepaare gebildet, die jeweils aus einem Experten für jedes Teilgebiet bestehen und die Lernenden vermitteln sich nun wechselseitig ihr Wissen.
- In einer *dritten und letzten Phase* sorgen die Puzzlepartner dafür, dass ihre jeweiligen Partner das von ihnen vermittelte Wissen weiter vertiefen.

Nimmt man Texte als Grundlage, so hat es sich als günstig erwiesen, den Lernenden Kärtchen mit Schlüsselbegriffen und Fragen zum Text vorzugeben. Anhand der Schlüsselbegriffs-Kärtchen sollen sich die Lernenden den Lernstoff aneignen und weitergeben. Die Fragen dienen dazu, bei sich und dem Lernpartner zu prüfen, inwieweit man den Lernstoff schon verstanden hat. Die Schlüsselbegriffskärtchen können später ebenfalls dazu eingesetzt werden, um herauszufinden, ob schon der gesamte Lernstoff beherrscht wird (Sortieraufgabe, Wahl et al., 1995) und um sich nochmals die Struktur des Lernstoffs zu verdeutlichen (Struktur-Lege-Technik, Wahl et al., 1995). Sind die Schülerinnen und Schüler älter und erfahrener, so können sie auch selbst die Schlüsselbegriffe und Fragen zum Lernstoff finden.

1.2 Das Lerntempoduett

Für das von Diethelm Wahl (Wahl, 2004a) entwickelte Lerntempoduett muss sich ein Lernstoff wie auch beim Partnerpuzzle in zwei Teile untergliedern lassen. Es können beispielsweise zwei Texte vorbereitet werden, am besten auf verschiedenfarbigen Blättern. Nun bearbeitet jeweils die Hälfte der Lernenden in Einzelarbeit den einen oder anderen Text. Dabei lautet die Aufgabenstellung, eine Visualisierung z.B. in Form einer Mind-Map (mit Worten, Bildern, Symbolen) zu entwickeln. Als Alternative zu Texten können auch Schülerversuche, unterschiedliche Erkundungsaufgaben oder Vorgehensweisen Inhalt eines Lerntempoduetts sein. Wer mit der Erstellung der Mind-Map fertig ist, signalisiert dies nonverbal z.B. durch Aufstehen und wartet, bis eine Person mit dem anderen Teil des Lernstoffs ebenfalls fertig ist. Die beiden tauschen nun mit Hilfe der vorbereiteten Visualisierungen ihre Informationen aus. Anschließend haben beide Gelegenheit, sich mit dem von ihnen in der ersten Lernphase nicht bearbeiteten Material in Einzelarbeit auseinanderzusetzen, um sich dann in einem letzten Schritt erneut eine Partnerin oder einen Partner zu suchen. In dieser abschließenden Partnerarbeit geht es darum, den vermittelten Lernstoff noch einmal tiefergehend zu verarbeiten, z.B. durch die Beantwortung vorgegebener Fragen, die Diskussion von Problemen oder die Bearbeitung von Transferaufgaben. Das Besondere an dieser Methode ist, dass hier jede Person in ihrem eigenen Lerntempo arbeiten kann. Für schnellere Lernende stehen dabei genügend Aufgaben zur Verfügung, um den Zeitvorsprung konstruktiv nutzen zu können.

1.3 Die Strukturierte Kontroverse

Die Strukturierte Kontroverse (D. W. Johnson & F. P. Johnson, 1994; Huber 2004b) wird für kontroverse Themenstellungen eingesetzt, wie der Name schon verrät. Die Lernenden werden dabei in Vierer-Gruppen eingeteilt. Innerhalb der Gruppen werden Expertenpaare gebildet, die sich jeweils mit einer der konträren Positionen (These und Antithese) des Themas beschäftigen. Sie machen sich zu Experten für ihren Standpunkt und sollen anschließend zurück in der Vierer-Gruppe ihre Position möglichst überzeugend präsentieren. Der Vorteil der Präsentation in der Kleingruppe gegenüber einer Präsentation im Klassenverband wie bei der Methode PRO-KON besteht darin, dass alle Lernenden eine aktive Rolle spielen können, auch jene, die sich bei einer Plenumsdiskussion zurückhalten würden. Nach den Präsentationen folgt eine Diskussion. In deren Verlauf besteht die Möglichkeit, dass die Lernenden ihre Rollen wechseln und nun auch einmal aus der Gegenposition heraus argumentieren. Dadurch wird ein radikaler Perspektivenwechsel erlebt. Zum Abschluss sollen die Gruppenmitglieder sich auf eine gemeinsame Argumentation einigen, die sie dann im Plenum vorstellen. Damit die Methode erfolgreich ist, müssen die Lernenden gewisse Kompetenzen mitbringen oder vorher erwerben: z.B. das prägnante Präsentieren der eigenen Position, das aufmerksame Zuhören bei der Präsentation der

Gegenposition, das wirkungsvolle Argumentieren oder das konsequente Vertreten der eigenen Meinung.

1.4 Das Partner- und Gruppeninterview

Grundidee des Partner- und Gruppeninterviews (Wahl, 2004b) ist es, Lerninhalte zu wiederholen, zu vertiefen und zu diskutieren. Wichtig ist, dass die Lerninhalte im Unterricht oder als Hausaufgabe schon behandelt wurden.

In einer ersten Lernphase bekommen die Lernenden Zeit, sich für einen Teil der Fragen, Aufgaben, Übungen, Versuche, Bewegungen, Techniken usw. zu Experten zu machen. Dies geschieht in Einzelarbeit. Die Lernenden bekommen hierzu entweder Musterlösungen als Hilfestellung oder aber sie müssen die Lösungen alleine finden. Die Lehrperson steht in jedem Fall beratend und unterstützend zur Seite. In der zweiten Lernphase geht es nun darum, in Misch-Paaren (beim Partnerinterview) oder Misch-Gruppen (beim Gruppeninterview) beim Lernpartner bzw. den Lernpartnern zu überprüfen, inwieweit dieser bzw. diese die von einem selbst bearbeiteten Aufgabenstellungen beherrschen. Die Lernenden in der Expertenrolle überwachen dabei den Bearbeitungsprozess und geben Hinweise oder Hilfestellungen für die Lösung, um so den Lernenden in ihrer Novizenrolle zu einem Expertengrad zu verhelfen.

2. Der Beitrag von „Wechselseitigem Lehren und Lernen" für die Verbesserung der Unterrichtsqualität

Verschiedene Autorinnen und Autoren (Niggli, 2000; Reusser, 2001; Huber & Huber, 2004) weisen darauf hin, dass sich die Arbeits- und Lebenswelt stark verändert hat, hin zu mehr Ungewissheit und Offenheit. Auf diese Ungewissheit und Offenheit müssen Schülerinnen und Schüler vorbereitet werden. Neben fachlichem Wissen muss Schule auch immer mehr die Möglichkeit bieten, wichtige überfachliche Kompetenzen zu erwerben. Dafür sind Formen des WELL und andere kooperative Lernformen hervorragend geeignet. Sie bieten einen sozialen Kontext, in dem nicht nur die elaborierte Aneignung von Wissen und die Auseinandersetzung mit unterschiedlichen Standpunkten stattfinden können, sondern sie stellen auch eine Plattform dar für die wechselseitige Modellierung von Lernstrategien und anderen überfachlichen Kompetenzen (Reusser, 2001). Nach Vygotsky (1978) sind anspruchsvolle mentale Prozesse grundsätzlich ein Resultat sozialer Prozesse und bedürfen daher der Interaktion mit anderen. Reusser (2001) empfiehlt, wenn möglich, den Einsatz kooperativer Lernmethoden. Innerhalb kooperativer Lernformen können die Lernenden durch geeignete

Materialien, effektive Lernstrategie-Vorgaben, anspruchsvolle Aufgabenstellungen und die Anregung zur Reflexion des eigenen Vorgehens beim Lernen optimal unterstützt werden.

Dass kooperative Lernformen in vielen Fällen gegenüber traditionellen Unterrichtsformen im Hinblick auf Leistungsergebnisse überlegen sind, konnte eine Metaanalyse von Slavin (1995) belegen. Dasselbe gilt für die Verbesserung sozialer Beziehungen und sozialer Kompetenzen.

Im Folgenden soll speziell darauf eingegangen werden, warum man sich von Formen des WELL positive Auswirkungen auf den Wissens- und Kompetenzerwerb der Lernenden sowie auf die intrinsische Motivation, das Kompetenz- und Selbstbestimmtheitserleben, die sozialen Beziehungen zwischen den Lernenden und das soziale Klima erwartet (Huber, Konrad & Wahl, 2001).

Hier spielen drei Faktoren eine wichtige Rolle: (1) die Übernahme einer Expertenrolle beim Lernen, (2) die Vorgabe sinnvoller Lernstrategien und (3) die gleichberechtigte Zusammenarbeit mit anderen beim Lernen.

(1) Übernahme einer Expertenrolle beim Lernen

Innerhalb der Methoden des WELL erwerben die Lernenden für einen Teil des Lernstoffs einen Expertenstatus. Die Erwartung, anderen dieses Expertenwissen beizubringen, motiviert die Lernenden, sich besonders intensiv mit dem Lernstoff auseinandersetzen (Allen, 1983). Die Übernahme der Expertenrolle sollte sich außerdem positiv auf das Kompetenz- und Selbstbestimmtheitserleben (Deci & Ryan, 1985) und auf das Lernergebnis auswirken. Dabei ist es jedoch wichtig, dass die Lernenden durch die Vorgabe geeigneter Lernstrategien unterstützt werden, wie sie sich den Lernstoff am besten aneignen, ihn weitervermitteln und vertiefen können (siehe unten).

(2) Vorgabe sinnvoller Lernstrategien

Innerhalb der Forschung zum kooperativen Lernen geht die kognitiv-elaborative Perspektive (Slavin, 1993, 1996) davon aus, dass Lernende den Lernstoff aktiv verarbeiten müssen. Dies ist besonders gut möglich, wenn man den Lernstoff einer anderen Person erklärt. Sinnvolle Lernvorgaben, wie z.B. den Lernstoff mit Hilfe von Schlüsselbegriffskärtchen zu erklären, zu wiederholen und sich Zusammenhänge im Lernstoff klar zu machen, regen qualitativ hochwertige Erklärungsprozesse an. Ohne die Vorgabe oder das Training von Lernstrategien besteht nach Cohen (1994) leicht die Gefahr, dass die Interaktionen der Lernenden auf einem sehr oberflächlichen Niveau ablaufen. Auf der anderen Seite können zu detaillierte Vorgaben von Lernstrategien den Lernprozess aber auch behindern. Hier gilt es, das richtige Niveau in Abhängigkeit von Motivation, Vorwissen und Kompetenzen der Lernenden und der Aufgabenstellung zu finden. Die Lernvorgaben sollten sich positiv auf intrinsische Motivation, Kompetenz- und Selbstbestimmt-heitserleben sowie Lernergebnisse auswirken.

(3) Gleichberechtigte Zusammenarbeit mit anderen
Aus der Kontakthypothese von Allport (1954) kann man ableiten, welche Bedingungen gegeben sein müssen, damit der Kontakt von Personen zu einer Verbesserung der Beziehungen und einem besseren sozialen Klima führt:
- Der Kontakt muss auf gleicher Statusebene stattfinden.
- Es müssen gemeinsame Ziele verfolgt werden.
- Der Effekt kann erhöht werden, wenn der Kontakt außerdem von institutioneller Seite unterstützt wird und Gelegenheit besteht, Gemein-samkeiten zu erkennen.

Diese Bedingungen sind nun beim Einsatz von Methoden des WELL gegeben. Dadurch, dass Lehrkräfte sie einsetzen, signalisieren sie, dass sie diese Form des Kontakts wünschen. Die Lernenden agieren auf gleicher Statusebene und sie haben alle einen wichtigen Beitrag zum gemeinsamen Ziel, nämlich die Beherrschung des Lernstoffs, zu leisten. Durch die Zusammenarbeit mit anderen und durch die regelmäßige Reflexion dieser Zusammenarbeit sollten außerdem auch soziale Kompetenzen erworben werden.

3. Ergebnisse einer Studie zur Überprüfung der Effekte von WELL

Innerhalb des Forschungsprojekts WELL (Oktober 2000 bis Oktober 2006) an der Pädagogischen Hochschule Weingarten wurde in acht Schulklassen der Realschulen Markdorf und Weingarten in Klassenstufe 7 und 8 im Biologie-unterricht über 12 Wochen hinweg WELL in Form der Partnerpuzzlemethode eingesetzt und mit anderen Lernformen verglichen. An dieser Stelle möchte ich meinen herzlichen Dank an die Schulleiter, die beteiligten Lehrerinnen und Lehrer sowie Schülerinnen und Schüler ausdrücken, die diese Untersuchung erst ermöglicht haben. Im Folgenden werde ich die wichtigsten Fragestellungen und Ergebnisse kurz referieren. Eine genauere Darstellung der Untersuchung findet sich in meinen Vortragsmanuskripten (Huber, 2003 & 2004d).

Fragestellung 1: Wie effektiv ist „Wechselseitiges Lehren und Lernen" gegenüber dem üblichen lehrerzentrierten Klassenunterricht?
- Angenommen wurde, dass WELL effektiver ist, was das Lernergebnis, die intrinsische Motivation und das Kompetenzerleben betrifft.
- Die Annahmen konnten fast immer bestätigt werden (Huber, 2003).

Fragestellung 2: Wie wichtig ist der Expertenstatus beim Lernen für das Lernergebnis, die intrinsische Motivation und das Kompetenzerleben?

146

- Angenommen wurde, dass sich der Expertenstatus sehr positiv auswirkt, wenn gleichzeitig Lernstrategien vorgegeben werden und negativ, wenn die Lernenden sich in ihren Lernstrategien selbst überlassen werden, da dies dann eine Überforderung darstellt.
- Die Annahmen konnten für die intrinsische Motivation voll und das Kompetenzerleben in der Hälfte der Fälle bestätigt werden. In Bezug auf die Lernleistung ergaben sich keine signifikanten Effekte. Hier muss jedoch berücksichtigt werden, dass die Schülerinnen und Schüler wussten, dass alle ihre Leistungstests benotet werden und sie sich daher auch dann angestrengt haben, wenn ihnen das Lernen nicht so viel Spaß gemacht hat und sie sich eher als wenig kompetent erlebt haben (Huber, 2003).

Fragestellung 3: Wie wichtig ist die Vorgabe von Lernstrategien für das Lernergebnis, die intrinsische Motivation, das Kompetenz- und Selbstbestimmtheitserleben?

- Angenommen wurde, dass sich dies generell positiv auswirkt.
- Die Annahmen konnten für die intrinsische Motivation voll und das Kompetenzerleben fast immer bestätigt werden. In Bezug auf die Lernleistung wurde die Annahme in der Hälfte der Fälle bestätigt. Auch hier gilt, dass die Schülerinnen und Schüler wussten, dass ihre Leistungen bewertet werden. Dennoch haben die Lernenden mit Lernstrategie-Vorgaben in der Hälfte der Fälle bessere Lernergebnisse aufgewiesen (Huber, 2003).

Fragestellung 4: Welche Rolle spielt die Klassenstufe und damit das kognitive Niveau der Lernenden für das Lernergebnis?

- Angenommen wurde, dass sich das kognitive Niveau positiv auf das Lernergebnis auswirkt.
- Die Annahme konnte in über der Hälfte der Fälle bestätigt werden (Huber, 2004d).

Insgesamt betrachtet zeigt sich eine klare Überlegenheit von WELL gegenüber dem üblichen lehrerzentrierten Unterricht, was das Lernergebnis, die intrinsische Motivation und das Kompetenzerlebnis betrifft. Der Expertenstatus und die Vorgabe von Lernstrategien erwiesen sich für die intrinsische Motivation und das Kompetenzerlebnis als sehr wichtig. Weniger deutlich zeigte sich die Überlegenheit für das Lernergebnis. Hier schien das Wissen der Schülerinnen und Schüler darum, dass ihre Leistungen bewertet werden, in vielen Fällen bedeutsamer zu sein. Die Schülerinnen und Schüler strengten sich auch dann an, wenn es keinen Spaß machte zu lernen und sie sich beim Lernen als wenig kompetent erlebten. Das kognitive Niveau der Lernenden spielte für das Lernergebnis in über der Hälfte der Fälle eine bedeutsame Rolle. Lernmaterialien müssen also unbedingt in ihrer Schwierigkeit an das kognitive Niveau der Lernenden angepasst werden, da bei zu schwierigem Lernstoff auch die beste Methode nur wenig hilfreich ist.

Im Rahmen des oben erwähnten Forschungsprojekts WELL wurden nicht nur Well-Methoden entwickelt bzw. weiterentwickelt und evaluiert, sondern auch ein Implementationsansatz erprobt, das „Markdorfer Modell" (Hepting, 2003). Hepting setzte WELL-Methoden und andere kooperative Lernformen über ein ganzes Schuljahr lang in allen Fächern in einer 7. Realschulklasse ein und konnte zeigen, dass sich die Methoden nicht nur positiv auf das Lernergebnis, sondern auch auf das soziale Klima auswirken.

4. Was man beim Einsatz von WELL in der Schule beachten muss

4.1 Veränderte Rollen von Lehrenden und Lernenden

Der Einsatz kooperativer Lernformen geht mit einer Veränderung der Rollen von Lehrenden und Lernenden einher. Während beim lehrerzentrierten Klassen-unterricht die Lehrenden v.a. Wissensvermittler sind, die Wissensinhalte möglichst gut strukturiert präsentieren sollen, ist den Lernenden eine eher passive und rezeptive Rolle zugedacht. Dies verändert sich grundlegend, wenn kooperative Lernformen wie z.B. WELL zum Einsatz kommen. Hier werden Lernende als Konstrukteure ihres eigenen Wissens und Lernen als aktiv-konstruktivistischer Prozess betrachtet. Die Rolle der Lehrenden besteht nun darin, geeignete Hilfestellungen zu geben. Sie werden immer mehr zu Beratern für Lernprozesse (siehe auch Reinmann-Rothmeier & Mandl, 2001). Beide Rollen, die der Lernenden und der Lehrenden, sind zunächst unvertraut und daher nicht leicht auszufüllen.

Damit dieser Umlernprozess gelingen kann, ist es wichtig, die Lernenden behutsam an die Veränderungen heranzuführen und Ihnen genügend Unterstützung zu geben, wie sie beim Lernen vorgehen sollen. Daher empfiehlt es sich, zunächst eher stärker strukturierte Verfahren einzusetzen, wie etwa die Partnerpuzzlemethode oder das Lerntempoduett und erst später komplexere Methoden, wie etwa die Kleinprojekte in Gruppen (Konrad, 2004), bei denen die Lernenden bereits sehr selbständig eigene Projektideen umsetzen. Außerdem kann es sinnvoll sein, wichtige interpersonale Fertigkeiten und Arbeitstechniken speziell zu trainieren, wenn sie nicht vorhanden sind und Regeln für die Zusammenarbeit einzuführen. Die Lehrperson steht zudem in der Verantwortung, geeignete Materialien für die Bearbeitung in den kooperativen Lernformen anzubieten und den Lernstoff für die Lernenden vorzustrukturieren.

Am besten gelingt eine solche Veränderung, wenn ein Kollegium ein solches Veränderungsvorhaben als Ganzes oder als Teilgruppe angeht. Dabei ist es wichtig, dass es die Unterstützung von Institution und Schulleitung hat. Hepting (in diesem Band) beschreibt in seinem „Markdorfer Modell", wie eine solche

Umsetzung aussehen kann. McLaughlin (1976) hat aufgrund einer Analyse von 293 schulischen Innovationsprojekten Merkmale identifiziert, die für eine erfolgversprechende Implementierung notwendig sind:

- Die beteiligten Lehrerinnen und Lehrer ebenso wie Vorgesetzte und Institution müssen *von der Projektidee überzeugt sein* und sie umsetzen wollen.
- Es müssen *regelmäßige Treffen* der Beteiligten stattfinden, um auftretende Probleme lösen zu können.
- *Unterrichtsmaterialien* sollten gemeinsam entwickelt werden, so dass Konzepte vielfältig durchdacht und erfahrungsorientiertes, reflektiertes Lernen stattfinden kann.
- Es müssen *regelmäßige Fortbildungen* aller Beteiligten stattfinden, bei denen auf die konkreten Bedürfnisse der Lehrerinnen und Lehrer eingegangen wird.

Nur so ist ein Lern- und Verlern-Prozess möglich, in dem neue Einstellungen, Verhaltensweisen und Fertigkeiten entwickelt werden können. Dieser Prozess beinhaltet eine Veränderung nicht nur der am Prozess beteiligten Personen, sondern auch der Organisation und des Projektdesigns (Huber, 2000).

4.2 Veränderte Leistungsbewertung

Will man schulische Lernformen verändern, so muss man auch über eine veränderte Leistungsbewertung nachdenken. Denn in der Regel orientieren sich Schülerinnen und Schüler in ihrem Leistungsverhalten daran, was von ihnen durch Leistungsprüfungen eingefordert wird. In Baden-Württemberg wurde hierfür ein Projekt ins Leben gerufen, das sich mit der „Weiterentwicklung schulischer Abschlussprüfungen" (WESA) befasst. Da Noten weitgehend individuell erteilt werden müssen, d. h. eine erbrachte Leistung jedem einzelnen Lernenden zurechenbar sein muss, gilt es hier Lösungen für kooperative Lernformen zu finden, bei denen eine solche Bewertung zum Teil schwierig ist. Herold und Landherr (2001) haben ein Bewertungsschema für solche Lernformen entwickelt. In Form von Portfolios können die individuell erbrachten Leistungen, die Kompetenzen und das Engagement bei Partner- und Gruppenarbeiten dokumentiert und nachgewiesen werden.

4.3 Besuch von Fortbildungsveranstaltungen

Wie bereits angesprochen (siehe oben), ist es wichtig, dass Implementationsprozesse durch regelmäßige Fortbildungen aller Beteiligten begleitet werden, die auf die konkreten Bedürfnisse der Lehrerinnen und Lehrer zugeschnitten sind. Dabei hat sich ein von Wahl (Wahl, 1991; Wahl et al, 1995) entwickeltes Fortbildungskonzept als sehr sinnvoll erwiesen. Wichtig ist in jedem Fall, dass die Teilnehmenden die neu zu erlernenden Methoden am eigenen Leib erfahren (Doppeldeckerprinzip), bevor sie diese selbst erproben. Die Fortbildungen sind auf mehrere Präsenzphasen verteilt. In den Zwischenzeiten soll das neu Gelernte in die Praxis umgesetzt werden. Dabei werden die Teilnehmenden durch Treffen mit einem Tandempartner unterstützt. In den Tandems werden Unterrichtsmaterialien erstellt, die Schulstunden vor- und nachbereitet und gegenseitige Unterrichtsbesuche durchgeführt. Auch Treffen in größeren Gruppen haben sich als günstig herausgestellt, um Problemlösungen zu erarbeiten und Erfahrungen mit der Umsetzung auszutauschen. Sowohl die Tandem- als auch die Gruppentreffen sollen dazu beitragen, dass die Veränderungsmotivation aufrechterhalten und notwendige sozio-emotionale und instrumentelle Unterstützung gegeben werden kann. Sie haben sich als integraler Bestandteil für eine erfolgreiche Veränderung herausgestellt (Schmidt & Wahl, 1999). Rotering-Steinberg (2004) schlägt ein Selbsttrainingskonzept für Lehrergruppen vor, dass auch ohne Fortbildner von außen durchgeführt werden kann.

Literatur

Allen, V. L. (1983). Impact of the role of tutor on behavior and self-perception. In J. M. Levine & M. C. Wang (Eds.), Teacher and student perceptions: Implications for learning (pp. 367-389). Hillsdale: Erlbaum.

Allport, G. (1954). The nature of predjudice. Cambridge: Addisson-Wesley.

Aronson, E., Blaney, N., Stephan, G., Silkes, J. & Snapp, M. (1978). The Jigsaw Classroom. Beverly Hills, CA: Sage Publications.

Cohen, E. G. (1994). Restructuring the classroom: Conditions for productive small groups. Review of Educational Research, 64 (1), 1-35.

Deci, E. L. & Ryan, R. M. (1985). Intrinsic Motivation and Self-Determination in Human Behavior. New York; London: Plenum Press.

Hepting, R. (2003). Optimierung der Unterrichtsqualität mit neuen Formen des Lehrens und Lernens. Lehren und Lernen, 29 (7/8), 21-28.

Herold, M. & Landherr, B. (2001). Selbstorganisiertes Lernen: SOL; ein systemischer Ansatz für Unterricht. Baltmannsweiler: Schneider-Verlag Hohengehren.

Huber, A. A. (2000). Die Rolle subjektiver Theorien für die Implementation kooperativer Lernmethoden. In C. Dalbert & E. J. Brunner (Hrsg.), Handlungsleitende Kognitionen in der pädagogischen Praxis (S. 139-154). Baltmannsweiler: Schneider Verlag Hohengehren.

Huber, A. A. (2003). Die Rolle von Strategie-Instruktionen und Expertenstatus bzw. Aufgabenspezialisierung beim Lernen in Paaren. Vortrag auf der Tagung der „Fachgruppe Pädagogische Psychologie" in Bielefeld vom 21-24. September 2003.

Huber, A. A. (2004a). Die Partnerpuzzlemethode. In A. A. Huber (Hrsg.), Kooperatives Lernen. Kein Problem. Effektive Formen der Partner- und Gruppenarbeit in Schule und Erwachsenenbildung. Stuttgart: Klett.

Huber, A. A. (2004b). Die Strukturierte Kontroverse. In A. A. Huber (Hrsg.), Kooperatives Lernen. Kein Problem. Effektive Formen der Partner- und Gruppenarbeit in Schule und Erwachsenenbildung. Stuttgart: Klett.

Huber, A. A.. (2004c). (Hrsg.). Kooperatives Lernen. Kein Problem. Effektive Formen der Partner- und Gruppenarbeit in Schule und Erwachsenenbildung. Stuttgart: Klett.

Huber, A. A. (2004d). Die Rolle von Lernstrategie-Vorgaben und Klassenstufe für das Lernen im Partnerpuzzle. Vortrag auf der Tagung der Deutschen Gesellschaft für Psychologie in Göttingen vom 26.-30. September 2004.

Huber, A. A.. & Huber, G.L. (2004). Gestaltung von Lernumgebungen. In A. A. Huber (Hrsg.), Kooperatives Lernen. Kein Problem. Effektive Formen der Partner- und Gruppenarbeit in Schule und Erwachsenenbildung.Stuttgart: Klett.

Huber, A. A., Konrad, K. & Wahl, D. (2001). Lernen durch wechselseitiges Lehren. Pädagogisches Handeln, 5 (2), 33-46.

Johnson, D. W., & Johnson, R. T. (1994). Structuring academic controversy. In S. Sharan, (Ed.), Handbook of cooperative learning methods (pp. 66-81). Westport, Conneticut: Greenwood Press.

Konrad, K. (2004) . Wie können innovative Partner- und Gruppenarbeitsmethoden in Schule und Erwachsenenbildung eingeführt werden? In A. A. Huber (Hrsg.), Kooperatives Lernen. Kein Problem. Effektive Formen der Partner- und Gruppenarbeit in Schule und Erwachsenenbildung. Stuttgart: Klett.

McLaughlin, M. W. (1976). Implementation as mutual adaption: Change in classroom organisation. Teachers College Record, 77(3), 339-351.

Niggli, A. (2000). Lernarrangements erfolgreich planen. Didaktische Anregungen zur Gestaltung offener Unterrichtsformen. Aarau: Sauerländer.

Reinmann-Rothmeier, G. & Mandl, H. (2001). Unterrichten und Lernumgebungen gestalten. In A. Krapp & B. Weidenmann (Hrsg.), Pädagogische Psychologie (S.601-646). Weinheim: Beltz.

Reusser, K. (2001). Unterricht zwischen Wissensvermittlung und Lernen lernen. Alte Sackgassen und neue Wege in der Bearbeitung eines pädagogischen Jahrhundertproblems. In C. Finkbeiner & G. W. Schnaitmann (Hrsg.), Lehren und Lernen im Kontext empirischer Forschung und Fachdidaktik (S. 106-140). Donauwörth: Auer Verlag.

Rotering-Steinberg, S. (2004). Wie lerne ich kooperative Lernmethoden? Implementation und Evaluation kooperativer Lernmethoden. In A. A. Huber (Hrsg.), Kooperatives Lernen. Kein Problem. Effektive Formen der Partner- und Gruppenarbeit in Schule und Erwachsenenbildung. Stuttgart: Klett.

Schmidt , E. M. & Wahl, D. (1999). Die Wirkung kommunikativer Praxisbewältigung in Gruppen (KOPING) auf den Lernprozess von ErwachsenenbildnerInnen. Gruppendynamik, 3, 281-294.

Slavin, R. E. (1993). Kooperatives Lernen und Leistung. Eine empirisch fundierte Theorie. In G. L. Huber (Hrsg.), Neue Perspektiven der Kooperation (S. 155-157). Hohengehren: Schneider Verlag.

Slavin, R. E. (1995). Cooperative learning: Theory, Research, and Practice. (2. Aufl.). Englewood Cliffs, NJ: Prentice-Hall.

Slavin, R. E. (1996). Research for the future. Research on cooperative learning and achievement: What we know, what we need to know. Contemporary Educational Psychology, 21, 43-69.

Vygotsky, L. S. (1978). Mind in Society. (Edited by M. Cole, V. John-Steiner, S. Scribner & E. Souberman). Cambridge, MA: Harvard University Press.

Wahl, D. (1991). Handeln unter Druck. Der weite Weg vom Wissen zum Handeln bei Lehrern, Hochschullehrern und Erwachsenenbildnern. Weinheim: Deutscher Studien Verlag.

Wahl, D. (2004a). Das Lerntempoduett. In A. A. Huber (Hrsg.), Kooperatives Lernen. Kein Problem. Effektive Formen der Partner- und Gruppenarbeit in Schule und Erwachsenenbildung. Stuttgart: Klett.

Wahl, D. (2004b). Das Partner- und Gruppeninterview. In A. A. Huber (Hrsg.), Kooperatives Lernen. Kein Problem. Effektive Formen der Partner- und Gruppenarbeit in Schule und Erwachsenenbildung. Stuttgart: Klett.

Wahl, D., Wölfing, W., Rapp, G. & Heger, D. (1995). Erwachsenenbildung konkret: Mehrphasiges Dozententraining; eine neue Form der erwachsenendidaktischen Ausbildung von Referenten und Dozenten. Weinheim: Deutscher Studien-Verlag.

Marieluise Kliegel

Kunst, Technik, Design oder Alltagsbewältigung - Aspekte zum Textilunterricht zwischen Tradition und Innovation

Von der Windel bis zum letzten Hemd - Textiles begleitet uns ein Leben lang. Textilien sind Gebrauchs- und Verbrauchsgegenstände und enden in der Verbraucherkette heute entweder in der Altkleidersammlung, im industriellen Recycling, als Putzlappen oder im Müll. Die Vielschichtigkeit der textilen „Sachkultur" heute, wie Traute El-Gebali-Rüter und Ingrid Köller (vgl. El-Gebali-Rüter 1999) den textilen Themenbereich nennen, wird deutlich, wenn wir über Flohmärkte gehen, in Secondhand-Läden suchen, private oder öffentliche Sammlungen besichtigen, in den „Eine Welt Läden" suchen und uns an Altkleidersammlungen beteiligen.

1. Der Blick zurück ins Heute – Initiative und Gegenstand eines textilen Entwicklungsprozesses

Ist ein „textiler" Blick zurück ins Heute ein Anachronismus, eine falsche zeitliche Fixierung, eine sich widersprechende Aussage? Was ist genau Bestandteil eines Blickes zurück in die Etablierungsphasen des Bereiches Textil in der Schule? Lassen sich daraus bestimmte Aspekte zur Form, Funktion und Bedeutung eines Schulfaches mit textilen Inhaltsbereichen in der aktuellen Diskussion ableiten bzw. revidieren?

Wie ein Blick in die Geschichte des Schulfaches mit wechselnden Namen von „Handarbeit über Textilgestaltung bis zu Mensch und Umwelt" mit unterschiedlichen Inhaltsbereichen in den verschiedenen Bundesländern seit der zweiten Hälfte des 19. Jahrhunderts zeigt, setzten sich die Vertreterinnen und Vertreter der textilen Bereiche immer wieder mit den sich wandelnden gesellschaftlichen, wirtschaftlichen und bildungspolitischen Bedingungen auseinander. Gegenstand dieses Entwicklungsprozesses des Textilunterrichts sind und waren in unterschiedlicher Schwerpunktsetzung Textilien, die aufzeigen, dass das Wissen um textile Sachverhalte mit Blick auf eine sich ständig verändernde Alltagskultur Bestandteil einer schulischen Allgemeinbildung werden (vgl. Angele 2001, 56). Textilien reflektieren die Frage: Wie viel Alltagswissen braucht der Mensch? (vgl. Schmidt 2001, 3f)

- Dokumente technischer und materialer Revolutionen und Innovationen sind. Textiles Wissen beschäftigt sich mit den Zusammenhängen zwischen „Körper – Kleidung – Klima" (vgl. Mecheels 2003), in der Funktion in den Bereichen „Schutz, Schmuck und Scham".

- als Repräsentanten einer gesellschaftlichen, „nationalen" Epoche, deren Ästhetik, religiöse Prägung und technisches Know How reflektieren. Textilien lassen teilhaben am Alltag bzw. „Sonntag" der damit repräsentierten Gesellschaftsschicht.

- das Leben und Arbeiten des Einzelnen, einer Gruppe etc. innerhalb der menschlichen Gesellschaft dokumentieren. Textilien halten der Gegenwart den Spiegel vor und schlagen Brücken zwischen Vergangenheit, Gegenwart und Zukunft.

- selbst gestaltet und hergestellt werden, mit „Kopf, Herz und Hand". Textile Herstellungsprozesse schulen die Kognition und feinmotorischen Fähigkeiten bei der „Handhabung" (Sträßner-Panny 1996; Wilson 2000) von Material und Werkzeug.

1.1 Stich für Stich – Genese eines textilen Schulfaches

Die Spurensuche[1] nach dem Beginn des Textilunterrichtes als Schulfach erstreckt sich bis in die zweite Hälfte des 19. Jahrhunderts. Als Bestandteil einer adäquaten Mädchenbildung ist die textile „Handarbeit" seit 1870 ein obligatorisches Unterrichtsfach an den preußischen Volksschulen. Initiiert hatte dies Rosalie Schallenfeld, die 1857 in einer Veröffentlichung die kritischen Zustände in der Lehrerinnenausbildung und in den Fachinhalten aufzeigte (Schallenfeld 1859). Sie bezeichnete die damalige Situation als ein unverständliches Einüben einer unverstandenen technischen Fertigkeit. Die didaktische Intention war die Herstellung nützlicher Dinge wie z. B. das Zeichnen der Wäsche mit Buchstabenstickereien (Monogramme). Erziehungsziel für die Mädchen – denn nur sie nahmen an diesem Unterricht teil – war das Training von Genauigkeit, Ausdauer, Geduld und Fleiß, den typischen Eigenschaften einer Frau?! Für die unteren Schichten war das Erlernen von Nähen, Stopfen, Flicken lebensnotwendig, zum einen als mögl. Broterwerb und zum anderen, um das knappe Haushaltsgeld nicht für unnötige textile Anschaffungen ausgeben zu müssen.

Im Zusammenhang mit der Reformbewegung Anfang des 19. Jahrhunderts ergreift Margot Grupe[2] die Initiative, benennt das Fach um in Nadelarbeit, beteiligt Jungen

---

[1] Vgl. hierzu auch: Bleckwenn, R.: Vom Teppich von Bayeux zur Dinner-Party - Beispiele zur Bedeutung des Stickens in der europäischen Kultur. In: Textilarbeit und Unterricht Heft 3/ 1988, S. 124 - 133.

[2] Grupe, M.: Die neue Nadelarbeit. Berlin 4. verm. Aufl. 1921

an diesem Fach, kehrt der reinen Funktionalität den Rücken und nennt die Nadelarbeit eine gestaltende, denkende Tätigkeit, die u. a. der Geschmacksbildung dient.[3]

Durch die Ideologie und Mangelzustände in der Zeit des Nationalsozialismus, mutierte das Fach „Nadelarbeit" wieder zur „Handarbeit" im Sinne der Produktion von nützlichen Dingen für das alltägliche Leben. Volkstümlich inspiriert und in traditionellen Techniken gefertigt waren die Verzierungen der textilen Objekte. Durch die Materialknappheit der Kriegsjahre galt das Motto:" Aus Alt mach Neu" und so wurden selber Schnitte erstellt, ein alter Pullover aufgerifelt und aus dieser Wolle ein neuer gestrickt, aus Großvaters Wolldecke wurde ein Hochzeitskostüm (Kliegel 1998, 23f)), aus Vorhängen ein Tanzkleid und aus einem alten Mantel zwei warme Winterkindermäntel usw. Das oberste Lernziel: nützliche Dinge geschmackvoll herzustellen wurde durch die Reformbewegung in den 70er Jahren abgelöst. In einer Wohlstandsgesellschaft, in der alles im Überfluss vorhanden war und die „außer Haus" berufstätige Frau das Selbstschneidern von Kleidung durch preiswerte Konfektionswaren ersetzte, wurden die traditionellen Inhalte des Textilunterrichts kritisch hinterfragt. In der Tradition des Bauhauses und inspiriert von den Textilkünstlerinnen dieser Jahre entwickelten sich Didaktiken, die den freien experimentellen Umgang mit Material und Technik im Hinblick auf eine neue Geschmacksbildung herausarbeiteten. Es wurde/ sollte zweck-, material- und werkgebunden gearbeitet werden. Die Fachinhalte umfassten: Textil-, Schnitt- und Gestaltungslehre, mit fadengebundenem Sticken, Hand- und Maschinennähen, Häkeln und Stricken (vgl. Bleckwenn 1981, 8)
Im Schulalltag trifft man heute teilweise noch „traditionelle" und damit unreflektierte Fachinhalte und Unterrichtsformen an, deren Wurzel auch im koedukativen Zusammenhang zumeist unbekannt sind. Deshalb sollen im Folgenden exemplarisch einige Vertreterinnen der Entwicklungsprozesse des Textilunterrichts vorgestellt werden, deren Überlegungen und Strukturen zum Wandlungsprozess von Bedeutung, Funktion, Form und Inhalt des Fachbereichs Textil als Unterrichtsfach beigetragen haben.

1.2 Vorstich oder Rückstich – Fachreformen

1967 gibt Wilhelmine Galter im Zusammenhang mit der Bildungsreform dieser Jahre eine Didaktik zur Textilgestaltung in der Schule für die Klassen 5-10 heraus (Galter 1967). Sie setzt sich mit den verschiedenen Lehrplänen der Bundesländer

---

[3] Vgl. dazu auch Knoll, C.; Reuther, F.: Die Kunst des Schmückens. Eine Klärung des Schmuckproblems durch Wort und Bild für Schaffende und Genießende. Dresden 1910

auseinander, analysiert deren Fachinhalte und **aktualisiert diese im Hinblick auf die - 1967 - Nutzung, die sie „Gegenwärtigkeit" nennt**. Textilgestaltung definiert sich als „eine gestalterische Arbeit im Sinne der Kunsterziehung und des Werkens, in denen ebenfalls Flächen mit Formen und Farben ausgefüllt und aufgegliedert werden. Nur die Mittel sind anders." (ebd., 2)

Das in der Schule - so der einstimmige Grundtenor in den Bildungsplänen 1967 - zu erlernende Wissen und die Übung von Grundtechniken werden in Anlehnung an den Kunstunterricht in den Gestaltungsbereichen erweitert. Inhaltliche Reflexion war für Wilhelmine Galter das Buch von Gunter Otto, Kunst als Prozeß im Unterricht, Braunschweig 1964. Als besondere Fachinhalte benennt sie: Stoffdruck/ Stoffmalerei/ Batik/ Kordel- oder Band steppen. Das Nähen nach vorgegebenem Schnitt, das Stricken eines Pullovers nach einem vorgegebenen Muster, das Häkeln nach Arbeitsanleitungen ist „einsichtiges Nachschaffen". Dieses „Nachschaffen" hat seinen berechtigten Platz, denn es werden „wertvolle Grundeinsichten und Erfahrungen mit Materialien und Techniken vermittelt, die sich positiv „fruchtbar", wie Wilhelmine Galter es bezeichnet, auf die schöpferische Arbeit auswirken. Der Übergang zu beiden Bereichen kann vielfach fließend sein.
Im damaligen Fächerkanon ist der Textilunterricht als selbständiges Unterrichtsfach für die Mädchen vorgesehen, die Jungen werden parallel in Werken unterrichtete. Einen Zustand, den Frau Galter für nicht fach- und sachgerecht hält. In den Unterrichtsfächern Handarbeit und Werken geht es um „die materialgerechte, formschöne und zweckentsprechende Herstellung von Gebrauchsgegenständen, wobei in beiden Fächern der Übergang zu zweckfreien Arbeiten fließend ist." (ebd., 26)

Textile Aktualität 1967 - Das Korrektiv für die Auswahl des Gegenstands, an dem Technik und Gestaltung reflektiert und umgesetzt werden soll, ist abhängig von der „Gegenwärtigkeit", d. h. die überlieferten Bildungsstoffe – hier der Blick zurück - müssen immer wieder auf die Aktualität - das Heute - hin überprüft werden. In diesem Zusammenhang formuliert Wilhelmine Galter eine Erziehungsmaxime, die auch in den aktuellen Lehrplänen noch zum Tragen kommt. So heißt es bei ihr weiter: „Dieser Erkenntnis muss die Schule bewusst Rechnung tragen, indem sie den irrationalen Lern- und Umwandlungsprozess steuert und in Bahnen lenkt, die dem kritischen Urteilsvermögen der Schülerin in ästhetischen Dingen zugute kommen. Das ihr von Hause aus vertraute Geschmacksempfinden, zu dem sie oft nur einen unreflektierten Gefühlsbezug hat, muss allmählich sachbezogen Einsichten und Erfahrungen weichen". (ebd., 4)

Technologische Dimension 1967 - Das Rüstzeug für handwerkliches Tun ist das Erlernen der Techniken, wie das Nähen, Weben, Flechten, Knoten, Drucken, Häkeln, Stricken, Sticken etc., welche besonders aktuellen Strömungen unterworfen sind. Nach Wilhelmine Galter war 1967 z. B. die Filethäkelei oder die Lochstickerei unmodern, das Drucken und Batiken erfreute sich jedoch größter Beliebtheit im Bereich von Schule und Freizeit (Galter 1997, 7). – Dies gilt auch für die heutigen Bildungsinhalte. So ist die Technik des Filzens Bestandteil der textilen Bildungsstandards in Baden-Württemberg, während Bayern diesen Bereich kürzlich aus seinen Lehrplänen herausgenommen hat. Ähnlich wie heute erfolgt die Materialwahl nach Festlegung der Funktion bzw. des Gebrauchs des Gegenstands. So muss für einen Kaffeewärmer Wärme isolierendes Material gewählt werden, oder für den Topflappen aus hygienischen Gründen kochbares Garn (vgl. Abb. 1). Die Wahl der Techniken ist wiederum an das Material gebunden.

1969 veröffentlichte Hilda Sandtner ihre Erkenntnisse zum Thema Textilunterricht im Buch „Schöpferische Textilarbeit", das 1973 in der 3. Auflage erschien. Hilda Sandtner, selbst Sammlerin von historischen textilen Objekten (heute die Stiftungsgrundlage der Exponate im Textilmuseum Mindelheim) zu didaktischen Zwecken, orientiert sich in ihrer textilen Reflexion an deren Erscheinungsform und technischen Realisierung. Sie löst diese aus dem im Textilunterricht üblichen funktionalen Zusammenhang und schlägt ein eher spielerisches Schaffen und freies Experimentieren vor. Die Gestaltungsformen sind vom Gegenstand losgelöst, die Farben rein und bei den Techniken Sticken und Weben werden die wechselnden Strukturen der Fläche aufgegriffen (vgl. das Bauhaus). Ihr textiles Bezugsfeld ist Kleiden und Wohnen entsprechend dem individuellen Entwicklungsstand der Schülerinnen und Schüler. Hilda Sandtner bezieht sich auch auf den Bereich der Konfektion, der industriellen Fertigung von Textilien als ein Teilaspekt der Verbrauchererziehung.

1971 - Ebenso kritisch wie Hilda Sandtner, geht Grete Meyer-Ehlers in ihren Überlegungen zum Thema „Textilwerken" (Meyer-Ehlers 1965). 1971 mit dem Fachinhalt der „Erstellung nützlicher Gegenstände" im Textilunterricht um. Dabei geht sie von der gesellschaftlichen Beobachtung aus, dass u. a. die Berufstätigkeit der Frau außer Haus die Fachinhalte verändert hat. Grete Meyer-Ehlers schlägt deshalb vor, die Fachinhalte nicht, wie bisher üblich, der Anfertigung von nützlichen Gegenständen zu widmen, sondern durch bildnerische Tätigkeiten das funktionale Denken und den Geschmack zu entwickeln. Dies soll durch die tätige Auseinandersetzung mit den textilen Werkstoffen und Arbeitsverfahren innerhalb des Sachgebietes Kleidung und Wohnen geschehen, auch im Hinblick auf die Konsumerziehung. Die Schülerinnen und Schüler beginnen mit dem experimentellen Umgang von Technik und Material, ein Gedanke, der sich vom Bauhaus her ableitet. Dieser freie Umgang soll zum Weiterdenken anregen, neugierig machen. Das Lernen ist nicht mehr vormachen, sondern mitmachen - Ein Aspekt, der im Zusammenhang mit der projektierten Arbeitsform heute wieder sehr aktuell ist.

1974 - Der Aspekt der Konsumerziehung und das Erlernen von Verbraucher kritischem Verhalten findet sich sehr anschaulich analysiert bei Brigitte Beyer und Heilwig Kafka (Beyer/Kafka 1979) wieder. Durch die Fachinhalte des Bundeslandes Baden-Württemberg geprägt, gehen sie auf den Bereich Kleidung und Wohnen besonders im Hinblick auf das Konsumverhalten ein. Die Aufgaben des Faches liegen darin, die Lebenssituation, die diese Bereiche betreffen, kritisch zu reflektieren, zu hinterfragen und nicht auf das manuelle/produktive Tun des Faches zu beschränken. Von besonderem Interesse ist in diesem Zusammenhang, dass Brigitte Beyer und Heilwig Kafka dafür appellieren, dass sich das Fach aus der geschlechtsspezifischen Rolle lösen soll bzw. mit Hinblick auf die veränderte Lebenswelt sich lösen muss.

1980/1981 - Wie das Beispiel der fachinhaltlichen Auseinandersetzung von Wilhelmine Ganter 1967 zeigte, führte die Bildungsreform Ende der 60er Jahre zu einer kritischen Reflexion und Umarbeitung der bisherigen Fachinhalte. Die Richtlinien in den Bundesländern legten die Schwerpunkte entsprechend der veränderten Lebenswelt in die Konsumerziehung, sowie den Arbeits- und Freizeitbereich. Diese inhaltlichen Aspekte reflektiert 1981 Ruth Bleckwenn in ihrem Buch „Kreatives textiles Gestalten" (Bleckwenn 1981; auch Bleckwenn 1980) und überträgt sie auf die Inhaltsebene der Grundschule, d.h. die Erscheinungsformen aus dem Bereich Kleidung/ Wohnraumtextilien (Kinderzimmergestaltung), textiles Spielzeug und evtl. textile Objekte aus der Textilkunst rücken ins Zentrum als Unterrichtsgegenstände. Behandelt werden die Aspekte der Ästhetik, der Funktionalität, der Sozialisation, deren ständige gegenseitige Bedingtheit und Verflechtung im Unterricht bewusst gemacht werden sollen. In einem kognitiv geprägten Schulalltag kommt dem gestalterischen Tun ein besonderer Stellenwert zu. Folgende Punkte wurden von Ruth Bleckwenn beim „handelnden Tun mit textilen Materialien angesprochen:[4]
a)   Training der Feinmotorik
b)   Schulung der visuellen und haptischen Wahrnehmung
c)   Das Erfassen und Vollziehen logischer Abläufe, entsprechend der Phasen des gewählten Werkverfahrens

---

[4] Folgende Punkte sind eine Zusammenfassung von: Bleckwenn (1981), S. 10 - 12

d) Erkennen der Zusammenhänge von Ursache und Wirkung der Phasen innerhalb der textilen Techniken

e) Erschließen rein theoretischer Zusammenhänge durch praktische Versuche

f) Realisierung einer individuellen Idee durch die textilen Verfahren, Erkenntnisse, z.B. erfordert ein spezielles Werkverfahren ein entsprechendes Material

g) Schritte erkennen: Planen - Ausführen - Überprüfen bei der Herstellung von bildnerischen oder nützlichen Gegenständen

h) Erkennen der Machbarkeit der Dinge

i) Erkennen der Notwendigkeit, sich an Sachzwänge zu binden

j) Bewusstes Gestalten der eigenen Umwelt

k) Psychologischer Ausgleich bei Zwangssituationen (therapeutische Dimension)

l) Fähigkeit zur Kommunikation und zum Sozialen Lernen

2. Der rote Faden – Weiterführende Perspektiven des Textilunterrichts

Der Aufbau einer neuen fachinhaltlichen und didaktischen Arbeitsform, in enger Zusammenarbeit zwischen der fachwissenschaftlichen und fachpraktischen Ausbildung im Studium (PH/Universität) sowie der gelebten Praxis (Schule) entwickelte sich aus fachinhaltlichen und den gesellschaftlichen und bildungspolitischen Veränderungen innerhalb des Studiums und des Textilunterrichts allgemein. Wie ein roter Faden ziehen sich diese Anforderungen durch die im Folgenden als „Der rote Faden" bezeichnete Arbeitsform, die sich an den daraus gewonnenen Erfahrungen orientiert, die den Studierenden bzw. den Lernenden allgemein als inhaltliche und didaktische Reflexionsgrundlage in Theorie und Praxis dienen.

2.1 Der rote Faden - ein Lernkonzept zur Erschließung textiler Phänomene

Dabei geht es besonders um folgende textile Phänomene/ Inhaltsbereiche/ Arbeitsfelder[5]:

Kulturgeschichte der Textilien: Hier stehen besonders die eigenen, interkulturellen und transkulturellen Traditionen und Innovationen der Textilien im Mittelpunkt der Erforschung, Reflexion, Dokumentation etc.

---

[5] Vgl. dazu auch: Herzog, M.: Mehrperspektischer Textilunterricht. Ideen, Anregungen und Materialien für die Grundschule. Seelze 2003

Kulturgeschichte der textilen Gestaltungstechniken und deren praktische Umsetzung: Hier werden textile Techniken wie z. B. das Weben, Knüpfen, Drucken u. a. im Hinblick auf die Schulung der Feinmotorik (auch die therapeutische Dimension des Textilen), der Materialmöglichkeiten und der Auseinandersetzung mit ästhetischen Formen verschiedener Kulturen als Grundlage des eigenen „schöpferischen Prozesses" erarbeitet/ kritisch betrachtet und erlernt.

Dieser Bereich - Technik und Material - wird z. B. im neuen Fächerverbund Mensch, Natur und Kultur in der Grundschule und in den aktuellen Prüfungsordnungen des Lehramtsstudiums in Baden-Württemberg nicht mehr exemplarisch ausdifferenziert, hier ist besonders der Erwerb der Sach- und Methodenkompetenzen gefragt.

Aktuelle Situation des Textilen als Gebrauchs- Verbrauchsgegenstand und Kunstobjekt im alltäglichen Leben: Hier werden besonders die Aspekte Konsum, Ökologie, Ökonomie, Design, Werbung, Textilkunst etc. angesprochen, reflektiert, analysiert und hinterfragt, um Wege zu einem eigenverantwortlichen Umgang mit dem Textilen – auch im gestalterischen Bereich – aufzuzeigen.

Textile Gestaltungslehre[6] und ästhetische Konzepte[7]: Hier werden besonders aktuelle und traditionelle Gestaltungsformen aus dem eigenen und aus anderen Kulturkreisen kennen gelernt, bewusst gemacht, erkannt, reflektiert und ggf. umgesetzt.

Genese des Faches: Hier werden besonders die Fachinhalte und Methoden kritisch hinterfragt und auf ihre Genese hin reflektiert. - Ausgangspunkt war hier das kritische Hinterfragen der Objekte vom Punger'schen Rahmen bis zu dem in Generationsfolge immer noch aktuell produzierten Nadelmäppchen in der Schule.

Aktuelle Situation und neue Konzeptionen für einen „sinnvollen" Unterricht bedeutet hier besonders die Reflexion der sich wandelnden Gesellschaft und der damit veränderten Lern- und Arbeitsform von Schülern, Lehrern und Studierenden, um deren Lebensumfeld gerecht werden zu können.

Gerade der letzte Punkt führte zur intensiven Zusammenarbeit zwischen PH/ Schule/ Lehrerfortbildung und Studienseminar. In der Praxis bedeutet dies, dass

---

[6] Vgl. Bleckwenn, R.; Schwarze, B.: Gestaltungslehre, Hamburg 1995. Lerche-Renn, H.: Sachstruktur-Fachstruktur. Ein Beitrag zum Curriculum Textilgestaltung. In: Textilarbeit und Unterricht, 1993, S: 135-148. Dies.: Stoffobjekte. Ein kunsterzieherischer Ansatz zum bildnerischen Umgang mit Stoff. Köln 1985

[7] Vgl. u.a. Kliegel, M.: Kunst - Technik - Design. Textilunterricht in Nordrhein-Westfalen. In: Textilarbeit und Unterricht, 1997, S. 106 - 109

die Studierenden des Faches innerhalb der Seminare und des Tagespraktikums auch vor Ort arbeiten: in der Schule oder an außerschulischen Lernorten wie Museen/ Geschäften/ Betrieben etc. Die Studierenden bereiten z.B. aktiv und selbständig Unterrichtseinheiten und Lehrerfortbildungen vor und führen diese durch; sie betreuen Projekte die z. B. einen Vermittlungsprozess zwischen Stadtgeschichte/ Museum und Schule anstreben (u. a. „Das Humpishaus und die Handelsgesellschaft Ravensburg"[8], „Die textile Basilika Weingarten", Residenzschloss Ludwigsburg[9], Deutsches Textilmuseum Krefeld); sie präsentieren ihre erarbeiteten Fachinhalte aus Theorie und Praxis in Vorträgen, Veröffentlichungen zur Kulturgeschichte oder in der Unterrichtspraxis[10].

▶ Neue Medien

Neue Medien, wie der Computer, werden als Hilfsmittel der gestalterischen Planung und als ergänzendes Informationsmedium (Internet/ schulinternes Intranet) bzw. Präsentationsmedien genutzt.

▶ Der Aspekt der Inter- bzw. Transkulturalität

Hier geht es um die kultur- und länderverbindende sowie länderdifferenzierende Dimension der Textilien.
- Das Kennen Lernen der eigenen Kultur über andere Traditionen.
- Dem Fremden das Fremde nehmen.
- Differenzierungen/ Gemeinsamkeiten erkennen, artikulieren und gestalterisch umsetzen.
- Der Ort in dem wir leben: Verschiedene Nationalitäten und Religionsgemeinschaften leben zusammen in einer Gesellschafts-/ Lebensgemeinschaft, die vorwiegend abendländisch christlich geprägt ist. Beispiel: Das Minarett neben der Barockbasilika.

Ein weiterer wichtiger Punkt im Rahmen dieses Modells ist die inhaltliche Kooperation mit anderen Fachbereichen im Studium und die Konzeptionierung

---

[8] Vgl. Kliegel, M: Almosen, Handel und Reliquien – mittelalterliche Beutel. Eine kulturhistorische Spurensuche im Humpishaus Ravensburg. In: Textil und Unterricht. Seelze 6/2004, S. 14 – 19.
[9] Vgl. Kliegel, M.; Barth, Ch.; Kopiske, G.; Lenz, V.: Im Käfig eingeschnürt - Korsett und Reifrock - Körperform & Frauenrolle an ausgewählten Beispielen aus der europäischen Kostümkunde. In: Lehmann, Karin u. a. (Hg.), Männergewalt. Einmischen statt ignorieren! Eine Stadt im Diskurs. Frankfurt/Main 2002, S. 211 - 228
[10] Vgl. u. a. Kliegel, M.; Schneider, B.; Klein, S; Pflüger, P: „Die Königin auf der Nadel". Englische Stickerei auf französischen Stilmöbeln im Schloss Ludwigsburg. In: Lernhilfen für den Textilunterricht. Nr. 2.188, 1/ 1999. Ebd. Hummelflug im Tulpenbeet. Schloss(t)raum und Klassenraum, Nr. 2.189, 1/1999. Außerdem Veröffentlichungen aus Projekten der PH-Weingarten in: Textil und Unterricht seit 2002.

von fächerverbindenden Themenprojekten in und mit der Schule. Z. B.: - Das Projekt: Die textile Basilika in Zusammenarbeit mit der Theologie, Kunst und Geschichte zum Thema „Liturgische Textilien", Paramentenwerkstatt im Kloster Reute, Kellenried, Siessen.

2.2 Mit dem roten Faden ins Lernortnetz

Der rote Faden vernetzt Lernorte! - Im Rahmen dieses Lernkonzeptes wurden verschiedene Lernorte in und außerhalb der Schule vernetzt. Dabei wurden zum einen Lernorte integriert, die vordergründig keine reine Ausbildungsfunktion haben, wie Betriebe, kulturelle Einrichtungen (z. B. Vereine) etc. und Lernorte, die eine bestimmte Bildungsfunktion mit entsprechenden Angeboten haben, wie Museen, Denkmäler, Zoos, Bauernhöfe etc. Da eigenes entdecken und handlungsorientiertes Lernen (Peterßen 2001, 30f) im Zentrum stehen sollte, ist es wichtig, in diesem Zusammenhang mit dem eigenen Inhalts- und Lernkonzept diese Möglichkeit zu nutzen - versus vorgefertigter museumspädagogischer Programme. Übrigens hebt auch die z. Zt. viel zitierte Pisastudie solche Lerngelegenheiten als Lern- und Förderangebote besonders hervor: „Schulen können über die Bereitstellung zusätzlicher Lerngelegenheiten im unterrichtlichen und außerunterrichtlichen Bereich motivations- und leistungsfördernd Bedingungen schaffen" (Deutsches PISA-Konsortium 2001, 441). Als „roter Faden" ist bei der Auswahl die thematische Bedingtheit zu beachten sowie die Erkenntnis, dass ein solches (außerschulisches) „Klassenzimmer" nicht die Ausnahme ist, sondern selbstverständlicher Lernort innerhalb des fachinhaltlichen Erschließungsprozesses.

2.3 Der rote Faden, um sich „sach - kundig" zu machen

Hier geht man vom eigenen subjektiven Wissen/ Vorwissen der beteiligten Personen aus. Das subjektive Wissen wird bewusst gemacht. Dieses wird überprüft, indem der Lernende sich umfassend neu oder erneut über das Thema informiert (vgl. Peterßen 2000, 114). In dieser Phase sollten folgende Fragestellungen berücksichtigt werden:

1) Subjektive Fragestellung
- Was interessiert mich an diesem Thema, Objekt, an dieser Sachlage etc.?
- Was ist mir über dieses Thema, Objekt, diese Sachlage etc. bekannt?

2) Reflexive Fragestellung
- Welche Fragen oder Überlegungen/ Erfahrungen haben die Schüler an bzw. über dieses Thema, Objekt, an diese Sache? Diese müssen beantwortet werden bzw. das Vorwissen muss verifiziert und falsifiziert werden.
- Wie entwickeln sich in der Lerngruppe entsprechende Fragestellungen, die zu neuen Erfahrungen und damit verbundenen Erkenntnissen führen?
- Welche Impulse oder Erfahrungsfelder müssen eröffnet werden?

3) Objektive Fragestellung
- Welche fachwissenschaftlichen Inhalte gehören genuin zu dem zu behandelnden Bereich?
- In welcher Form kann sich der lernende Mensch diese Informationen wie und wo erwerben?

Aus diesen Fragestellungen ergibt sich die Notwendigkeit, die „textile Sachkultur zu erschließen", wie u. a. Traute El-Gebali-Rüter (El-Gebaldi-Rüter 1999) oder auch Ingrid Köller (Köller 1999) die Erschließung der Sachstruktur eines textilen Inhalts nennen. Im Zentrum der Reflexion steht die Begegnung mit dem Original - ob real, konstruiert, rekonstruiert - ein methodisches Prinzip, das von Heinrich Roth entwickelt wurde. Hier geht es nicht darum „Erkanntes, Erforschtes, Geschaffenes nacherkennen, nacherforschen und nacherschaffen zulassen", sondern darum „Erkanntes wieder zu erkennen, Erfahrungen wieder zu erfahren und Erforschtes zu erforschen sowie Erschaffenes wieder in Schaffen auf zu lösen" und zwar als selbsttätiges und selbständiges Individuum (vgl. Roth 1960).
Diese Arbeitsform umfasst das persönliche konstruktive Lernen (vgl. Kahl 1998), das situativ in bestimmten Kontexten stattfindet und im Blick auf die Lerngruppe und die Lebenswirklichkeit interaktiv ist. Bezogen auf den textilen Bereich heißt das für uns, dass die verschiedenen Inhaltsgebiete miteinander verknüpft werden, um ein „Denken in Schubladen bzw. im Nähkästchen" von vornherein zu vermeiden.
Die Präsentation der Sachebene kann neben der Begegnung mit originalen Objekten auch durch Konstruktionen, Präsentationen von komplexeren Sachzusammenhängen oder auch authentischen Problemsituationen etc. geschehen, eben auf einer Ebene, die einen persönlichen Zugang ermöglicht.
Dem Prinzip „Anchored Instruction" nach H. Mandl und G. Reinmann-Rothmeier folgend (Mandl/Reinmann-Rothmeier 1995), handelt es sich um situiertes Lernen, bei dem erworbenes, so genanntes träges Wissen nicht nur gespeichert ist und reproduzierend abgerufen wird, sondern vom Lernenden selbsttätig/ aktiv für neue Sinnzusammenhänge in entsprechenden Lernumgebungen flexibel genutzt wird.
Diese Arbeitsform ist auf ganzheitliche Erfahrungen ausgerichtet. d. h. die Beteiligten sollen und können die Zusammenhänge einer „Wirklichkeit" erfahren

(vgl. Herzog/Royl 1996). Der biographische/ individuelle Zugang (Herzog 1999) darf aber nicht stagnieren, sondern muss durch Reflexion auf erweiternde Inhalte hin überprüft werden.

Die Verknüpfungen von Tradition und Innovation im Textilunterricht heißt mit der „Hand-arbeit" entdeckend Textiles erfassen, ertasten, erforschen um objekt- und lebensbezogen „sinn-voll" (mit allen Sinnen) gestalterisch tätig zu sein. Als Produzent, Verbraucher und „Gebraucher" das Wissen um Textilien zu erwerben (z.B. das Textile Netzwerk, die Faserproduktion etc.), um fachbezogen und fächerverbindend zu lernen, zu arbeiten und zu leben im Dialog mit der sich wandelnden Umwelt, Gesellschaft und den Mitmenschen.

Literatur

Angele, C.: Haushälterische Bildung als Teil der Allgemeinbildung. Bildungstheoretische Legitimation und Anforderungen einer aktuellen haushaltsbezogenen Bildung. In: AWT Info. Arbeit-Wirtschaft-Technik als Gegenstand allgemeiner Bildung, Jubiläumsausgabe. Weingarten 2001, S. 56 – 70

Beyer, B.; Kafka, H.: Textilarbeit. Kleiden und Wohnen. Bad Heilbrunn 1974

Beyer, B.; Kafka, H. (Hg.): Textilarbeit in Unterrichtsbeispielen. Baltmannsweiler 1979

Bleckwenn, R.: Textilgestaltung in der Grundschule. Fachdidaktische Grundlagen und Beispiele zur Unterrichtsgestaltung. In: Fröhlingsdorf, R. (Hg.): Reihe auxilia didactica. Limburg 1980

Bleckwenn, R.: Vom Teppich von Bayeux zur Dinner-Party - Beispiele zur Bedeutung des Stickens in der europäischen Kultur. In: Textilarbeit und Unterricht Heft 3/ 1988, S. 124 - 133

Bleckwenn, R.: Zur Situation des Faches Textilunterricht in Deutschland. In: Schweizer Arbeitslehrerinnen Zeitung, Heft 4/ 1981. S. 8 – 12

Bleckwenn, R. (Hg.): Kreatives textiles Gestalten. Kreativitätsförderung mit Kindern von 6 – 10. Ravensburg 1981

Bleckwenn, R.; Schwarze, B.: Gestaltungslehre, Hamburg 1995

Deutsches PISA-Konsortium (Hg.), Pisa 2000. Basiskompetenzen von Schülerinnen und Schülern im internationalen Vergleich, Opladen 2001, S. 441

El-Gebali-Rüter, T. (Hg.): Textile Sachkultur erschließen. Beiträge aus Forschung, Lehre und Schulpraxis. Hohengehren 1999

El-Gebali-Rüter, T.: Textile Sachkultur ganzheitlich erschließen. In: Dies. (Hg.), Textile Sachkultur erschließen. Beiträge aus Forschung, Lehre und Schulpraxis. Hohengehren 1999, S. 58 - 69

Grupe, M.: Die neue Nadelarbeit. Berlin 4. verm. Aufl. 1921

Herzog, M.: Mehrperspektischer Textilunterricht. Ideen, Anregungen und Materialien für die Grundschule. Seelze 2003

Herzog, M.: Empirische Unterrichtsforschung in der Textildidaktik. Biographisches Arbeiten im Textilunterricht der Grundschule - ein textiles Erinnerungsband. In: Textilarbeit und Unterricht. Hohengehren 1999, S. 50-58

Herzog; Royl (1996), S. 132 - 135. Herzog, M.: Empirisch-qualitatives Forschen in der Textildidaktik. Theoriekontext und Datengewinnung am Beispiel des textilen Materials. In: ...textil... Wissenschaft, Forschung, Unterricht. Hohengehren 2000, S. 165 - 173

Kahl, I., „Ich kann schon alleine!" Aspekte einer „konstruktivistischen" Fachdidaktik der Textilgestaltung. In: Textilarbeit und Unterricht, Heft 4/ 1998. Baltmannsweiler 1998, S. 175 - 184

Kliegel, M.: Gekrönt, behütet und verschleiert - "Ihr schönster Tag" - Brautkleider 1797 - 1997 aus der Sammlung des Modemuseums München. In: Textilkunst international. Informationen für kreatives Gestalten, 26. Jg., 2/1998, S. 23 - 25

Kliegel, M.: Kunst - Technik - Design. Textilunterricht in Nordrhein-Westfalen. In: Textilarbeit und Unterricht, 1997, S. 106 - 109.

Kliegel, M.; Barth, Ch.; Kopiske, G.; Lenz, V.: Im Käfig eingeschnürt - Korsett und Reifrock - Körperform & Frauenrolle an ausgewählten Beispielen aus der europäischen Kostümkunde. In: Lehmann, Karin u. a. (Hg.), Männergewalt. Einmischen statt ignorieren! Eine Stadt im Diskurs. Frankfurt/Main 2002, S. 211 - 228

Kliegel, M.; Schneider, B.; Klein, S; Pflüger, P: „Die Königin auf der Nadel". Englische Stickerei auf französischen Stilmöbeln im Schloss Ludwigsburg. In: Lernhilfen für den Textilunterricht. Nr. 2.188, 1/ 1999. Ebd. Hummelflug im Tulpenbeet. Schloss(t)raum und Klassenraum, Nr. 2.189, 1/1999

Kliegel, M: Almosen, Handel und Reliquien – mittelalterliche Beutel. Eine kulturhistorische Spurensuche im Humpishaus Ravensburg. In: Textil und Unterricht. Seelze 6/2004, S. 14 – 19

Knecht, P. (Hg.): Funktionstextilien. High-Tech-Produkte bei Bekleidung und Heimtextilien. Grundlagen – Vermarktungskonzepte - Verkaufsargumente. Frankfurt a. M. 2003

Knoll, C.; Reuther, F.: Die Kunst des Schmückens. Eine Klärung des Schmuckproblems durch Wort und Bild für Schaffende und Genießende. Dresden 1910

Köller, I.: Didaktik textiler Sachkultur. In: El-Gebali-Rüter, T. (Hg.), Textile Sachkultur erschließen. Beiträge aus Forschung, Lehre und Schulpraxis. Hohengehren 1999, S. 39 - 56

Lerche-Renn, H.: Sachstruktur-Fachstruktur. Ein Beitrag zum Curriculum Textilgestaltung. In: Textilarbeit und Unterricht, 1993, S: 135-148.

Lerche-Renn, H.: Stoffobjekte. Ein kunsterzieherischer Ansatz zum bildnerischen Umgang mit Stoff. Köln 1985

Mandl, H.; Reinmann-Rothmeier, G., Unterrichten und Lernumgebungen gestalten, Forschungsbericht Nr. 60, Ludwig-Maximilian-Universität München, Nov. 1995

Mecheels, J.: Körper – Kleidung – Klima. Wie funktioniert Kleidung? Berlin 1998

Meyer-Ehlers, G.: Textilwerken. Grundlagen und Lehrwege. In: Trümper, Herbert (Hg.), Handbuch der Kunst- und Werkerziehung, Band II/4. Berlin 2. erw. Aufl. 1965

Peterßen, W. H.: Fächerverbindender Unterricht. Begriff-Konzept-Planung-Beispiele. München 2000, S. 114

Peterßen, W. H.: Kleines Methoden-Lexikon, 2. aktualisierte Aufl. München 2001, S. 36

Peterßen, Wilhelm H., Referenz: Handlungsfähigkeit. Allgemeindidaktischer Beitrag zur Rechtfertigung des Textil- und Hauswirtschaftsunterrrichts. In: AWT Info. Arbeit-Wirtschaft-Technik als Gegenstand allgemeiner Bildung, Jubiläumsausgabe. Weingarten 2001, S. 30 - 42

Roth, H.: Die „originale Begegnung" als methodisches Prinzip. In: Pädagogische Psychologie des Lehrens und Lernens. Hannover 1960, S. 116 - 126

Schallenfeld, R.: Über die Unzweckmäßigkeit des jetzigen Handarbeitsunterrichts in Töchter-Schulen. Schulblatt für die Provinz Brandenburg 1857

Schallenfeld, A.: Der Handarbeits-Unterricht in Schulen. Wert, Inhalt, Lehrgang und Methodik desselben. Frankfurt/M., 8. verb. Aufl. 1890

Schmidt, E.: Haushaltsmanagement – Wieviel Alltagswissen braucht der Mensch? Plädoyer für eine Neugewichtung von Inhalten der Allgemeinbildung. In: AWT Info. Arbeit-Wirtschaft-Technik als Gegenstand allgemeiner Bildung, Jubiläumsausgabe. Weingarten 2001, S. 43 - 55

Sträßner-Panny, I.: Wider die Enthauptung der Hand. Hermeneutische Textildidaktik zwischen Konstruktivistischer Wissenschaftstheorie und handlungsorientierter Pädagogik, Dissertation. Münster 1996

Wilson, R. F.: Die Hand – Geniestreich der Evolution. Ihr Einfluß auf Gehirn, Sprache und Kultur des Menschen. Stuttgart 2000

Peter Baireuther

Die Entdeckung der Verantwortlichkeit
Gedanken zur Entwicklung der Unterrichtskultur im Fach Mathematik

1. Die Ausgangssituation: Mathematiklernen als Abarbeiten von Pflichtaufgaben

Dass sich der Unterricht in Deutschland und speziell der in Mathematik und den naturwissenschaftlichen Fächern verändern muss, steht in Zeiten von TIMSS und PISA außer Frage. Die Bildungspolitik hat mit neuen Bildungsplänen reagiert, die vor allem durch stärker fächerverbindende Elemente, durch eine Schwerpunktverlagerung von der Behandlung eines vorgeschriebenen Inhaltsspektrums hin zur Vermittlung allgemeiner Kompetenzen und durch eine deutliche Erhöhung der Gestaltungsfreiheit der Lehrerinnen und Lehrer geprägt sind. Darüber hinaus gibt es seit Jahren bemerkenswerte Anstrengungen zur Etablierung von offeneren Unterrichtsformen mit dem Ziel, die Verantwortlichkeit aller am Schulleben Beteiligten (auch der Schüler!) für ihr schulisches Umfeld und für ihre Lernarrangements zu stärken. Diese aus vielen Gründen äußerst begrüßenswerte Entwicklung kann aber nur wirklich greifen und glaubwürdig sein, wenn die Verantwortlichkeit sich auch auf die Inhalte schulischen Lernens und auf den Umgang mit ihnen bezieht. Leider sieht es in dieser Hinsicht speziell im Mathematikunterricht nicht gerade erfreulich aus – und es ist zu befürchten, dass auch die neuen Bildungspläne wenig Wirkung erzielen werden.

Einer nachhaltigen Entwicklung des Mathematikunterrichts steht m. E. am meisten das verbreitete Bild des Faches im Wege, das sich allen gesellschaftlichen Änderungen und allen Schulreformen zum Trotz hartnäckig hält. Mögen auch die Inhalte (in Maßen) und die Aufgabenstellungen – vor allem ihre Verpackung und ihre Diktion – wechseln, im Kern handelt es sich doch unverändert vor allem darum, eine Sammlung von eindeutig formulierten Aufgaben mit eindeutigen Ergebnissen mit Hilfe von vorgegebenen Verfahren zu lösen. In aller Regel richtet sich das Interesse bei der Bearbeitung einer Aufgabe in erster Linie auf das Ergebnis und danach auf die korrekte Notation des gewünschten Lösungsweges. Deshalb beschränken sich die Rückmeldungen der Schüler auch meist auf die kommentarlose Mitteilung des Ergebnisses, das dann – weil eindeutig – von allen übernommen wird, sowie (weniger gern und erst auf Nachfrage) auf die Reproduktion des Lösungsweges – ebenfalls als Vorbild für die weniger erfolgreichen Mitstreiter und für die nachfolgenden Aufgaben, von denen erwartet wird, dass sie nach einem mindestens ähnlichen Muster ablaufen. Damit verbindet sich die Hoffnung, dass die Routinen in einem anderen, auch außerschulischen Kontext als nützliche Techniken zur Verfügung stehen und dass sich die Routinen zu einer mathematischen Denkfähigkeit summieren als Basis für kritisches und rationales Denken. Spätestens seit PISA ist offenkundig, dass das ein Luftschloss ist.

2. Worauf es ankommt in Mathematik: Das Richtige oder das Wichtige

Bei einer Fortbildung für Lehrkräfte an Hauptschulen (!!) zum Thema Gleichungslehre habe ich zu Beginn eine Gleichung etwa der folgenden Gestalt präsentiert:

$$(2,7x - 3/5) \cdot (3/4 + x - 1/2) = 5/7 - (3,2x - 7) + (2x - 1,7) \cdot (4/5 - 3x)$$

Dazu fragte ich die Kolleginnen und Kollegen, was ihre Schüler sich wohl denken würden, wenn sie ihnen eine solche Gleichung präsentierten. Damit wollte ich Reaktionen provozieren wie Erschrecken oder Hilflosigkeit oder Ablehnung gegenüber einem solchen Ungetüm oder auch die erstaunte Frage, wer sich wohl so etwas ausgedacht bzw. ob die Gleichung einen erkennbaren Sinn haben könne. Leider ging die Provokation vollkommen daneben, weil unisono die Meinung vertreten wurde, dass die Schüler nichts anderes im Sinn haben könnten, als diese Gleichung zu lösen! Unnötig zu sagen, dass die Fortbildungsveranstaltung durch diesen Start ziemlich belastet wurde und erst wieder einen harmonischeren Fortgang nahm, als ich einen methodischen „Trick" zur Veranschaulichung von Gleichungen und ihren Umformungen zum Besten gab. Leider hat sich niemand daran gestört, dass diese Veranschaulichung nur für ganz spezielle einfache Gleichungstypen geeignet war – geschweige denn für einen Wurm wie den obigen.

Offenkundig leidet der Mathematikunterricht daran, dass die einzelne Aufgabe (vor allem ein einzelnes Ergebnis!) ebenso wie die einzelne Thematik für sich bedeutungslos ist und erst durch den Kontext sinnvoll erscheinen kann oder eben nicht. In der Schule wird dieser Kontext ängstlich ausgeblendet, weil er den reibungslosen Mechanismus des Abarbeitens von Aufgaben stören könnte. Dabei ist Mathematik doch die Wissenschaft von den formalen Strukturen und Zusammenhängen! Auch und gerade in der Schule verbaut man wichtige Lernzugänge und Orientierungshilfen (speziell für die „schwachen" Schüler!!), wenn man besonders einfache Einzelbeispiele herausgreift und die Schüler nicht wenigstens erfahren lässt,

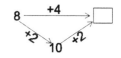

was an ihnen exemplarisch ist, wo sie anknüpfen oder worauf das Ganze hinausläuft.

Ein Beispiel: Im ersten Schuljahr ist der Zehnerübergang bei der Addition ein Pflichtthema. Fast immer wird den Kindern mehr oder weniger geschickt verpackt (z.B. mit Hilfe von Eierschachteln) mitgeteilt, dass Aufgaben der Form 8 + 4 in einem Schema wie rechts zu notieren sind, weil das der einfachste Weg sei.

Dabei spielt es keine Rolle, dass die Kinder ausnahmslos über 10 hinaus zählen, die Aufgabe also leicht durch Weiterzählen lösen können, dass das Erlernen der Pfeildarstellung einen erheblichen formalen Aufwand erfordert und dass sich die Bedeutung der Stufenzahlen als standardisierte Zwischenstopps bei größeren Rechenschritten frühestens dann erschließt, wenn die dezimale Gliederung des Zahlenraumes mindestens in Ansätzen erkennbar ist.

Selbstverständlich ist es **richtig**, über den Zehner zu rechnen – aber zum Zeitpunkt des ersten Auftretens solcher Aufgaben ist es wirklich nicht **wichtig**, dass alle Schüler diese Technik benutzen. Vielmehr wäre es sinnvoll, sie als eine von verschiedenen Lösungsmöglichkeiten kennen zu lernen und die Aufgabe auf verschiedenste Weise mit einem Kontext zu versehen, um so möglichst viele Kinder an Hand der Aufgabe etwas Wesentliches lernen zu lassen.

Ohne den Handlungsspielraum vollständig beschreiben zu wollen, seien folgende Möglichkeiten genannt:

a) Erschließen des formalen Umfeldes der Aufgabe durch
- Aufsuchen von Aufgaben mit gleichem Ergebnis:
    $8 + 4 = 9 + 3 = 10 + 2 = 11 + 1$ oder
    $8 + 4 = 7 + 5 = 6 + 6$ (Verdopplung, wahrscheinlich schon geübt)
- Aufsuchen von Nachbaraufgaben:
    $8 + 2 = 10$, also $8 + 3 = 11$ und $8 + 4 = 12$ oder
    $10 + 4 = 14$, also $9 + 4 = 13$ und $8 + 4 = 12$
- Umformulieren der Aufgabe:
    $8 + 4 = 4 + 4 + 4$ oder
    $8 + 4 = 8 + 2 + 2$

b) Erschließen des konkreten Interpretationsspielraumes durch
- verschiedene Konkretisierungen und Visualisierungen mit Wendeplättchen, im Punktefeld, mit Rechenstäben, mit Geld ...
- Erfinden von Rechengeschichten, Zeichnen von Zahlbildern (s. unten in 4.)

Selbstverständlich ist es nicht sinnvoll, jede Aufgabe so aufzublähen oder gar von jedem Kind vollständiges Abarbeiten des ganzen Aufgabenumfeldes zu verlangen. Wer andererseits die angedeuteten Zusammenhänge als Überforderung ablehnt, zeigt damit nur, dass er es nie versucht hat, andere Ziele als das Produzieren von Ergebnissen aufzuspüren und seinen Schülern zugänglich zu machen. Nicht zu leugnen ist jedenfalls, dass auf diese Weise aus einer Aufgabe ein Übungsfeld mit vielen Aufgaben wird, die sich gegenseitig stützen und so als Lern- und Denkhilfe dienen können.

Wichtiger aber ist: Die Kinder können Methodenkompetenz auf Dauer nur dann aufbauen, wenn sie immer wieder die Chance bekommen, verschiedene Methoden miteinander zu vergleichen, um so auf Dauer ein Gespür für die jeweils angemessene Methode zu entwickeln. Sie werden mathematische Regeln und Zusammenhänge nur dann entdecken und nutzbringend anwenden lernen, wenn sie Aufgaben in einem systematischen Zusammenhang kennen gelernt haben. Sie können Vertrauen in die individuellen Fähigkeiten nur dann entwickeln, wenn sie ihre eigenen Wege gehen dürfen und sie werden Verantwortung für ihr eigenes Lernen übernehmen und sinnvolle Entscheidungen im Lernprozess nur dann treffen können, wenn sie Alternativen kennen lernen und wählen dürfen.

Der Paradigmenwechsel vom Richtigen (aber Belanglosen) zum Wichtigen (Prinzip, Regel) als Leitidee im Mathematikunterricht ist also nicht nur aus lernpsychologischen, sondern auch aus fachspezifischen Gründen dringend angeraten. Nicht nur, dass viele Kinder durch die zunehmende Fülle wohlmeinend vereinfachter und isolierter Phänomene auf Dauer immer mehr überfordert werden – die Chance, etwas vom Kern des Faches Mathematik (das ja nicht ohne Grund als eines der wichtigsten Fächer betrachtet wird) zu erahnen, wird auch den Kindern genommen, die dadurch ohne weiteres in der Lage wären. Ganz im Gegensatz zur landläufigen Meinung ist nämlich Mathematik ein Fach mit fast unbegrenzter Handlungsfreiheit. Wo sonst kann man sich schon die Beispiele, Aufgaben und Lösungswege aus einer unbegrenzten Fülle von Möglichkeiten fast beliebig aussuchen? Folgerichtig kann man in Mathematik ganz besonders gut lernen, **verantwortlich** zu entscheiden –, weil man gerade in Mathematik auch besonders eindrucksvoll lernt, dass man die Suppe, die man sich mit seiner Entscheidung eingebrockt hat, dann auch konsequent auslöffeln muss.

3. „Eigen-willige" Aufgabenkultur im Mathematikunterricht

Es gibt eine Vielzahl von Möglichkeiten, um den Schülern mehr Freiraum für selbst verantwortliche Aktivitäten im Mathematikunterricht einzuräumen. Die unten angegebene Übersicht enthält kaum Revolutionäres; ungewöhnlich ist nur die Vorstellung, im Mathematikunterricht könne Eigenverantwortung der Lernenden mehr als eine Randerscheinung sein. Eine gewisse Verbreitung auch im Fach Mathematik haben bezeichnender Weise ausgerechnet die verschiedenen Formen von Freiarbeit (Stationenlernen, Lerntheke ...) gefunden, die keinen inhaltlichen Bezug zum Fach haben. Bei ihnen richtet sich die Verantwortlichkeit vor allem auf die äußere Organisation der Arbeit (Umfang, Tempo, Reihenfolge) – was als Wert keineswegs unterschätzt werden darf –, während die geforderte

Selbstkontrolle leider meist die Offenheit in der Bearbeitung der Aufgabe total einschränkt oder gar aufhebt.

In der Übersicht überwiegen deshalb ganz praktische Methoden, mit denen die Schüler die Verantwortlichkeit für ihren Umgang mit Mathematik sukzessive auf- und ausbauen können. Das aber ist in der Tat eigenwillig, weil ungewöhnlich – obwohl diese Art der Aufgabenkultur, d.h. des Umganges mit mathematischen Problemen, der Natur des Faches eindeutig entgegen kommt. Aus diesem Grund wird im Folgenden auch der Begriff „Eigen-Willig" benutzt, um die Absage an die gewohnte Fremdsteuerung des Mathematikunterrichts zu betonen.

Natürlich passt nicht jede der Methoden auf jede Lernsituation und natürlich können immer nur einzelne der Methoden wirklich angewendet werden – aber in jeder Lernsituation kann der Freiraum zumindest ausgelotet werden. Auch die Entscheidung, ihn dann nicht zu nutzen, ist ein Ausdruck von Verantwortlichkeit – wenn die Entscheidung nicht von außen diktiert, sondern aus eigener Einsicht und eigenem Willen, also selbst verantwortlich getroffen wurde.

A. **Eigen-Willige Aufgabenstellung**: Wenn Aufgaben von der Lehrperson (und dieser gar durch das Schulbuch) diktiert werden, ist echtes Interesse (Dabei-Sein!) der Schüler kaum zu erwarten.

a) Verantwortliche <u>Auswahl der Aufgaben</u> setzt eine vergleichende Betrachtung voraus und erhöht die Aufmerksamkeit.

In diesen Bereich fallen die verschiedenen Formen von Freiarbeit, bei der die Schüler sich aus einem Vorrat von Aufgaben selbst verantwortlich ihr Pensum aussuchen. Die Problematik der Engführung der Aufgabenstellungen und damit der Wegfall von inhaltlichem Gestaltungsspielraum wurden oben schon diskutiert. Stärker inhaltlich ausgerichtet ist der Fokus bei den folgenden Methoden der Aufgabenauswahl:

- Aufgaben vorsortieren: Ein Vorrat von Aufgaben wird nach den anzuwendenden Methoden geordnet.
- Aufgaben ausschließen: Aus einem Satz von Aufgaben werden die ausgesondert, die nicht bearbeitet werden sollen.

b) Verantwortlichkeit für die <u>Formulierung der Aufgaben</u> verschafft auch konstruierten Aufgaben (ohne die Schule leider nicht auskommen kann) einen greifbaren Sinn. Wenn der Zweck der Konstruktion einer Aufgabe durchschaut ist, fällt auch die Lösung leichter.

- Aufgaben ohne vorgegebene Fragestellung müssen aufmerksam gelesen werden, um eine sinnvolle Frage formulieren zu können.
- Neu- und Umformulierung der Aufgabe macht aus einer Schulbuch-Aufgabe eine Schüler-Aufgabe.

- Sinnvolle Wahl der Daten erhöht die Lösungsmotivation. Dabei kann sowohl der Realitätsbezug wie auch der Schwierigkeitsgrad der Daten bewertet und individuell angepasst werden
- Über- und unterbestimmte Aufgaben müssen sinnvoll entrümpelt bzw. ergänzt werden.
- Aufgaben-Puzzle: Aus einem Vorrat von Aufgabenteilen (Schnipseln) werden sinnvolle Aufgaben zusammengesetzt.

B. **Eigen-Willige Bearbeitung** der Aufgaben:

a) <u>Meta-Unterricht</u>: Nachdenken über die Art der Aufgabe und die damit verbundenen Absichten schafft eine entlastende Distanz.

- Kumulation: Verbindung und Vergleich mit schon bearbeiteten Aufgaben und Klärung der Vorerfahrungen macht handlungsfähig.
- Didaktische Interpretation: Eine Erörterung der mit einer Aufgabe verbundenen Zielvorstellungen hilft den Schülern, ihr Handeln zu planen und einzuordnen.

b) <u>Konkretisierung</u> macht abstrakt formulierte Aufgaben durch Übersetzung in einen greifbaren Kontext lesbar – und initiiert kontrollierbares, nicht nur schematisches Handeln.

- Visualisierung: Eine einfache Skizze veranschaulicht den Kern einer Aufgabe.
- Daten-Strukturierung: Eine übersichtliche, oft tabellarische (Zu-) Ordnung der gegebenen und gesuchten Daten erleichtert die Mathematisierung.
- Probelauf: Mit einfacheren Daten wird die Hürde zur Bearbeitung einer Aufgabe niedriger, Überschläge sind selbstverständlich – und die gegebenen Daten verlieren ihren Schrecken.

c) <u>Variation</u> ist sozusagen die „mathematischste" aller Methoden des selbstständigen Umgangs mit Mathematikaufgaben: erst systematische Variation erschließt die Struktur eines Problems und seiner Lösung.

- Systematisches Probieren ist ein achtbarer Lösungsweg!
- (Individuell ausgewählte) veränderte Daten testen die Leistungsfähigkeit eines Lösungsweges.
- Das Erproben unterschiedlicher Lösungswege macht den mathematischen Handlungsspielraum größer.

d) <u>Rückblickende Bewertung</u> der Aufgabe hilft bei der Einordnung in einen Lernzusammenhang.

- Probe: Die erneute Betrachtung der Ausgangssituation unter Einschluss der gewonnenen Ergebnisse schafft neue Einsichten und kontrolliert die formalen Operationen.
- (Gegenseitige) Korrektur und Überarbeitung befreit das Notieren mathematischer Überlegungen von der üblichen Belanglosigkeit.

- Vergleich von Alternativen verdeutlicht durch Abstraktion von unterschiedlichen Notationsformen die mathematische Struktur einer Aufgabe.
- Evaluation: Nachträgliche Betrachtungen zum Sinn der Bemühungen erleichtern den Zugang bei weiteren Aufgaben.

e) Erweiterung und Fortsetzung der Aufgaben zeigt den Lernfortschritt. Gleichzeitig geschieht so ganz natürlich die eigen-willige Formulierung von Aufgaben und damit in die verantwortliche Planung des Lernprozesses.

- Erkundung des Aufgaben-Umfeldes: Systematische Variation bettet Aufgaben in ein Geflecht verwandter Aufgaben ein und hilft, komplexe Aufgaben auf "leichte" (Nachbar-)Aufgaben zurückzuführen.
- Umkehrung: Die Suche nach Aufgaben mit gleichem Ergebnis (wie die eben behandelte) verdeutlicht die mathematische Struktur und weist auf Lösungshilfen hin.
- Neue Fragestellungen, die aufgrund der gemachten Erfahrungen erfolg-versprechend erscheinen, belohnen die Mühe und klären den Aufgabenkontext.

3. Eigen-Willige **Präsentation**: Aufgaben, die sinnvolle Aktivitäten ausgelöst haben, verdienen entsprechend gewürdigt zu werden!

a) Mathematisches Arbeits-Protokoll: Eine nachvollziehbare Darstellung der Überlegungen und der Arbeitsschritte macht formale Texte interpretierbar – und schult so die Interpretationsfähigkeit. Damit ist nicht die Anpassung an programmierte Lösungs-Schemata (Frage-Rechnung-Antwort!) gemeint, mit denen lediglich eine saubere Heftführung sichergestellt wird, sondern eine problemangemessene, informative Darstellung.

b) Mathematisches Reisetagebuch: Individuelle Dokumentation in Textform macht den Lernprozess individuell und ermöglicht individuelle Rückmeldungen des Lehrers. Diese Konzeption von Urs Ruf und Peter Gallin (Ruf/Gallin 1999) erfreut sich inzwischen verdientermaßen großer Bekanntheit –, wenn auch leider nicht ebenso großer Verbreitung.

c) Eine Produkt-Sammlung von typischen Beispielen aus einem größeren Themenbereich ("Mein Zahlenbuch") lässt wesentliche Ideen erkennen und überdauern.

d) Ausstellung: Geometrische Kunst, aber auch die individuellen Beiträge zu einem begrenzten Thema werden durch die ausstellungswürdige Überarbeitung merk-würdig.

4. Ein Beispiel: Individuelle Zahlenbücher

Die Fülle der angegebenen Ansätze für mehr Eigenverantwortlichkeit im mathematischen Lernprozess kann hier selbstverständlich nicht auch nur annähernd vollständig ausgeführt werden. Ein Beispiel aus dem mathematischen Anfangsunterricht soll aber zeigen, dass eine entsprechende Weiterentwicklung der Unterrichtskultur nicht die Basis eines stabilen (und notwendigerweise rezeptiv-übend erworbenen) Grundwissens braucht. Ganz im Gegenteil: das Verschieben von selbstständiger Auseinandersetzung mit Mathematik funktioniert erfahrungsgemäß von Stufe zu Stufe reibungslos so lange, bis die Schule zu Ende ist!

Der Anfangsunterricht in Mathematik wird dominiert vom Eintritt in die Zahlenwelt. Dabei müssen die Kinder lernen, dass die in dieser Welt benutzten Zeichen und die Regeln, nach denen sie benutzt werden, mit für sie tragfähigen Erfahrungen korrespondieren. Eine kundige Führung in dieser neuen, erkennbar unüberschaubaren Welt ist dabei zwar unabdingbar –, wenn sie aber den Kindern nur ein schon vollständig geordnetes System präsentiert und sie zwingt, in diesem System immer wieder den gleichen ausgetretenen Pfaden zu folgen, wird sie die einen Kinder sehr rasch in eine nur durch positive Bestätigung verschönte Langeweile treiben und die anderen ebenso rasch davon überzeugen, dass sie keinen selbstständigen Schritt tun können, – und sie so auf Dauer mit dem Makel der Rechenschwäche stigmatisieren und einschüchtern.

Wer eine Reise in eine neue Welt macht, möchte die wichtigsten Eindrücke und Erlebnisse in einem Erinnerungsalbum dokumentieren; vielleicht wird die Reise auch erst durch diese Arbeit tiefer verarbeitet. Und jedes Mitglied einer Reisegruppe wird, obwohl alle die gleichen Stationen besucht haben, andere Eindrücke mitnehmen, sie mit jeweils individueller Gewichtung versehen und sie auf jeweils individuelle Weise in einem Album präsentieren.

Ein Erinnerungsalbum von einer Reise in die Zahlenwelt entsteht dadurch, dass ein zunächst leerer Ordner von den Schülern im Verlauf des ersten oder der ersten beiden Schuljahre mit markanten Produkten ihrer Auseinandersetzung mit den Zahlen eines überschaubaren Zahlenraumes gefüllt wird.

Am Anfang hat jede Zahl (mindestens bis 10, besser bis 20) ihre eigene Rubrik, später werden ganze Bereiche (21 – 30, ...) jeweils zusammen gefasst. Jede Rubrik bekommt ein ansprechend gestaltetes Titelblatt, das etwas Typisches für den entsprechenden Inhalt wieder gibt.

Damit geht es mit dem Entscheidungs-Notstand schon los: Was ist nun typisch etwa für die Zahl 6? Natürlich drängt sich sofort das elegante Ziffernzeichen auf, das mit so schönem Schwung geschrieben werden kann.

Selbstverständlich ist ein Titelblatt mit einer großen „6",
eingefasst von einem schönen (möglichst regelmäßigen) Rahmen
aus kleinen „6"-ern passend und es würdigt die Mühe, die in die
Schreibarbeit (oder sollte man eher von Zeichnen sprechen?)
gesteckt wurde.

6
5 + 1
4 + 2
3 + 3
2 + 4
1 + 5

Leider hat das Zeichen keinerlei inhaltliche Bedeutung. Anders ist das schon mit dem bekannten Bild der 6 Augen auf einem Würfel, das noch dazu bei Würfelspielen oft so vorteilhaft ist. Zwar ist es leicht, 6 halbwegs runde Farbkleckse etwa in der üblichen Anordnung zu zeichnen – aber sehr befriedigend oder gar den Maßstäben eines Titelblattes entsprechend sieht das nicht so schnell aus; vor allem, wenn die 6 Punkte auch noch „passend" in einem Quadrat (bzw. in einem Rahmen, der wie eine Würfelseite aussieht) untergebracht werden sollen. Aber wenn sich ein Kind (von sich aus!) dafür entscheidet, diese Mühen auf sich zu nehmen, kann es eine Menge lernen: zum Beispiel, dass das Karopapier aus dem Rechenheft das Zeichnen eines Quadrates leicht macht und auch sowohl für die Größe wie auch für die Platzierung der Punkte hilfreich ist.

Und was soll nun in der Rubrik zur Zahl 6 alles untergebracht werden? Was ist so bemerkenswert, dass es sich zu dokumentieren lohnt? Sicher mehr als die üblichen Zerlegungen im „Zahlenhaus", die auch mit der Visualisierung durch zweifarbige Punkte (Wendeplättchen) oder durch Treppen nur eine Pflichtübung darstellen. Anders ist das schon, wenn möglichst viele verschiedene Zerlegungen – auch mit mehr als 2 Summanden - gesucht werden. Da gibt es für die 6 immerhin schon 31, die sicher nicht alle (und ganz sicher nicht von jedem Kind!) gefunden werden können. Aber das macht doch nichts! Denn schon bei etwas größeren Zahlen ist Vollständigkeit prinzipiell nicht erzielbar, weil sich die Anzahl der Möglichkeiten bei jeder neuen Zahl fast genau verdoppelt.

In erster Linie bietet sich für eine „Veröffentlichung" im Zahlenbuch alles an, was mit dem Formzahlaspekt (Baireuther 1997/1) in Verbindung zu bringen ist. Beim spielerischen Gestalten mit Formenplättchen ergeben sich charakteristische Zahlbilder, die den Kindern anschauliche Assoziationen von Zahlzerlegungen mit Formgliederungen und auf diese Weise individuelle Zahlvorstellungen erschließen. Einige Zahlbilder zur Zahl 6 können so wie unten aussehen, wenn die Kinder gleichseitige Dreiecksplättchen zur Verfügung haben (zum Zeichnen und Ausmalen der Figuren ist ein entsprechendes Raster natürlich Voraussetzung).

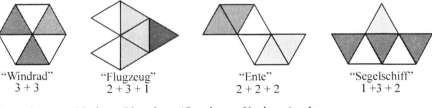

| "Windrad" | "Flugzeug" | "Ente" | "Segelschiff" |
| 3 + 3 | 2 + 3 + 1 | 2 + 2 + 2 | 1 + 3 + 2 |

Je mehr verschiedene Plättchen (Quadrate, Kreise...), aber auch Stäbchen, Steckwürfel usw. benutzt werden können und je größer die Zahlen werden, desto bunter wird der Zoo von Zahlbildern, in die dann wieder Ordnung gebracht werden muss – das ist dann richtige Mathematik.

(„Zahlbilder" sind übrigens kein geschützter Begriff – alle Bilder, die in erkennbarer Weise eine Zahl charakterisieren wie der Sechsecksstern, für den die Dreiecke als Schablone dienen können, gehören auch dazu).

Das Erstellen des Zahlenbuches ist ein richtiges (gar nicht so kleines) Projekt, durch das der Unterricht über längere Zeit strukturiert wird und das eine ganz neue Aufgabenkultur erzeugt, weil alle Aufgaben unter dem Gesichtspunkt betrachtet werden können, ob sie es wert sind, eine Spur im Zahlenbuch zu hinterlassen. Wie dabei ganz persönliche mathematische Erfahrungen gewonnen werden, wie Zahlen zu Lieblingszahlen werden, wie Beziehungen zwischen Zahlen auffallen und festgehalten werden, wie freies mathematisches Formulieren möglich wird – das ist eine lange Geschichte, für die hier kein Platz ist. Jedenfalls ist offenkundig, dass in diesem Projekt alle Kinder sinnvoll und selbstständig mitarbeiten können, weil die Einstiegsschwelle ganz niedrig und der Raum der Möglichkeiten unglaublich reichhaltig und erstaunlich anspruchsvoll ist. Dass Kooperation und Ideenaustausch selbstverständliche Bestandteile des Projektes sind, muss wohl kaum erwähnt werden.

5. Der schwere Weg zu Eigen-willigem Mathematikunterricht

Die obige Methodensammlung zur Förderung von Verantwortlichkeit im Mathematikunterricht ist – wie schon ausgeführt – weder neu noch besonders originell, aber seit langem u.a. durch die verschiedenen Variationsprinzipien theoretisch etabliert. Zwar berichtet Schupp (Schupp 2003) von hoffnungsvollen Ansätzen zu Forschungseinheiten im Mathematikunterricht, aber in der Breite bietet sich doch eher ein trübes Bild. Das Dilemma haben Gallin und Ruf als Übergewicht von Konvergenzbestrebungen beschrieben: „Der traditionelle Unterricht steht diesem Ungleichgewicht ... ziemlich ratlos gegenüber. Schlimmer noch: er verschärft es ... Ist die Wissensvermittlung erfolgreich abgeschlossen, bleibt keinerlei Spielraum mehr für eigenständige Produktion der Lernenden" (Ruf/Gallin 1998, 258).

Gallin und Ruf geben auch an, wie der Teufelskreis aus Erwartungen von Schülern, die auf ritualisierte Mechanismen gerichtet sind, und methodischem Repertoire von Lehrern, deren mathematische Denktradition sich aus einem von eben diesen Mechanismen beherrschten Unterricht speist, durchbrochen werden kann: „...einem Unterricht, der eigenständige Produktionen in Gang setzen möchte, geht eine Rezeptionsphase der Lehrenden voraus" (ebd.). Das heißt: Lehrende, die ihre Schüler für Mathematik interessieren wollen, müssen selbst an der für die Schule relevanten Mathematik interessiert sein! (Baireuther 1997/2). Das ist der Kern des Problems: Das Bild, das die meisten Lehrerinnen und Lehrer von der Schulmathematik (als starre, mit dem Ende des schulischen Lernens für sie abgeschlossene Schematik) haben und das ihre Rolle auf die geschickte Verpackung reduziert, muss verändert werden (Baireuther 1995). Sie müssen lernen, dass es sich für sie lohnt, mit Schulmathematik selbst spielerisch forschend umzugehen, weil sie sich dabei spannende Ideen für die Gestaltung des Unterrichts und für sich selbst immer noch tiefere mathematische Einsichten erschließen können. Hier hat die Lehrerbildung in allen ihren Phasen noch eine gewaltige Daueraufgabe, bei der sie bis jetzt nicht sehr erfolgreich gewirkt hat.

Literatur

Baireuther, P. (1995): Wie können Lehrer, die selbst nur totes Mathematikwissen (gelernt) haben, lebendigen Mathematikunterricht geben? In: Biehler/Heymann/Winkelmann (Hrsg.): Mathematik allgemeinbildend unterrichten: Impulse für Lehrerbildung und Schule. Köln

Baireuther, P. (1997/1): Zahl und Form - Der Formzahlaspekt, ein Beitrag zur Verbindung von arithmetischen und geometrischen Erfahrungen. In: Mathematische Unterrichtspraxis 18. Jg.; H. 3, 3 – 16

Baireuther, P. (1997/2): Das Beispielprinzip oder: Was Schülerinnen und Schüler nebenher über Mathematik lernen. In: Mathematische Unterrichtspraxis, 18. Jg.; H. 1, 1 – 4

Ruf, U./Gallin, P. (1998): Dialogisches Lehren in Sprache und Mathematik Bd.1 . Seelze-Velber

Ruf, U./Gallin, P. (1999): Dialogisches Lehren in Sprache und Mathematik Bd.2 . Seelze-Velber

Schupp, H. (2003): Thema mit Variationen. Hildesheim.

Monika Schoy

Wann endlich !? dürfen Schüler im Unterricht aus Fehlern lernen?

„Der Weg der Erkenntnis ist nicht immer der „Königsweg".
Er führt oft über den Irrtum, ja, der Irrtum hat oft
Erkenntnis fördernde Bedeutung" (COPEI 1950, 38).

1. Initiative für die Entwicklung von Schule und Unterricht

Nicht erst seit TIMSS (Baumert et al. 1997) und PISA (Deutsches Pisa-Konsortium 2000) fordern Fachleute, -gremien und Betroffene, dass der deutsche Mathematikunterricht reformiert werden muss. Um die Bereitschaft und die Fähigkeit zu fördern, aus Fehlern zu lernen, benötigt die Schule dazu eine neue Lernkultur. Es ist wichtig, Leistungsmängel im Zusammenhang mit konzeptuellen Mängeln des Schulsystems, des Curriculums und der gesamten Unterrichtskultur zu sehen.

Wenn Lernen als ein aktiver, von den Lernenden selbst zu bestimmender Prozess betrachtet wird, kommt dem Umgang mit Fehlern im (Mathematik-) Unterricht eine bedeutsame Rolle zu. Wie mit einem Schülerfehler im Unterricht umgegangen wird, ist unter anderem davon abhängig, in welcher konkreten Unterrichtssituation sich der Schülerfehler ereignet, welche Möglichkeiten der Fehlerbetrachtung und -korrektur zur Verfügung stehen, und wie sich die Lernatmosphäre in der jeweiligen Schulklasse gestaltet. Dabei kann sich eine bestehende Fehlerkultur nur dann positiv weiter entwickeln, wenn das Verständnis der Lehrkräfte für eine positive Fehlerkultur gewonnen wird. Ein solcher Prozess muss langfristig im Rahmen von Schulentwicklung angelegt sein. Er muss zudem Unterrichtsqualität als Ganzes im Blick haben und mit der Professionalisierung der Lehrkräfte in Aus- und Weiterbildung einhergehen.

2. Gegenstand des Entwicklungsprozesses

Übergeordnetes Ziel von Schulentwicklung unter dem Fokus von Fehlerkultur war in dem vorliegenden Projekt zunächst die Erhebung von Fehlerkultur im Unterricht. Danach erfolgte die Entwicklung von Leitlinien für die Umsetzung einer positiven Fehlerkultur im künftigen Mathematikunterricht. Eine Möglichkeit

der Erkenntnisgewinnung liegt in der Weiterentwicklung von Mathematikunterricht durch Videostudien. „Hierdurch erhalten wir ein wesentlich aussage-
kräftigeres Bild über den tatsächlichen Unterricht als mit Hilfe von Fragebögen
etc." (Baptist & Winter 2001, 75). Deshalb wurde in der vorliegenden Erhebung
Fehlerkultur auf der Grundlage von Videoaufzeichnungen im Mathematikunterricht erhoben.

3. Ablauf

Zur Einordnung einer positiven Fehlerkultur in den Gesamtzusammenhang von
Unterricht wurden im Forschungsprojekt zunächst zwei sich prinzipiell
unterscheidende *Auffassungen über Lehren und Lernen* einander gegenüber
gestellt. Der lehrerzentrierte, durch das behavioristische Lernmodell geprägte
Unterrichtsstil und der schülerzentrierte, durch das konstruktivistische Lernmodell
geprägte Unterrichtsstil. Beide zeigen das Spannungsfeld auf, in dem sich der
Umgang mit Fehlern im Unterricht wieder findet. Favorisiert wurde ein
integratives Modell dieser beiden Lern- und Lehrmodelle.

Der Bezug zwischen Fehlerkultur und Unterrichtsqualität wurde dadurch
hergestellt, dass bedeutsame *Ergebnisse über Unterrichtsqualitätsforschung* aus
der Sicht der Pädagogischen Psychologie und der Mathematikdidaktik referiert
wurden, die dann in *Kriterien einer positiven Fehlerkultur* übersetzt und den
empirischen Ergebnissen zur Fehlerkultur im Unterricht gegenübergestellt wurden.
Der Stand der Forschung zum Thema wurde dadurch abgerundet, dass Ergebnisse
über traditionelle Fehleranalysen und *Fehlerklassifikationen* im Bereich der
Mathematikdidaktik referiert wurden. Diese Begriffsklärungen und Klassifi-
zierungen waren nicht zuletzt deshalb notwendig, da die Begriffe „Fehler" und
„Fehlerkultur" kein einheitliches wissenschaftliches Konstrukt bilden.

Aus all diesen Vorarbeiten heraus ergaben sich dann *Fragestellungen und Ziele
der Arbeit über Schul- und Unterrichtsentwicklung.* Die Entwicklung eines
Instrumentariums zur Evaluierung von Fehlerkultur im Mathematikunterricht
sollte kein Instrumentarium sein, das dem herkömmlichen Unterricht seine
Schwachstellen bescheinigt bzw. das Lehrpersonen stigmatisiert, kritisiert und in
ihrem Unterrichtshandeln verunsichert. Es soll auch zukünftig ein Anstoß sein,
darüber nachzudenken, ob der Umgang mit Fehlern im Unterricht so sein muss,
wie er mit Hilfe des Instrumentariums aufgezeigt werden kann, so dass man sich
am konkreten Unterrichtshandeln auf die Suche danach begeben kann, wie mit
Fehlern sinnvoll, lebendig, motivierend und Erkenntnis gewinnend umgegangen
werden kann. Im Zusammenhang mit Schul- und Unterrichtsentwicklung soll
aufgezeigt werden, dass es verschiedene Wege gibt, aus Fehlern zu lernen. Zu
einer Auseinandersetzung der Schüler mit den eigenen Fehlern im Mathematik-

unterricht soll motiviert werden, weil dadurch aus Sicht der Autorin (vermutlich) ein erfolgreicherer Lernprozess eingeschlagen werden kann.

Die Auswertung der Daten von sechs Schulklassen ergibt detaillierte Erkenntnisse über die *vorherrschende Fehlerkultur* in den untersuchten Klassen, über Unterschiede und Gemeinsamkeiten der Fehlerkultur im *Schulartenvergleich*, über spezifische *Handlungstypen* im Umgang mit Fehlern im Mathematikunterricht und über eine Reihe von *Hypothesenprüfungen* und *Hypothesengenerierungen*. *Impulse* für eine positive Fehlerkultur in der Schulpraxis werden im Anschluss an die Ergebnispräsentation zur Diskussion gestellt.

4. Prozessbegleitung: Erfassung relevanter Daten zur Fehlerkultur im Unterricht mit Hilfe eines Kodierrasters

Nachdem der gesamte Unterrichtsverlauf, in dem sich Fehlersituationen ereignet haben, im Transkript festgehalten war, wurden die konkreten Fehlersituationen identifiziert und dem Analyseprozess unterzogen. "Wir betrachten sie (die Fehlersituationen) als die kleinsten Einheiten von Lehrer-Schüler-Interaktionen, die ihrem Sinn nach so vollständig sind, dass sie von Beobachtenden als Fehlersituation erkannt werden können" (vgl. Oser et al. 1999, 49).

Alle Fehlersituationen wurden in dreizehn Schritten analysiert:

1.) Analyseschritt 1: *Fehlerart* (F).
2.) Analyseschritt 2: *Bedeutung* des Schülerfehlers (B) in Bezug auf mögliche, fehlerhafte Denkkonzepte des betreffenden Schülers.
3.) Analyseschritt 3: *Phase* (P) im unterrichtlichen Lernprozess, in welcher der Schülerfehler auftritt.
4.) Analyseschritt 4: *Gesprächsform*, in welcher der Schülerfehler von der Lehrperson erkannt wird (E).
5.) Analyseschritt 5: *Unterrichtsmethode* (M), in welcher der Schülerfehler aufgegriffen wird.
6.) Analyseschritt 6: Frage nach möglichem, fehlerhaftem *Denkkonzept* (D), das hinter dem Schülerfehler steht.
7.) Analyseschritt 7: *Fehlerverantwortlichkeit* (V).
8.) Analyseschritt 8: Interaktionsform der *Fehlerkorrektur* (K) im Unterricht.
9.) Analyseschritt 9: *Begründung* (G) für die Fehlerkorrektur.
10.) Analyseschritt 10: *Verständnishilfe* (H) im Umgang mit dem Schülerfehler im Unterricht.
11.) Analyseschritt 11: *Emotionale Reaktion des Lehrers* (EL) auf die Fehlersituation.

12.) Analyseschritt 12: *Emotionale Reaktion des Schülers* (ES) sowie der Mitschüler auf die Fehlersituation.

13.) Analyseschritt 13: Erfassung des *Zeitaufwandes* (Z) im Umgang mit dem Schülerfehler im Unterricht.

5. Evaluation: Ausgewählte Hypothesen über Fehlerkultur und weiterführende schulpraktische Perspektiven für eine positive Fehlerkultur im Mathematikunterricht

Um den Umgang mit Fehlern im Mathematikunterricht verbessern zu können, genügt es oftmals, dass die Lehrpersonen über die Möglichkeiten, die hinter einer positiven Fehlerkultur stecken, informiert werden. Es ist wichtig, dass sie sich über ihre eigenen Routinen bewusst werden. Ein Weg dazu kann es sein, dass sich die Lehrpersonen zunächst einmal über die Erkenntnisse des Umgangs mit Fehlern in anderen Klassen für die Thematik sensibilisieren dürfen. Insgesamt soll jedoch immer der ganze Prozess einer jeweiligen Fehlersituation betrachtet werden, denn einzelne Handlungen im Umgang mit Fehlern machen nur im Zusammenhang mit dem gesamten Ablauf einen Sinn. Jede Fehlersituation soll zudem in ihrer individuellen Konstellation gesehen werden. Die einzelne Fehlersituation an sich wird sich nie wieder in genau derselben Art und Weise und in genau derselben Konstellation ereignen. Die Anregungen für individuelle Einzelmaßnahmen im Rahmen von Schulentwicklung orientieren sich deshalb insgesamt an einem konstruktivistisch geprägten Bild vom Lehren und Lernen und gehen auf die dreizehn Analyseschritte der Fehlersituationsanalyse (vgl. Abschnitt 4) ein. Es werden Anmerkungen und Anstöße zur Reflexion über das eigene Handeln angeboten, die direkt an den Ergebnissen der Fehlersituationsanalyse ansetzen. Alle Veränderungen sind prinzipiell als Vorschläge zu verstehen.

Auf der anderen Seite hat sich in der durchgeführten Forschungsstudie gezeigt, dass bestimmte Fehlersituationen und deren individuelle Konstellationen und Reaktionsmuster unabhängig von der einzelnen Klasse oder der Lehrperson immer wieder auftreten. Es ist deshalb wichtig, dass Lehrpersonen ihre Fehlerkultur als Teil ihrer gesamten Unterrichtskultur reflektieren, typische Fehlersituationen identifizieren und ihre Reaktionen auf diese Fehler dahingehend verändern, dass ein positiver Umgang mit den Schülerfehlern im Unterricht möglich wird. Gemeinsame Zielperspektive ist die Erweiterung der kulturellen Skripts des Mathematikunterrichts zur Verbesserung eines verständnisvollen Lernens aus Fehlern und zur Stabilisierung der Lernmotivation im Umgang mit denselbigen. Im Folgenden werden thematische Schwerpunkte der unterrichtsbezogenen Maßnahmen im Rahmen von Schul- und Unterrichtsentwicklung skizziert.

Beginnen wir zunächst mit der empirisch nachgewiesenen Bedeutung von Schülerfehlern für den Lernprozess der Schüler:

- In mehr als 75% der Schülerfehler im Unterricht sind echte Lernchancen verborgen.

In der Praxis agierende Lehrpersonen unterschätzen die Bedeutung von fachlichen Fehlern oftmals. Deshalb sollten sie sich dieser Ergebnisse während ihres Unterrichtshandelns stets bewusst sein, vor allem dann, wenn sie dazu neigen, unter ungünstigen Rahmenbedingungen des Unterrichts (z.B. Zeitdruck, Klassengröße etc.) Schülerfehler als Leichtsinnsfehler abzutun. Schülerfehler sollten viel öfter ins Zentrum mathematischer Betrachtungen gestellt werden. Sie sollten als Lernchance und nicht als Hindernis im Lernprozess betrachtet und im Unterricht aufgegriffen werden. Dabei hat sich in der Studie nachweisen lassen, dass vor allem Vorwissenslücken nach wie vor einen großen Raum bei Schülerfehlern einnehmen. Damit sind wir bereits bei einem zweiten wichtigen Punkt einer positiven Fehlerkultur angekommen:

- Zu Beginn einer Unterrichtseinheit oder Unterrichtsstunde kann es besonders fruchtbar sein, durch gut strukturierte Wiederholungen und durch das Anknüpfen am Vorwissen der Schüler, Fehler im Vorwissen zu vermeiden.

Wie in der Studie exemplarisch gezeigt werden kann, nehmen Fehler im Vorwissen einen nicht zu unterschätzenden Teil aller Schülerfehler im Unterricht ein. Lückenhafte Grundkenntnisse und fehlerhafte Strategien aus bereits behandelten Stoffbereichen setzen sich im Unterricht kumulativ fort. Deshalb kann es hilfreich sein, wenn die Lehrperson zu Beginn einer neuen Unterrichtseinheit am Vorwissen der Schüler anknüpft und mögliche Fehler, die eine große Bedeutung im Lernprozess der Schüler haben, zunächst aufarbeitet. Dadurch ermöglicht man allen Schülern eine Wiederholung und Festigung bedeutsamer Lerninhalte, auch dann, wenn keine fehlerhaften Denkstrategien vorliegen. Ebenfalls können Schüler durch das Beobachten, Hören und Analysieren von fremden, nicht in der Klasse vorgekommenen Fehlersituationen für mögliche Fehlerquellen sensibilisiert werden. Wichtig ist jedoch, dass man mit den Schülern auch im Umgang mit Vorwissenslücken kein rezepthaftes Vorgehen, sondern ein verständnisorientiertes Lernen praktiziert, bei dem fehlerhafte Denkstrategien nicht durch einfache und formale Rechenübungen weiter in den Hintergrund gerückt werden.

Durch Unterrichtsphasen dieser Art lässt sich beim Schüler manchmal mehr bewirken, als wenn man ihn stets mit neuem Wissen konfrontiert, das er nicht vernetzen, strukturieren oder in einen Gesamtzusammenhang einordnen kann.

Prozesse der Reaktivierung wie auch der Verarbeitung von Wissen benötigen jedoch Zeit.

- Ausreichende Übungs- und Verarbeitungsphasen können dem Schüler helfen, ein verständnisorientiertes mathematisches Konzept zu entwickeln.

Zu den methodischen Merkmalen einer positiven Fehlerkultur gehört auch, dass in den Verlauf des Unterrichtsgeschehens ausreichende und entsprechend strukturierte Übungs- und Verarbeitungsphasen eingebaut werden. Es ist wichtig, dass die Schüler die Möglichkeit haben, sich intensiv in Übungsphasen mit der Thematik auseinander zu setzen. In der durchgeführten Forschungsstudie wird nachgewiesen, dass Unterrichtsphasen, in denen Schülerfehler auftreten, auf die Verteilung von Unterrichtsphasen (Wiederholung, Aufbau von Wissen, Anwendung von Wissen und Übung von Wissen) im gesamten Unterrichtsverlauf hindeuten. Die Fehlersituationsanalyse weist zudem nach, dass es durchaus Schulklassen gibt, in denen Übungsphasen im Lernprozess, in welchen ein Schülerfehler auftritt, im Vergleich zu den anderen Unterrichtsphasen unter-repräsentiert sein können. Es darf auch nicht vergessen werden, dass der Rahmen, in dem ein Schülerfehler aufgegriffen wird, bedeutsam dafür sein kann, ob aus dem Fehler gelernt werden kann oder nicht:

- Für den betreffenden Schüler ist es zumeist angenehmer, wenn Fehler *nicht* in einer öffentlichen Situation erkennbar werden.

Die Interaktionsformen der Fehlererkennung im Unterricht sollten auf ihre Anteile an informellen und formellen Gesprächen hin untersucht werden. Die Ergebnisse der hier skizzierten Forschungsstudie zeigen, dass Schüler, bei denen ein konzeptueller Fehler in formellen Gesprächen deutlich wird, seltener die Möglichkeit haben, sich eigenständig und individuell mit einer Fehlerkorrektur auseinander zu setzen. Im individuellen Gespräch jedoch lassen sich Fehler häufig besser analysieren und ausdiskutieren, so dass an den individuellen Denkkonzepten angeknüpft werden kann. Damit werden bereits die Ergebnisse des fünften Analyseschrittes angesprochen:

- Den individualisierenden Unterrichtsmethoden kommt im Umgang mit Fehlern im Unterricht eine besondere Bedeutung zu.

Die Ergebnisse aus der durchgeführten Forschungsstudie zeigen eindrücklich, wie wenig individualisierend Schülerfehler oftmals aufgegriffen werden. Die Interaktionsformen einer positiven Fehlerkultur sollten jedoch mehr indivi-dualisiert werden, um überhaupt erst an den individuell erworbenen fehlerhaften Denkkonzepten und -strategien der Schüler anknüpfen zu können. Das bedeutet, dass der Anteil an Frontalunterricht und der damit verknüpfte Anteil an formellen

Unterrichtsgesprächen, wenn es um die Arbeit an individuell aufgetretenen Fehlern geht, zugunsten von kooperativen individuellen Arbeitsphasen verändert werden sollte. Dann können Fehler in einem informellen Gespräch mit dem betreffenden Schüler selbst aufgegriffen werden. Die Möglichkeit, häufig vorkommende Schülerfehler im Klassenverband zu diskutieren, ist damit dennoch gegeben und wird sogar als sehr wichtig erachtet. Favorisiert wird der Umgang mit Schülerfehlern in einer Mischform. Dort werden Schülerfehler individuell in einem informellen Gespräch mit dem betreffenden Schüler aufgegriffen und zu einem späteren Zeitpunkt in anonymisierender Form der ganzen Klasse zur Diskussion gestellt. Die Lehrperson kann dabei an den individuellen Denkmustern des betreffenden Schülers ansetzen und zusätzlich der gesamten Klasse die Möglichkeit geben, verschiedene Lösungs- und Erklärungsmuster zu entwickeln und somit aus Fehlern zu lernen. Die Frage nach den fehlerhaften Denkstrategien rückt bei einer individuellen Fehlerkorrektur in den Vordergrund:

- Die Frage nach den Denkstrategien der Schüler kann helfen, Fehlerursachen zu erkennen, auch wenn man als Lehrperson zu wissen glaubt, was der Schüler sich wohl bei seiner Antwort gedacht haben mag.

Im täglichen Unterricht und unter den typischen Unterrichtsbedingungen (Klassengröße, Zeitdruck, Selektionsfunktion etc.) ist es nicht möglich, dass alle Fehlerstrategien der Schüler von der Lehrperson erkannt, diagnostiziert und behoben werden können, so etwa wie es die traditionelle Fehleranalyse in Einzelgesprächen praktiziert. Dennoch ist es auch im Umgang mit Fehlern im Unterricht wichtig, dass sowohl die Lehrperson wie auch die Mitschüler lernen, sich in die Gedanken der Schüler hineinzuversetzen. Dies sollte eine prinzipielle Forderung für den Mathematikunterricht sein. Es seien hier einige Beispiele aus der Untersuchung formuliert, wie Lehrpersonen nach den Denkkonzepten ihrer Schüler fragen:

- ☐ Was hast du dir bei dieser Lösung gedacht?
- ☐ Kannst du ein Beispiel nennen, damit ich verstehen kann, was du meinst?
- ☐ Kannst du das aufschreiben / aufzeichnen, was du meinst?
- ☐ Auf welche Abbildung / Rechnung / Zahlen bezieht sich deine Antwort?
- ☐ Wie kommst du darauf?
- ☐ Was genau hast du nicht richtig verstanden?
- ☐ Verstehe ich dich richtig, wenn ich sage ....?
- ☐ Kannst du mal ein bisschen genauer erklären? Du kannst auch an die Tafel gehen und eine Skizze zeichnen.
- ☐ Muss es wirklich so sein, wie du es sagst? Gibt es eine Konstellation, in der es nicht unbedingt so sein muss? Ist es unbedingt notwendig, dass ...?
- ☐ Kannst du bitte mal laut denken, während du die Aufgabe bearbeitest?
- ☐ ...

Außerdem sollten die Fragen der Lehrperson nicht zu suggestiv formuliert sein, so dass der Schüler sofort merkt, was die Lehrperson hören möchte, ohne dass er verstanden hat, warum dies so ist.

Die Lehrperson hat auch die Möglichkeit, die Frage nach den Denkstrategien an die Schüler zu übertragen. So zum Beispiel kann sie denjenigen Schüler bitten, der eine Aufgabe fehlerhaft gelöst hat, mit einem Partner, der die Aufgabe richtig gelöst hat, darüber zu sprechen, welche Überlegungen der fehlerhaften Aussage zu Grunde liegen, und wie das fehlerhafte Ergebnis wohl zustande gekommen ist. Vorsicht ist jedoch geboten, wenn dadurch Fehler durch andere ersetzt werden. Die Lehrperson kann dem entgegenwirken, indem sie den Schülern Karteikarten mit Formulierungs- und Verständnishilfen für den entsprechenden Fehlertyp anbietet. Im Idealfall schaffen es Schüler und Lehrperson, den Schülerfehler „zu verstehen".

- Schülerfehler können auch durch die Vorgehensweise der Lehrperson provoziert werden.

Die Ergebnisse aus der Forschungsstudie zeigen, dass durchschnittlich knapp 10% der konzeptuellen Schülerfehler durch die Vorgehensweise der Lehrperson geradezu provoziert wurden. Dazu kann gehören, dass der Sachverhalt von der Lehrperson schlecht erklärt wird, dass die didaktische Auswahl der Vorgehens-weise nicht genug durchdacht wird, dass die Schüler in Bezug auf die Aufgaben-stellung gar nicht wissen können, was zu tun ist etc.. Auch die Wahl der Zahlen-beispiele kann teilweise so unglücklich sein, dass Verwirrungen der Schüler zwangsläufig sind. Zur regelmäßigen Selbstreflexion der Lehrperson bieten sich unter anderem folgende Fragen an:

- ✓ Bin ich mir über die Ziele, die ich erreichen möchte, bewusst?
- ✓ Bin ich gut auf die Unterrichtseinheit vorbereitet?
- ✓ Verfüge ich selbst über die nötigen fachwissenschaftlichen und fachdidaktischen Kenntnisse?
- ✓ Mache ich diese Ziele, meine Vorgehensweise und das, was mir besonders wichtig ist, den Schülern transparent?
- ✓ Habe ich meine didaktisch-methodische Vorgehensweise gut überdacht?
- ✓ Ist meine Vorgehensweise schülergerecht?
- ✓ Sind meine Beispiele für den zu behandelnden Stoff geeignet?
- ✓ Wird den Schülern der Zusammenhang zwischen den einzelnen Unterrichtsphasen erkennbar?
- ✓ Habe ich die Schüler "dort abgeholt, wo sie stehen" und am Vorwissen der Schüler angeknüpft?
- ✓ Erkläre ich den Sachverhalt gut nachvollziehbar und perspektivenreich?
- ✓ Gebe ich meine Arbeitsanweisungen klar und eindeutig?

- ✓ Fällt es mir selbst schwer, den roten Faden der Stunde zu verdeutlichen?
- ✓ Verwende ich keine ungeklärten Fachausdrücke oder Symbole?
- ✓ Argumentiere ich so, dass die Schüler meinen Ausführungen folgen können?
- ✓ Entsprechen die Aufgabenstellungen dem Anspruchsniveau der Schüler?
- ✓ Gehe ich mit meinen Erklärungen auf die verschiedenen Lerntypen ein?
- ✓ Gebe ich den Schülern ausreichend Zeit zum Nachfragen und Reflektieren?
- ✓ Überfordere ich die Schüler durch mein zeitlich zu schnelles Vorgehen?
- ✓ Kann ich die Schüler durch meine Vorgehensweise so motivieren, dass die Schüler mit ihren Gedanken bei der Sache bleiben?
- ✓ Bin ich auf einen auf mathematisches Verständnis abzielenden Umgang mit Schwierigkeiten vorbereitet?
- ✓ Nehme ich Schwierigkeiten der Schüler sensibel wahr und kann mich in die Gedanken der Schüler hineinversetzen?
- ✓ Kümmere ich mich genügend um Schüler, die beim Lösen von Aufgaben Schwierigkeiten haben?
- ✓ Mache ich mir von Zeit zu Zeit ein Bild darüber, ob die Schüler den Sachverhalt verstanden haben? Welche Möglichkeiten hierzu habe ich?
- ✓ Erkenne ich mögliche Missverständnisse und weiß ich über die unterschiedliche Auffassung von Konventionen im Unterricht Bescheid?
- ✓ Ermutige ich Schüler, Fragen zu stellen, wenn sie etwas nicht verstanden haben?
- ✓ Sind meine Fragestellungen suggestiv oder zu kleinschrittig?
- ✓ Bin ich im Unterricht als Lehrperson zu dominant, so dass die Schüler keine Möglichkeit haben, sich aktiv zu beteiligen?
- ✓ Korrigiere ich selbst auftretende Schülerfehler, ohne mich über mögliche Denkstrategien zu informieren?
- ✓ Achte ich darauf, dass Schülerfehler begründet werden?
- ✓ Verwende ich genügend hilfreiche Visualisierungen (z.B. Skizzen), Diskussionshilfen zur Unterstützung des Verstehensprozesses?
- ✓ Lasse ich ein Lernen aus Fehlern in meinem Unterricht überhaupt zu?
- ✓ ...

Jede Lehrperson sollte selbstkritisch genug sein, um ihr eigenes inhaltliches Vorgehen zu überprüfen.

Doch auch, wenn man als Lehrperson keine Verantwortung für die Entstehung von Schülerfehlern zu tragen hat, kann es sein, dass durch die Art des Korrekturprozesses ein Lernen aus Fehlern nicht optimal genutzt wird:

- Eine erfolgreiche Fehlerkorrektur ist ein aktiver und möglichst eigenständiger vom betreffenden Schüler selbst in Gang gesetzter Prozess, der von der Lehrperson begleitet werden kann.

Die Ergebnisse der Forschungsstudie zeigen, dass konzeptuelle Schülerfehler je nach Klasse zwischen 19% - 35% von den Lehrpersonen selbst korrigiert werden, ohne dass der betreffende Schüler oder dessen Mitschüler am Korrekturprozess beteiligt worden wäre. Zwar gibt es immer wieder Studien, die eine direkte Instruktion durch die Lehrperson vor allem im jüngeren Schulalter bei leistungsschwachen Schülern für besonders geeignet halten, um die kognitive Leistungsentwicklung zu fördern (z.B. Lompscher 2001), aber auch in der Evaluationsforschung sind die Erkenntnisse über direkte Instruktionen durch Lehrpersonen nicht einheitlich (z.B. Walberg 1994).

Wenn man aber entsprechend der neueren Lerntheorien davon ausgeht, dass Lernen und damit auch eine erfolgreiche Fehlerkorrektur ein aktiver eigenständiger Prozess ist, müssen Lehrpersonen bemüht sein, sich im Korrekturprozess eines Fehlers zurückzuhalten und lediglich darüber zu wachen, dass mögliche Fehlstrategien nicht durch weitere neue Fehlstrategien ersetzt werden. Dazu eignen sich einfache Aussagen und offene Fragen, die das Denken, Handeln und Diskutieren der Schüler im Sinne des divergenten Denkens öffnen. Die Schüler sollten in jedem Fall im Umgang mit Fehlern das Gefühl der Selbstwirksamkeit entwickeln können und sich Fehlern gegenüber nicht in einer völligen Ohnmacht wieder finden, aus der nur die Lehrperson sie zu retten im Stande ist. Die Lehrperson übernimmt mehr oder weniger die Funktion des Diskussionsleiters. Interessant kann es auch sein, wenn eine Lehrperson beispielsweise im Frontalunterricht arbeitet, dann aber beim Auftreten eines Schülerfehlers die Schüler bittet, paar- oder gruppenweise in einer kooperativen Phase über den Schülerfehler nachzudenken und mögliche Lösungen zu reflektieren.

Dies alles spricht für eine Verstärkung individualisierter Lernphasen und für die Zurücknahme des Klassengesprächs im Umgang mit konzeptuellen Fehlern im Unterricht. Sehr interessant kann es in diesem Zusammenhang sein, einen kognitiven Konflikt bei den Schülern zu erzeugen.

Wenn Schülerfehler dennoch im Klassenverbund thematisiert werden sollen, dann ist die Feststellung, dass der Schülerfehler mit der ersten richtigen Antwort noch nicht vollständig erledigt ist, ein Kennzeichen einer positiven Fehlerkultur. Es können noch andere Schüler zu Wort kommen. Es müssen Begründungen und Verständnishilfen mitgeliefert werden.

Auch der Umgang mit Schülerfehlern kann trainiert und im Sinne eines Problem lösenden Unterrichts verbessert werden. Handlungsschritte, die dem Schüler im Problem lösenden Unterricht helfen, ein Problem zu erfassen, einen Lösungsplan zu erstellen, durchzuführen und zu überprüfen, können einem Schüler auch in Fehlersituationen helfen, den Fehler selbst zu erkennen und zu korrigieren (vgl. Pólya 1995). Folgende Anregungen kann die Lehrperson in diesem Prozess beispielsweise machen (vgl. Borasi 1985, 1ff, Leuders 2001, 212):

188

○ Kannst du dir vorstellen, um welche Art von Fehler es sich hier handelt?

○ Hast du alle Angaben richtig verwendet?

○ Versuche deinem Fehler auf die Spur zu kommen, indem du die Aufgabe noch einmal Schritt für Schritt durchgehst.

○ Versuche deinem Fehler auf die Spur zu kommen, indem du konkrete Zahlen verwendest.

○ Versuche deinem Fehler auf die Spur zu kommen, indem du dir eine Skizze machst?

○ Überlege mal: "Kann es überhaupt sein, dass...?"

○ Welche Bedingung(en) müsste / müssten erfüllt sein, wenn deine Aussage richtig wäre?

○ Welche Konsequenz hätte deine Aussage?

○ Kennst du eine ähnliche Aufgabe, die du bereits fehlerfrei gelöst hast?

○ Welches Vorwissen brauchst du, um diesen Fehler korrigieren zu können?

○ Wo könntest du nachschauen, wie dein Fehler korrigiert werden kann?

○ Was stellst du dir bildlich unter diesem Ausdruck vor?

○ Kannst du die Aufgabe, die du falsch gemacht hast, zunächst vereinfachen oder verändern?

○ ...

Diese und andere Impulse sollen beim Schüler Denkoperationen hervorrufen, die auf ein tieferes Verständnis der Mathematik abzielen. Lehrpersonen sollten Schüler darin bestärken, sich lieber ausführlich mit einem eigenen Fehlern zu beschäftigen und dann bei der Lehrperson nachfragen (z.B. in Form eines Lerntagebuches) als eine Reihe (sinnloser) Aufgaben aus dem Schulbuch (z.B. als Hausaufgabe) zu bearbeiten. Woran es in vielen traditionellen Unterrichtssituationen mangelt, sind Lerngelegenheiten zur Ausbildung selbst bestimmter Kontrollfunktionen und Metastrategien. Ein bloßes "stimmt" oder "stimmt nicht" bzw. "richtig" oder "falsch" von Seiten der Lehrperson verhilft dem Schüler nicht zur gewünschten Selbständigkeit, ebenso wenig wie ein oberflächliches Abhaken eines konzeptuellen Schülerfehlers. Es ist wichtig, dass der Schüler selbst eingesehen und begriffen hat, was er falsch gemacht hat:

• Begründungen helfen alte Denkmuster abzulegen.

Die Ergebnisse der Studie verdeutlichen, dass den Lehrpersonen in allen untersuchten Klassen die Angabe einer Begründung für eine Fehlerkorrektur sehr wichtig ist. Dennoch bleibt immer noch ein Anteil von etwa einem Fünftel an konzeptuellen Schülerfehlern, deren Korrektur nicht begründet wurde. In diesem Sinne sollten Lehrpersonen stets daran denken, dass die Angabe von Gründen die Einsicht in richtiges Handeln erleichtert. Begründungen sollten sich nicht nur auf rein mentaler Ebene abspielen, sondern möglichst von konkreten Korrekturhilfen getragen werden.

- Vor allem in konkreten Verständnishilfen steckt ein großes Lernpotential.

Die Ergebnisse der vorliegenden Untersuchung zeigen, dass zirka 15% aller Schülerfehler ohne Korrekturhilfen korrigiert werden. In einigen der untersuchten Klassen kommt hinzu, dass zirka ein weiteres Fünftel aller Schülerfehler nur auf rein mentaler Ebene eine Verständnishilfe erfahren. In einer positiven Fehlerkultur sollten demnach noch mehr konkrete Verständnishilfen im Umgang mit Schülerfehlern eingesetzt werden. Die Korrektur und Bewertung erfolgt damit möglichst durch den Schüler selbst und muss nicht von der Lehrperson übernommen werden. Eine Individualisierung im Umgang mit Schülerfehlern auf diese Art eröffnet den unterschiedlichen Lerntypen die Chance, individuell auf ihren Fehler zu reagieren.

- Die Lernatmosphäre entscheidet darüber, ob eine positive Fehlerkultur überhaupt praktiziert werden kann.

Aus den Forschungsergebnissen geht hervor, dass der Anteil an negativen emotionalen Verhaltensweisen der Lehrperson als Reaktion auf einen konzeptuellen Schülerfehler in den untersuchten Klassen zwischen 0% und 28% liegt. Durch die Reaktion einer Lehrperson auf einen Schülerfehler können Ängste auf- oder abgebaut werden. Dabei sind noch nicht einmal jene Ängste angesprochen, die bei Schülern in Folge von schlechten Klausurergebnissen entstehen können. Notwendig scheint es deshalb zu sein, dass die Lehrperson durch ihr emotionales Verhalten Situationen schafft, welche die Kränkbarkeit der Schüler aufgrund ihres Fehlers reduzieren. Das ist für Lehrpersonen sicherlich gerade dann schwierig, wenn der Fehler zum wiederholten Male im Unterricht auftaucht, und man das Gefühl hat, dass die eigene Vorbereitung, das Engagement und die Geduld, die man im Unterricht aufbringt, nichts bei den Schülern zu bewirken scheinen. Aus der vorliegenden Studie ergeben sich dennoch eine Reihe von Anregungen darüber, wie Lehrpersonen ihren Schülern im Umgang mit Fehlern eine motivierende Rückmeldung geben können (vgl. auch Rollett 1999):

- Ermutigen Sie ihren Schüler verbal.
- Seien Sie im Umgang mit Fehlern geduldig.
- Achten Sie darauf, dass keine negativen emotionalen Reaktionen wie z.B. Auslachen, Meckern etc. im Umgang mit Schülerfehlern an den Tag gelegt werden.
- Seien Sie darum bemüht, den Schüler selbstständig zur Einsicht in seine fehlerhaften Überlegungen zu bringen.

- Zeigen Sie durch ihre Reaktion, dass Fehler etwas Selbstverständliches und nichts "Schlimmes" sind.
- Geben Sie dem Schüler ein differenziertes Lob, d.h. eine Rückmeldung, bei der nicht nur ein Lob ausgesprochen, sondern, bei welchem dem Lernenden auch mitgeteilt wird, was an seiner Leistung besonders gut war.
- Lassen Sie den Fehler sofort ausbessern. Falls notwendig, geben Sie entsprechende Hilfen, um die Korrektur auszuführen.
- Sobald die Fehlerkorrektur ausgeführt ist, sprechen Sie ein Lob aus, um das richtige Verhalten zu bekräftigen.
- ...

Prinzipiell ist es denkbar, dass nicht nur Lehrpersonen, sondern auch die Schüler die Lernatmosphäre vergiften können. Lehrpersonen sehen sich in emotional negativ besetzten Fehlersituationen vor ganz besondere Herausforderungen gestellt:

- Durch negative Verhaltensweisen des betreffenden Schülers bzw. seiner Mitschüler als Reaktion auf einen Fehler läuft man als Lehrperson Gefahr, sich provozieren zu lassen.

Aus den Forschungsergebnissen geht hervor, dass ein Zusammenhang zwischen den emotionalen Verhaltensweisen der Lehrperson und jenen des betreffenden Schülers bzw. seiner Mitschüler nachgewiesen werden kann. Aus menschlicher Sicht kann man sich gut vorstellen, wie frustrierend es für Lehrpersonen sein kann, wenn Schüler im Umgang mit Fehlern aggressiv, desinteressiert, respektlos, vorwurfsvoll, schnippisch, uneinsichtig etc. reagieren. In Situationen dieser Art ist es besonders schwierig, über den eigenen Frustrationen zu stehen und nicht selbst negativ auf Fehlersituationen zu reagieren. Lehrpersonen, die negative Verhaltensweisen der Schüler als Reaktion auf Schülerfehler wahrnehmen, sollten Verhaltensweisen dieser Art rechtzeitig freundlich, aber bestimmt ansprechen und ihre Erwartungen im Umgang mit Fehlern transparent machen. Schüler und Lehrpersonen werden erkennen können, wie stark sie von einer positiven Fehlerkultur profitieren. Dabei erscheint ein letzter Hinweis eine besondere Bedeutung zu haben:

- Der Umgang mit Fehlern braucht Zeit.

Zeitdruck ist nicht nur in der Schule ein nicht zu überwindendes Problem. Ein auf die Entwicklung von Verständnis angelegter Mathematikunterricht braucht jedoch Zeit. Im Zusammenhang mit den neuen Bildungsplänen ist es wichtig, dass sich jede Lehrperson gleich zu Beginn ein Bild darüber verschafft, welche Freiräume im Umgang mit den Richtlinien gewährt werden. Freiräume können z.B. dafür genutzt werden, Schülerfehler individuell, langfristig und verständnisorientiert auszuräumen.

- Die Umsetzung einer positiven Fehlerkultur erfolgt nicht in einer einzelnen Unterrichtsstunde, sondern muss zum allgemeinen Unterrichtsprinzip innerhalb von Schulentwicklung werden.

Mit all den angesprochenen Impulsen zur Umsetzung einer positiven Fehlerkultur ist natürlich längst nicht gesagt, dass diese Hinweise allgemein die beste Unterrichtsform für den Umgang mit Fehlern sind. Gelegentlich scheint auch eine konkret-situative Vorgehensweise bei der Korrektur von Fehlern möglich und sinnvoll. Hier schließt sich wiederum der Kreis zum integrierenden Modell einer positiven Fehlerkultur[1].

Literatur

Baumert, J./ Lehmann, R. u.a. (1997): TIMSS – Mathematisch-naturwissenschaftlicher Unterricht im internationalen Vergleich. Opladen.

Baptist, P./ Winter, H. (2001): Kerncurriculum Oberstufe. Mathematik – Deutsch – Englisch. Beltz Pädagogische Reihe. Weinheim, Basel.

Bromme, R. (1997): Kompetenzen, Funktionen und unterrichtliches Handeln des Lehrers. (German). Pädagogische Psychologie. Bd. 3: Psychologie des Unterrichts und der Schule. Göttingen, 177-212.

Copei, F. (1950)9: Der fruchtbare Moment im Bildungsprozess. Heidelberg.

Deutsches Pisa-Konsortium (Hrsg.) (2001): PISA 2000. Basiskompetenzen von Schülerinnen und Schülern im internationalen Vergleich. Opladen.

Leuders, T. (2001): Qualität im Mathematikunterricht der Sekundarstufe I und II. Berlin.

Lompscher, J. (2001): Wie werden Schüler zu kompetenten Lernern? In: Geographie und Schule 23. Jg.; H.131, 6-12.

Reusser, K. (1999): Schülerfehler – die Rückseite des Spiegels. In: W. Althof (Hrsg.) (1999): Fehlerwelten. Vom Fehlermachen und Lernen aus Fehlern. Opladen, 203-231.

---

[1] Für vertiefte Einblicke in die Forschungsstudie, deren Ergebnisse und Konsequenzen für die Schul- und Unterrichtsentwicklung sei auf die Primärliteratur verwiesen: Schoy, M. (2004): Fehlerkultur im Mathematikunterricht. Theoretische Grundlegung und evaluierte unterrichts-praktische Erprobung. Aufgezeigt am Beispiel der „Einführung in die Satzgruppe des Pythagoras". Weingarten.

Rollett, B. (1999): Auf dem Weg zu einer Fehlerkultur. Anmerkungen zur Fehlertheorie von Fritz Oser. In: W. Althof, (Hrsg.) (1999): Fehlerwelten. Vom Fehlermachen und Lernen aus Fehlern. Opladen, 71-88.

Spychiger, M./ Oser, F./ Hascher, T./ Mahler, F. (1999): Entwicklung einer Fehlerkultur in der Schule. In: W. Althof (Hrsg.): Fehlerwelten: vom Fehlermachen und Lernen aus Fehlern. Opladen, 43-70.

Tietze, U.-P. (1986): Lernschwierigkeiten in Algebra und Arithmetik - Ergebnisse einer empirischen Untersuchung. Hochschulinterne Veröffentlichung. Göttingen.

Walberg, H. J./ Horn, E. (1984): Leistung und Interesse als Funktion der Unterrichtsqualität. In: Educational Research 77. Jg.; H 4, 227-232.

IV Internationaler Ausblick

Jean Agbassi Djoman
Simone Fuoss-Bühler

"Schule und Entwicklung" - ein westafrikanisches Netzwerk (RED)[1]: Sind Schulentwicklungsparameter überall dieselben?

Der vorliegende Beitrag fokussiert einen Entwicklungsprozess in einem westafrikanischen Bildungssystem: Innerhalb des Grundschulbildungssektors der protestantischen Privatschulen hatte sich vor 14 Jahren ein internationales Netzwerk gegründet. Die Autoren sind zum einen der Gründer dieses Netzwerkes und zum anderen eine Lehrerfortbildnerin. Weshalb sollte dieser Beitrag Teil der Ringveranstaltung sein? Wir halten den Prozess im Netzwerk für exemplarisch, auch für einen Schulentwicklungsdiskurs in Deutschland, weil sich viele gängige Schulentwicklungsparameter darin erkennen lassen, angefangen von einem Entwicklungsprozess, welcher viele Jahre Zeit beansprucht, bis hin zu identifizierbaren Etappen der Irritation und Vernetzung auf allen Ebenen des Bildungssystems, hier verstärkt erkennbar durch sozio-ökonomische und sozio-kulturelle Unterschiede.

Zum anderen kommen wir der Bitte um einen Beitrag zu diesem Buch gerne nach, als Ausdruck der langjährigen Zusammenarbeit zwischen der PH Weingarten[2] und dem RED.

Das hier skizzierte "Spannungsfeld von Bildungssystem und Unterricht" ist ein gesellschaftlich modellhaftes, reduzierteres, weil wir den kleinen Ausschnitt privater Grundschulbildung und seiner Unterrichtsbedingungen beleuchten. Gleichzeitig ist es ein komplexeres, weil Impulse des Prozesses nicht nur in der Fortbildungsstruktur eines internationalen Netzwerkes, sondern zusätzlich im interkulturellen Spannungsfeld mit der historischen Bürde der "Entwicklungshilfe" zu suchen sind.

Der Text bleibt ab jetzt auf der Ebene der Falldeskription[3]. D.h., wir hoffen auf die immanente Beantwortung der Titelfrage durch den Leser und die Leserin, auf Resonanz, die durch das Mitlesen des eigenen Kontextes entstehen mag.

---

[1] Die französische Abkürzung für das "Réseau Ecole et Développement" ist RED. Wir verwenden sie hier.
[2] H.Bühler wurde seit 1989 von der PH Weingarten in der vorlesungsfreien Zeit immer wieder zur Mitarbeit im RED freigestellt.
[3] Mit der bekannten Einschränkung, dass Deskription, zudem im Bemühen um kritische Distanz, ihre eigenen blinden Flecken generiert.

1. Initiative zur Gründung des RED

Das RED wurde 1989 in Grand-Bassam, einer alten Kolonial- und Handelsstadt an der Küste der Elfenbeinküste gegründet. Gründungs-mitglieder waren Verantwortliche der sechsjährigen protestantischen Primarschulen in Westafrika, insbesondere aus der Elfenbeinküste und Ländern mit Französisch als Amtssprache, wie Burkina Faso, Togo, Ruanda, Benin und Kamerun. Diese Verantwortlichen wollten nicht länger tatenlos zusehen, wie trotz der massiven Anstrengungen der Regierungen[4] und der vielfältigen Initiativen der Kirchen die Qualität der Schulen kaum zu halten war.

"Protestantische Primarschulen" sind in den 5 Ländern, in denen das RED heute arbeitet (Benin, Elfenbeinküste, Kamerun, Tschad und Togo) mit bis zu 25% der Beschulungsquote wichtige Institutionen.

2. Gegenstand des Entwicklungsprozesses

Die Krise der Grundbildung hatte auch die protestantischen Primarschulen nicht verschont: Die Beschulungsquote bei Mädchen ging zurück, der Kampf gegen den Analphabetismus konnte die demographischen Zuwachsraten nicht wettmachen (UNESCO, 1999), um nur zwei von vielen Parametern zu erwähnen.[5] Insgesamt waren die Schulen immer noch Buchschulen, wie man sie auch aus der deutschen Schulgeschichte vor Beginn der Reformpädagogik kennt: Kaum ausgebildete Lehrer verließen sich in ihrer Unsicherheit auf Schulbücher, die sie an die Tafel kopierten. Die Schulkinder mussten diese meistens sehr dürftigen Texte abschreiben und auswendig lernen. Praktische Arbeiten waren in der Schule verpönt, weil sie mit der kolonialen Hypothek der Zwangsarbeit belastet waren.

Das RED wollte diese krasse Missachtung der Lernpotentiale afrikanischer Kinder beenden, die auch heute noch eine der wichtigsten Grundlagen zur Legitimation von Rassismus ist. Es wollte demgegenüber und dabei
- "eine ′prophetische Rolle′ spielen,

---

[4] Die Weltbank (1988) berichtet, dass in den 80er-Jahren durchschnittlich 25% der Nationalbudgets für (Schul-)Bildung verwendet wurden. Dies ist mehr als das 3-fache etwa von Deutschland wie dem neuesten OECD-Bericht (2004) zu entnehmen ist. Bei genauerem Hinsehen fällt jedoch auf, dass in die Grundbildung um vieles weniger investiert wurde als in den Sekundar- und vor allem Tertiärbereich; detailliert dazu Bühler u.a., 1999 sowie Sovoessi 2001.

[5] Ohne zusätzliche Angaben stammen alle Daten aus den UNESCO-Berichten: Education au niveau mondiale, Paris (Jahreszahlen im laufenden Text).

198

- besser die westafrikanischen Kulturen im schulischen Lernen zur Geltung bringen und
- die Qualität von Lehren und Unterricht verbessern."[6]

3. Ablauf

Bis dahin war es jedoch noch ein weiter Weg. Das RED durchlief seit seiner Gründung vier Phasen:[7]

- 1989-1992 wurde von den Vertretern der Kirchen um eine zukünftige Orientierung des RED gerungen. Alternativen auf dem Weg zu besserer Bildung waren: "Ländliche Entwicklungsansätze", "Bildung im informellen Sektor der Städte" und "innere Sekundarschulreform". Die Entwicklung der Primarschulen setzte sich schließlich durch, weil in diesem Bereich der dringendste Bedarf gesehen wurde.

- 1992-1996 wurden grundlegende Fragen für eine Schulreform in internationalen Seminaren von westafrikanischen Wissenschaftlern verschiedener Disziplinen zusammen mit Vertretern der (kirchlichen) Schulverwaltungen diskutiert. Wichtige Themen waren dabei: "Schule und Kultur", "Werteerziehung", "Menschenrechte in den Schulen", "Umwelterziehung" sowie die Funktion "praktischer Arbeiten für den Unterricht."[8]

- 1996 fand in Mbô/Kamerun ein wichtiges Treffen statt, bei dem beschlossen wurde, die allgemeinen Debatten zu beenden und endlich mit der konkreten Entwicklungsarbeit in den Schulen zu beginnen. Drei Strategien zur konkreten Umsetzung der Schulreform spielten in dieser dritten Phase (1996-2003) eine besondere Rolle:
  a) Die Einrichtung von Pilotschulen,
  b) ständige LehrerInnen-Fortbildung,
  c) - wo notwendig - die Entwicklung eigener Unterrichtsmedien.[9]

---

[6] RED, 1999, S. 25. (Alle Übersetzungen aus dem Französischen sind von S. Fuoss-Bühler).

[7] Ausführlich in: RED, 1999, S.22-45 sowie in: Bühler, H., u.a., 2002, S.146 f.

[8] Dazu sind eine Vielzahl an Publikationen entstanden. Die Diskussion um die grundlegenden Themen ist dokumentiert in RED, 1999. Zu praktischen Arbeiten insbesondere noch RED, 1995 sowie Bühler, 1993.

[9] Wichtigstes Unterrichtsmedium ist das Heft: "Contre le SIDA" (´Gegen Aids`) geworden, das vom RED 2004 publiziert wurde. Falls die dazu notwendigen Spenden-Mittel noch aufgetrieben werden, soll durch eine Druckauflage von 1 Million erreicht werden, damit dieses Heft armen Schülern und Schülerinnen kostenlos zur Verfügung gestellt werden kann.

- Seit 2003: Die aktuelle Phase könnte man als "Multiplikations- oder Generalisierungsphase" bezeichnen. Sie hat zum Ziel, die zunehmend große, öffentliche Resonanz mit Hilfe von zu Multiplikatoren weitergebildeten RED-Lehrern und Lehrerinnen auch außerhalb der protestantischen Primarschulen umzusetzen.

4. Theorie und Praxis der Schulentwicklung des RED:

Wesentliche Anstöße hat das RED aus der Befreiungspädagogik, dem Holismus[10] und der Diskussion um Kulturtheorie bekommen.[11] Befreiungspädagogische Autoren wie Gandhi, Freire und Freinet, aber auch vom tansanischen Lehrer (und Präsidenten) Nyerere, betonen immer wieder: "Erziehung muss den Afrikaner von der Sklavenmentalität und vom Kolonialismus befreien, indem ihm bewusst wird, dass er ein gleichwertiges Mitglied der Menschheit ist, das angesichts seiner menschlichen Verantwortung mit gleichen Rechten und gleichen Pflichten ausgestattet ist." (Nyerere, in RED, ebenda, S. 45).

Dies ist ein hoher Anspruch, jedoch ohne Alternative, bedenkt man die Schäden, die der Kolonialismus und - in seinem Gefolge - westafrikanischer Despotismus in den Schulen hinterlassen haben[12]: Lernende und Lehrende sind noch heute selten Subjekt ihrer Lern- und Lehrprozesse. Sie sind in ihrem Lernen entfremdet durch überfüllte Klassen,[13] durch kaum vorhandene Lehr- und Lernmittel, durch realitätsfremde, übervolle Lehrpläne, durch bürokratisch überzogene Schul-

---

[10] Der Holismus ist in der europäischen wissenschaftstheoretischen Debatte bislang nur punktuell verankert. Er hat Verknüpfungen zur griechischen Entwicklungsmythologie (Sahtouris 1993) aber auch zu religiösen Traditionen, z.B. dem Buddhismus. Mit der Kurzform: "Alles hängt mit allem zusammen" wird eine Annäherung an die Chaostheorie (Briggs, u. a. 1990), aber auch z. T. an die Systemtheorie erkennbar. So ergänzen sich aktuelle und sehr alte Ansätze mythischen und magischen Denkens.

[11] In der Aufarbeitung des Kolonialismus und der Missionsgeschichte ist dem pädagogischen Ansatz des RED nicht ein Defizitansatz in Entwicklungs-und kulturellen Wertungfragen, sondern ein Differenzansatz näher. Doch reicht dieser nicht aus. Er wird ergänzt durch einen vom Holismus geprägten Argumentationsstil des inklusiven Denkens. Zudem hat jeder Begriff, so auch "Kultur" nicht nur eine definitorische Seite, sondern eine alltagspraktische Bedeutung und eine explizite Funktion. Detailliert dazu RED, Kapitel 2: Die Grundlagen des RED, S. 45-125.

[12] Ökonomisch und politisch hat sich die Situation für Afrika ständig verschlechtert. Wir können hier nicht den Gründen genauer nachgehen. Fest steht für uns, dass es sich um eine Mischung von vielfältigen Ursachen handelt, von denen wir nur die beiden wichtigsten hier angeführt haben.

[13] In den Ländern, in denen das RED tätig ist, variieren die die Klassengrößen von 55 Lernenden (Elfenbeinküste) bis 62 Lernenden/Klasse (Tschad).

verwaltung, aber auch durch traditionalistisch legitimierte Gewalt in den Schulen ("afrikanisches Leben ist hart, deshalb muss auch Erziehung hart sein"). Diese Misere wird insgesamt am deutlichsten in der "Diplomitis", wonach nur als Bildungserfolg zählt, was durch eine Urkunde sanktioniert ist.[14]

Wo und wie kann man ansetzen, um hieraus auszubrechen?

Insgesamt beansprucht das RED nicht, einen kohärenten Ansatz für Schulentwicklung zu besitzen. Vielmehr versuchen wir da anzusetzen, wo wir den dringendsten Handlungsbedarf sehen und wo wir am ehesten handeln können:

- Schulorganisatorische Rahmenbedingungen spielen dabei eine zentrale Rolle, denn oft haben wir den Eindruck, dass in Westafrika sowohl die verantwortlichen Bildungspolitiker als auch die Öffentlichkeit sich nicht klar sind, dass es schulorganisatorische Mindestbedingungen gibt, die eingehalten werden müssen, wenn man Unterricht in Form von "Schule" überhaupt versuchen will. Deshalb hat das RED Pilotschulen eingerichtet.[15] Diese Pilotschulen sind verpflichtet, nicht mehr als 40 Kinder / Klasse aufzunehmen. Sie sollten nicht mehr als einzügig, also 6-klassig sein, um große Schulkomplexe zu vermeiden.
  Lehrende müssen als Eingangsniveau mindestens über "Mittlere Reife", möglichst über das "Baccalaureat" verfügen, weil damit am ehesten ein akzeptables Niveau der Allgemeinbildung der Lehrenden gesichert ist. Darüber hinaus müssen sie ständig an den Fortbildungsmaßnahmen des RED teilnehmen.
  Die dort gelernten, neuen Ansätze sollten sie in ihrem Unterricht umsetzen, was ständig von ihnen dokumentiert, etwa alle 2 Jahre aber auch vom RED evaluiert wird.
  Schließlich sollten diese Schulen eine/n innovative/n Schulleiter oder Schulleiterin haben, der dafür sorgt, dass Lernen und Lehren in einer offenen Atmosphäre stattfindet.

- Die ständige Fortbildung der Lehrenden ist notwendig, weil Schulentwicklung ohne eine Veränderung der Berufsrolle nicht möglich ist. Dies ist wohl die

---

[14] Was oben mir "prophetischer Rolle" des RED gemeint war, wird jetzt deutlicher: Diese Schulmisere nicht einfach hinzunehmen, sondern sich gegen sie zu wehren, nicht nur theoretisch sondern auch konkret, das fordert die Kraft und Überzeugung von ´Propheten´, - die zu ihren Lebzeiten meistens nicht sehr geschätzt waren.

[15] Es gibt 24 Pilotschulen in den 5 Ländern, in denen ca. 150 Lehrer und Lehrerinnen etwa 6000 Lernende unterrichten. Darüber hinaus gibt es inzwischen eine kaum noch überschaubare Anzahl von Schulen, die durch die Multiplikatoren erreicht werden.

größte Herausforderung, weshalb verschiedene Zugänge notwendig sind: Grundprinzipien sind, dass das Fortbildungsprogramm von den Lehrenden ständig mitbestimmt und evaluiert wird. Außerdem soll bei der Fortbildung nicht über neue Methoden geredet werden, vielmehr sollen sie zum praktischen Modell dessen werden, was theoretisch behauptet wird. Neben den oben angedeuteten theoretischen Grundlagen des RED legen wir besonderen Wert auf Methoden des selbst gesteuerten Lernens aus der reformpädagogischen Tradition von C. Freinet, aber auch aus der afrikanischen Bildungstradition heraus. Schließlich bemühen wir uns um aktuelle Weiterentwicklungen wie etwa Freiarbeit.[16] Kulturelle Aktivitäten wie Musik, Tanz und Theater sollen dazu beitragen, dass die Lernenden westafrikanische Kultur für sich und vor der Öffentlichkeit praktizieren. Schließlich hat jede Pilotschule ein praktisches Profil, sei es durch Schulgärten oder durch handwerkliche Initiativen.

- Gute Unterrichtsmedien werden in der internationalen Bildungsforschungsdiskussion als eine gute Möglichkeit bezeichnet, um die Qualität des Unterrichts schnell zu verbessern. Die Unterschiede zwischen den Ländern und den Kirchen als Schulträger sind gerade in dieser Hinsicht sehr groß: So verfügen die methodistischen Schulen in der Elfenbeinküste über genügend, teilweise sehr gute Lehrmittel, während in anderen Schulen die Unterrichtenden froh sein müssen, wenn sie selbst überhaupt Zugang zu einem Schulbuch haben. Dazu kommt noch, dass die Mehrzahl der Schulbücher klassische Bildungsinhalte in methodisch-didaktisch kaum aufbereiteter Form präsentieren. Angesichts dieser Schulbuchmisere hat das RED vor ca. 10 Jahren damit begonnen, dass Lehrer und Lehrerinnen während der Seminare ihre Unterrichtsmittel mit dem Schwerpunkt auf praktische Arbeiten (Gartenbau, Handwerk, Kunsthandwerk) und auf Umwelterziehung selbst geschrieben haben. Die Idee war prinzipiell gut gemeint. Doch ergab es sich sehr bald, dass die Mehrzahl dieser Unterrichtsmittel wieder im Stil eines schlechten Frontalunterrichts angelegt waren. Wir haben deshalb in den letzten Jahren Teams von Lehrenden und von pädagogischen Beratern gebildet, die sowohl vom Inhalt als auch von der Methodik her mehr den Ansprüchen des RED nach aktivem Lernen gerecht werden. Aktuellstes Beispiel dafür ist die Unterrichtsbroschüre "Contre le SIDA" (siehe Anmerkung 7).

---

[16] Insbesondere die Befreiungspädagogik von Freinet ist in ihrer Praxis erst dann zu vermitteln, wenn man längere Zeit im Unterricht dabei sein kann. Deshalb waren 19 der Lehrer und Lehrerinnen mehrere Wochen in Freinet-Klassen in Frankreich zu Gast.

5. Das RED als "Netzwerk" - Rahmenbedingungen

Das "Netzwerk" hat als Organisationsform wesentliche Impulse aus der Debatte um 'Zivilgesellschaft' bezogen. Eine daraus resultierende Institutionalisierungs-form ist die "Nichtregierungs-Organisation" (Datta, 1996). Eines ihrer Grund-prinzipien besteht darin, dass sich Menschen bei sozialem Fortschritt nicht auf träge Staatsbürokratie verlassen. In diesem Sinne ist das RED auch ein Netzwerk.

Oft entstehen jedoch in einem Netzwerk selbst wieder eigene Bürokratien. Dies ist beim RED kaum der Fall, denn es hat einen sehr kleinen Apparat: einen Koordinator und zwei Halbtagsstellen für die Buchhaltung und das Sekretariat in Abidjan/Elfenbeinküste. Hier greift die westafrikanische Tradition: Der Koor-dinator wird von den Mitgliedern des RED in einer Mischung aus Scherz und Hochachtung als "chef traditionel" bezeichnet, der mit seinem ganzen Engagement für das Wohlergehen der Mitglieder des RED sorgt.[17]

Mitglieder sind zum einen 13 protestantische Kirchen in Westafrika, darin vor allem die Lehrenden in den Pilotschulen. Sie haben eine hohe Identifikation mit dem RED entwickelt. Fortbildung und die Entwicklung von Unterrichtsmedien geschieht mithilfe von Beratern. Finanziert werden die Tätigkeiten des RED zum geringeren Teil aus eigenen Einnahmen aus dem Verkauf von Unterrichts-materialien, zum größeren Teil durch kirchliche Entwicklungsorganisationen in Frankreich (DEFAP, Paris), und vor allem aus Deutschland (EED, Bonn).

Das RED hat sich von Anfang an vielfältig vernetzt: Mit afrikanischen und deutschen Wissenschaftlern, mit Freinet-Schulen in Frankreich, mit entwicklungspolitischen Initiativen, vor allem mit dem "entwicklungspädago-gischen Informationszentrum" (EPIZ)[18] in Reutlingen zur Organisation von Schulpartnerschaften und – in diesem Rahmen – zu gemeinsamen Unterrichts-projekten, die direkt von den Lernenden organisiert werden, um globales Lernen auch zwischen Kindern im Norden und im Süden zu verwirklichen. Die letzte Vernetzung fand 2003 mit dem "Forum d´Echange sur l´Innovation Pédagogique", einem zentral-afrikanischen Netzwerk zur Schulentwicklung statt.

Schließlich gibt das RED mit "REDaction" eine eigene Zeitschrift heraus. Chefredakteur ist J. Sovoessi, ein Erziehungswissenschaftler aus dem Benin, der

---

[17] Diese Organisationsform hat auch ihre Grenzen, insbesondere weil sie zu sehr von einer Person, dem Koordinator abhängt. Es wird deshalb erwogen, diesem in nächster Zeit ein Gremium zuzuordnen.
[18] Von 1989 bis 2000 gab es an der PH Weingarten den "Interkulturellen Arbeitskreis" (IKAK). Er hatte ebenfalls ständigen Austausch mit dem RED.

gleichzeitig Berater des RED ist. In ihr kommen Erziehungswissenschaftler, Lehrende aus dem RED, aber auch die Lernenden und manchmal die Eltern zu Wort.

6. Perspektiven

- Evaluierungen

Das RED ist durch die weitgehende Fremdfinanzierung aus dem Norden ständig zur Rechenschaft gezwungen, weshalb es seine Aktivitäten ständig dokumentieren und evaluieren muss. Zumindest aus Sicht der ´donors´ ist das RED ein gutes Projekt, das schon seit 15 Jahren gefördert wird.

- Motivation für die Kinder

Wichtiger jedoch ist die westafrikanische Resonanz. Wer am meisten profitiert, sind die Kinder, denn sie gehen - in aller Regel - gern in diese Schulen. Generell gilt, dass das Recht, in die Schule zu gehen, für westafrikanische Kinder durchaus auf dem Papier steht, oft aber nicht verwirklicht wird. Deshalb gehen viele Kinder gerne zur Schule. Doch leiden sie dann sehr schnell unter den antiquierten Unterrichtsmethoden und empfinden den RED-Ansatz als Befreiung.

- Interesse der Lehrenden

Für Lehrende hat der Ansatz des RED einige Vorteile: Wenn sie sich aktiv engagieren, erhalten sie zusätzlich zu ihrem mageren und unsicheren Salär eine Prämie, was sehr wichtig für die Subsistenz ihrer Familien ist. Außerdem bietet das RED die Möglichkeit, aus dem eigenen Alltag kostenlos zu internationalen Fortbildungsveranstaltungen zu kommen, was einen nicht zu unterschätzenden immateriellen Anreiz darstellt.

- Veränderung von Rollen

Die Mehrzahl dieser Schulen wird von den Eltern so sehr nachgefragt, dass die oben dargestellten Rahmenbedingungen für Pilotschulen, insbesondere die Klassenstärke von 40 Kinder / Schulklasse, kaum noch zu halten sind.[19]

---

[19] Dabei stellt sich auch die Frage nach dem Schulgeld: Das RED hat keinen direkten Einfluss auf diese wichtige Frage, da dies die Schulträger, die einzelnen Kirchen, entscheiden. Doch drängt das RED ständig darauf, entweder Stipendien für Kinder aus armen Familien einzurichten oder - wie in den methodistischen Schulen in der Elfenbeinküste - durch einen systematischen Ausgleich zwischen den reicheren Schulen in Abidjan und den armen Landschulen für mehr Gerechtigkeit zu sorgen: In den Schulen in den reichen Städten müssen die Eltern bis zu 40mal mehr als auf dem Lande bezahlen, wo die Schulgebühr dann - umgerechnet - nur noch symbolische 3.-€ / Jahr beträgt.

Eltern berichten, dass sich der veränderte Erziehungsstil in den Schulen auch daheim bemerkbar mache, wo plötzlich die unhinterfragte Autorität eines "Oui Papa" gegen Infragestellungen und Argumentationsbemühungen der Kinder ausgetauscht wird - was wiederum nicht alle Eltern glücklich macht.

- Kooperation von staatlichem und privatem Schulwesen
Insgesamt hat die öffentliche Resonanz positiv zugenommen, jedoch je nach Land, und damit zusammenhängend je nach den politischen Freiheitsgraden, sehr unterschiedlich. Insbesondere im Benin und in der Elfenbeinküste sind die staatlichen Schulverwaltungen auf diesen Ansatz aufmerksam geworden. Es finden immer wieder Konsultationen statt und es werden Multiplikatoren des RED für die Lehrerfortbildung in den Staatsschulen eingeladen - eine willkommene, nebenberufliche Erwerbsquelle für die Lehrenden. Die Bildungsplanreform im Benin wurde wesentlich von Elementen der Schulentwicklung durch das RED beeinflusst.

- Multiplikatorenmodell
Die positive Resonanz hat insgesamt dazu geführt, dass das RED in den letzten Jahren begonnen hat, erfahrene Lehrende als Multiplikatoren besonders fortzubilden. Dies ist in einer von der 'Diplomitis infizierten' Umgebung heikel, weil diese Multiplikatorinnen wohl über einen reichen Erfahrungsschatz verfügen, den sie auch theoretisch gut begründen. Was ihnen jedoch fehlt, das sind erwachsenenpädagogische Strategien und die notwendigen Papiere, die ihre Kompetenz legitimieren.[20] Das RED konzentriert sich deshalb aktuell auf die Fortbildung der MultiplikatorInnen sowohl in ihrer Beratungs- als auch in ihrer Schulpraxis.

- Implementierung in anderen Kontexten?
Das RED steht mittelfristig vor der Entscheidung, ob es einerseits die Nachfragen aus dem Sekundarbereich aufnehmen kann und will und ob es andererseits schon bestehende Kontakte nach Zaire und Ruanda vertiefen wird.

An besonderen Brennpunkten ist das RED selbst initiativ geworden, etwa durch kostenlose Verteilung von Büchern. Für manchen Vertreter der politischen Klasse war dies überhaupt nicht nachvollziehbar. Er fand es vielmehr sehr legitim, wenn zuerst seine Kinder bedient würden.
[20] Es wurde deshalb in den letzten Wochen zwischen der PH Weingarten und der Ecole Normale Supérieur in Abidjan eine Initiative gestartet, die zum Ziel hat, die bisherigen Fortbildungs-Seminare in einem westafrikanischen Diplom anzuerkennen.

7. Schluss

Wir haben hier versucht, Schulentwicklung durch das westafrikanische Netzwerk RED zu beschreiben. Offenkundig wird dabei, dass dies nicht objektiv geschehen konnte, sondern dass dabei auch unsere eigenen Überzeugungen mit zum Vorschein kommen, die in Gefahr sind, zu sehr zu legitimieren und damit zu glorifizieren. Zu wenig war die Rede von den vielfältigen Problemen, sei es in der Auseinandersetzung mit den kirchlichen Schulträgern, sei es bei der Suche nach weiteren Finanzquellen, sei es beim Umgang mit Adaptionen der Lehrenden an eine neue Praxis, sei es bei logistischen Alltagsproblemen oder dem Hemmnis für alltägliche Schulentwicklung durch Demokratie-Defizite auf allen Ebenen. Vor allem haben wir sozio-kulturelle Implikationen nicht diskutiert. Die wichtigste besteht darin, dass wir wegen der Beschränktheit der Ressourcen immer wieder Einschränkungen machen müssen, die dem traditionellen Prinzip des gleichmäßigen Teilens zuwider läuft.[21] Dies alles zu entfalten, war uns in diesem Rahmen nicht möglich.

Oft zweifeln wir am Sinn aller dieser Anstrengungen. Ein Rückblick auf die weltweite Geschichte der Reformpädagogik[22] macht uns dann auch wieder Mut, denn die Entwicklung von Schule ging auch damals langsam, tastend (Freinet) durch die Anstrengung von einzelnen Pädagogen und Pädagoginnen voran. Viel später wird man erst wissen, ob es der Mühe von uns allen wert war.

Literatur

Briggs, J./Peat, F.D.: Die Entdeckung des Chaos. Eine Reise durch die Chaostheorie, Wien 1990

Bühler, H. (1993): Les implications pédagogiques des travaux pratiques - un aspect de la réforme scolaire en Afrique de l'ouest, in: Journal of Psychology in Africa, Ibadan, H.5, 101-122.

Bühler, H./Datta, A./Sovoessi, J. (1999): Grenzen des Forschens zwischen dem Norden und dem Süden, in: Tertium Comparationis, H. 5, 150-162.

Bühler, H./Djoman, J.A./Fuoss, S. (2002): Ist es eine Untugend, aus der Not eine Tugend zu machen?, in: Datta, A./Lang-Wojtasik, G. (Hg.): Bildung zur Eigenständigkeit, vergessene reformpädagogische Ansätze aus vier Kontinenten, Frankfurt, 141-152.

---

[21] "Multiplikatoren" oder schon die Unterstützung einzelner Schulen als Pilotschulen, sind Beispiele für diesen Zwang zur Auswahl.

[22] Viele interessante Beispiele dazu sind zu finden in: Datta, u. a., 2002.

Datta, A. (1996): Was wollen die Non-Governmental Organizations?, in: Afrikanisch-Asiatische Studentenförderung (Hrsg.): Ökonomische Ethik, Jahrbuch 1996, Frankfurt, 103-115.

Freire, P. (1999): Die Träume Freinets sind auch meine Träume, in: Fragen und Versuche, Bremen, H.4, S.5-7.

Fuoss, S. (1998): "Globales Lernen ist vor allem für Europäer wichtig geworden", Blitzlichter von der Worlddidac 1998 in Basel, in: Zeitschrift für Internationale Bildungsforschung und Entwicklungspädagogik (ZEP), H.3, 27-31.

Réseau et Développement (1995): Manuel d´Education Agro-Pastorale, Artistique et Artisanale, Limbé.

Réseau et Développement (1999): Corréspondance, vers une pédagogie de libération, Yaoundé, (engl. Version ebenda, 2002)

Réseau et Développement (2004): Contre le SIDA, Abidjan.

Sahtouris, E.: Gaia. Vergangenheit und Zukunft auf der Erde, Leipzig 1993.

Sovoessi, J. (2001): Pauvreté et éducation en Afrique noire : réflexions sur un cercle vicieux, in: REDaction, Abidjan, 16-23.

Autorinnen und Autoren

Peter Baireuther (geb. 1948), Dr. phil., Professor für Mathematik und ihre Didaktik an der Pädagogischen Hochschule Weingarten. Studium der Physik und der Mathematik an der Universität München, 1971 Assistent an der Pädagogischen Hochschule Schwäbisch Gmünd, 1974 Dozent an der Pädagogischen Hochschule Esslingen, 1977 Promotion, seit 1977 Professor zunächst an der Pädagogischen Hochschule Esslingen, seit 1981 in Weingarten. Arbeitsbereiche: Verstehensprozesse im Mathematikunterricht, Mathematische Grundvorstellungen, Unterrichtskultur

Thorsten Bohl (geb. 1965), Dr. rer.soc., Professor für Schulpädagogik an der Pädagogischen Hochschule Weingarten. Zuvor von 1997 bis 2004 in mehreren Forschungsprojekten und als wissenschaftlicher Assistent am Institut für Erziehungswissenschaft der Eberhard-Karls-Universität Tübingen tätig. Arbeitsschwerpunkte: u.a. Unterrichts- und Schulentwicklung, Unterrichts- und Schulforschung, Methodik und Didaktik der Sekundarstufe, Forschungsmethoden, Reformpädagogik.

Jean Agbassi Djoman (geb. 1946), Direktor der methodistischen Schulen in der Elfenbeinküste (seit 2003 im Ruhestand), Koordinator des RED, Berater von NGO´s zu Schulentwicklung mit den Schwerpunkten Ruanda und Madagaskar.

Simone Fuoss-Bühler (geb 1970), Dipl.Päd., Lehrerin, Lehrbeauftragte an der PH Weingarten, Doktorandin an der Universität Tübingen im Graduiertenkolleg "Globale Herausforderungen", Beraterin im RED seit 1998. Publikationen zu Befreiungspädagogik, zu Globalem Lernen und Unterrichtsmedien.

Anne A. Huber (geb. 1967) Dr. phil., Diplom-Psychologin, seit Oktober 2000 wissenschaftliche Assistentin an der Pädagogischen Hochschule Weingarten im Bereich der Pädagogischen Psychologie. Forschungsschwerpunkte: Entwicklung, Evaluation und Implementation Kooperativer Lernformen, insbesondere Formen des „Wechselseitigen Lehrens und Lernens".

Marieluise Kliegel, Dr. paed., Professorin für Textil an der Pädagogischen Hochschule Weingarten. Studium der Germanistik, kath. Theologie, Pädagogik, Textilgestaltung und Ihre Didaktik an der Westfälischen Wilhelms-Universität Münster, 1. und 2. Staatsexamen (Sek. I und II), 1997 Promotion in den Kulturwissenschaften der Textilien, Lehr- und Ausbildungstätigkeiten an versch. Bildungseinrichtungen und Museen, 1997-2002 Professurvertretung im

Bereich Textil an der Pädagogischen Hochschule Ludwigsburg und Weingarten, 2002 Berufung zur Professorin, Veröffentlichungen in den Bereichen Fachdidaktik und Fachwissenschaft

Diemut Kucharz (geb. 1959), Dr. phil. Dipl.Päd., Professorin für Schulpädagogik mit den Schwerpunkten Grundschulpädagogik und Anfangsunterricht an der Pädagogischen Hochschule Weingarten. Zuvor Wissenschaftl. Assistentin an der Freien Universität Berlin an der Arbeitsstelle Bildungsforschung Primarstufe. Arbeitsschwerpunkte: Schulentwicklung, Jahrgangsgemischter Anfangsunterricht, vorschulische Bildung.

Katharina Liebsch (geb. 1962), Dr. phil., Professorin für Soziologie an der Pädagogischen Hochschule Weingarten. Studierte Germanistik, Sozialwissenschaften und Pädagogik an der Universität Hamburg. Promotion 1993 an der Universität Osnabrück mit einer Arbeit über die Verwendung psychoanalytischer Argumentationen in sozialwissenschaftlichen Theorien. Habilitation im Jahr 2000 mit einer Studie über die Aktualisierung von Tradition. Dazwischen Lehraufenthalte in Florida, Boston, Ahmedabad/Indien und Mitarbeit in verschiedenen Forschungsprojekten im Bereich der Bildungssoziologie. Arbeitsgebiete: Körper und Geschlecht, Religion und Politik, Identitäten und Bildungsprozesse.

Frank Meier (geb. 1959), Dr. phil., Studium der Geschichtswissenschaften und Biologie an der Universität Konstanz, Promotion 1989 (Thema der Dissertation: Konstanzer Stadterweiterungen im Mittelalter), Studienrat für Geschichte und Biologie 1990-1997, seit 1998 Akademischer Rat an der Pädagogischen Hochschule Weingarten für mittelalterliche und frühneuzeitliche Geschichte und ihre Didaktik, Forschungsschwerpunkte: Regionalgeschichte, Mobilität im Mittelalter, Wechselseitiges Lehren und Lernen im Geschichtsunterricht.

Erich Müller-Gaebele, Dr. phil., Professor für Erziehungswissenschaft, war von 1969 bis 2004 an der Pädagogischen Hochschule Weingarten im Fach Schulpädagogik forschend und lehrend tätig. Von 1983 bis 2003 leitete er dort das Institut für Schulgeschichte. Zur Zeit ist er als einer der beiden Leiter des von ihm mit gegründeten Schulmuseums Friedrichshafen tätig. Veröffentlicht hat er vor allem auf dem Gebiet der Schul- und Hochschulgeschichte, zur Museumspädagogik und zu Grundfragen des schulischen Lernens.

Heinz Muckenfuß (geb. 1946), Dr. paed., Dipl. Paed., Studium zum Volksschullehrer und zum Realschullehrer, seit 1972 an der PH Weingarten im Fach Physik, als Akademischer Rat bzw. Akademischer Oberrat, 1994 Promotion in Erziehungswissenschaft mit einer Arbeit zum Lernen in sinnstiftenden Kontexten im Physikunterricht. Arbeitsschwerpunkte: Bildungstheorie des naturwissenschaftlichen Unterrichts und Curriculumentwicklung für den Physikunterricht. Wissenschaftliche Publikationen zur Bildungstheorie und Curriculumentwicklung des Physikunterrichts. Herausgeber und Mitautor von Unterrichtswerken und Lehrmedien für den Physikunterricht (alle Schularten).

Rolf Prim, Dipl.Hdl., Dr., Professor für Erziehungswissenschaft an der PH-Weingarten. Arbeitsgebiete u.a. Bildungspolitik, pädagogische Organisationsentwicklung, vorberufliche Bildung und Arbeitslehre, Schule und Gesellschaft.

Stefanie Schnebel (geb. 1968), Dr. paed., M.A.. Nach dem Studium für das Lehramt an Realschulen Studium der Erziehungswissenschaft und Psychologie an den Universitäten Konstanz und Tübingen, 1997 Abschluss mit Magister Artium. Während und nach diesem Studium 5-jährige Schulpraxis an Realschulen und einer Förderschule. Forschungsprojekt und Promotion zum Thema Unterrichtsentwicklung. Seit 2002 lehrt und forscht sie als Akademische Rätin an der Pädagogischen Hochschule Weingarten in den Bereichen schulische Beratung, Schul- und Unterrichtsentwicklung und Unterrichtsforschung.

Monika Schoy (geb. 1969), Dr. paed., Dipl.Päd., arbeitet seit 1998 an der Pädagogischen Hochschule Weingarten und beschäftigt sich in diversen Forschungsprojekten seither verstärkt mit der Verbesserung von Unterrichtsqualität, 2004 Dissertation zur Thematik der Fehlerkultur im Mathematikunterricht.